Thomas Köhler

Psychische Störungen

Symptomatologie, Erklärungsansätze,
Therapie

3., überarbeitete Auflage

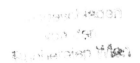
Verlag W. Kohlhammer

3., überarbeitete Auflage 2017

Alle Rechte vorbehalten
© W. Kohlhammer GmbH, Stuttgart
Gesamtherstellung: W. Kohlhammer GmbH, Stuttgart

Print:
ISBN 978-3-17-032281-3

E-Book-Formate:
pdf: ISBN 978-3-17-032282-0
epub: ISBN 978-3-17-032283-7
mobi: ISBN 978-3-17-032284-4

Vorwort zur dritten Auflage

Nachdem die dritte Auflage dieses Buches in nicht allzu großem Abstand zur zweiten folgt, ist diesmal die Bearbeitung und Aktualisierung weniger eingreifend. Zwar liegt mittlerweile das Diagnostic and Statistical Manual of Mental Disorders (DSM) in einer neuen Version vor; ICD-10 jedoch, dem diese Darstellung vornehmlich folgt, hat sich leider noch nicht grundlegend geändert, obwohl es – beispielsweise, was die Demenzen angeht – dringend revisionsbedürftig ist. Auch hat man nicht den Eindruck, dass die psychologische Theoriebildung und die psychologisch-therapeutischen Ansätze einschneidende Neuerungen erfuhren. Bezüglich biologischer Grundlagen und insbesondere pharmakologischer Behandlung sind jedoch einige bemerkenswerte Fortschritte zu berichten; dies betrifft speziell die affektiven Störungen, wobei die mittlerweile zunehmend verbreitete Ketamininfusion wohl die größte therapeutische Errungenschaft ist. Weiter wurden zu den genetischen Grundlagen vieler Störungen eindrucksvolle Erkenntnisse gewonnen, die hier natürlich referiert werden müssen.

Im Sinne besserer Lesbarkeit wurde die Zahl der Quellenangaben im Text gegenüber der 2. Auflage noch weiter verringert und gerade hinsichtlich der biologischen Grundlagen nicht immer jeder Einzelbefund belegt; wer solche Belege sucht, kann im Wesentlichen auf mein Buch *Biologische Grundlagen psychischer Störungen* verwiesen werden. Da mittlerweile zwei weitere revidierte Bücher von mir auf dem Markt sind (eines über Rauschdrogen, das andere über affektive Störungen), sind zu diesen wichtigen Themenkomplexen hier nicht Detailbelege erforderlich. Was die pharmokologische Therapie angeht, so sei auf die kürzlich erschienene 6. Auflage meines Buches *Pharmakotherapie in der Psychotherapie* verwiesen.

Herrn Dr. Poensgen vom Kohlhammer Verlag bin ich für eine mittlerweile Jahrzehnte umfassende angenehmste Zusammenarbeit verbunden, Frau Grupp für die wertvollen gestalterischen

Veränderungen und das sehr gründliche Lektorat. Wie immer, hat meine liebe Frau Carmen herzliche Anteilnahme an der Arbeit gezeigt.

Hamburg, im April 2017   Thomas Köhler

Inhalt

1 Grundlagen

1.1 Definition, Diagnostik und Klassifikation psychischer Störungen

Definitionen von »psychischer Störung« hier zu diskutieren, wäre wenig sinnvoll. Daher sei an dieser Stelle nur die Definition in ICD-10 (S. 26) angeführt: »klinisch erkennbarer Komplex von Symptomen oder Verhaltensauffälligkeiten«, die »immer auf der individuellen und oft auch auf der Gruppen- oder sozialen Ebene mit Belastung und mit Beeinträchtigung von Funktionen verbunden sind«. Hinzugefügt wird, dass »soziale Abweichungen oder soziale Konflikte allein, ohne persönliche Beeinträchtigungen« nicht als »psychische Störung im hier definierten Sinne« angesehen werden sollen. Zweifellos müssten einige der Begriffe genauer reflektiert werden (insbesondere: »Belastung« und »Beeinträchtigung von Funktionen«); der erforderliche Aufwand dürfte das zu erwartende Ergebnis nicht rechtfertigen. Dass solche Abgrenzungen historischen Korrekturen unterworfen sind, lässt sich am deutlichsten an der Homosexualität zeigen, die in früheren diagnostisch-klassifikatorischen Systemen noch als Störung (beziehungsweise Krankheit) auftaucht, nicht aber in den aktuellen Ausgaben – wie sie bekanntlich auch aus dem Gesetzbuch als Straftat verschwunden ist. Diese Vorläufigkeit rechtfertigt jedoch nicht, den Versuch einer Beschreibung und Systematisierung psychischer Störungen ganz zu unterlassen. Im Gegensatz zu den (heute kaum mehr populären) Auffassungen der Anti-Psychiatrie wird im Weiteren davon ausgegangen, dass es bei allen erwähnten Schwierigkeiten prinzipiell möglich ist, Empfinden oder Verhalten von Personen einigermaßen verbindlich als gestört zu bezeichnen und dass mit dieser Zuschreibung ein *Erkenntnisgewinn* verbunden ist, der letztlich den Betroffenen zugute kommt; die Ansicht der sogenannten Labeling-Theorie, dass durch eine solche »Etikettierung« automatisch Schaden entstehe, ist schwer zu teilen; diese Möglichkeit zu überdenken, mag gleichwohl zuweilen sinnvoll sein.

Diagnosestellung einer psychischen Störung erfolgt in der Praxis zumeist durch die Befunderhebung im Gespräch sowie in der Beobachtung des Verhaltens. Mittlerweile werden zwar zunehmend strukturierte Interviews entwickelt, die sich allerdings eher für die Dokumentation des Verlaufes eignen, weniger für die Erstdiagnostik. Hinzu kommt die Anamnese (griech.: Rückerinnerung), die Erforschung der Vorgeschichte der jetzigen und früher durchgemachter psychischer Störungen; hier ist man oft auf die Hilfe anderer Personen angewiesen, insbesondere Angehöriger (Fremdanamnese). Weitere Informationen können hilfreich sein, so die Familienanamnese (Erfassung psychischer Störungen in der Verwandtschaft der Betroffenen) und Information über den körperlichen Status, insbesondere die mittels neuroradiologischer Untersuchungen (Computertomogramm [CT], Kernspintomographie [MRT], Positronenemissionstomographie [PET]) erhaltenen Befunde zu strukturellen oder funktionellen Besonderheiten von Hirnregionen. Zunehmend mehr eingesetzt werden auch psychodiagnostische Verfahren zur Erhebung der klinischen Symptomatik. Letztere lassen sich in Fremd- und Selbstbeurteilungsverfahren einteilen. Bei den ersteren, beispielsweise der Hamilton Depressionsskala, befragt und beurteilt ein geschulter Beobachter den Patienten hinsichtlich verschiedener Symptome der betreffenden Störung (hier u. a. bezüglich Stimmung, Suizidneigung, Schlafstörungen) und protokolliert auf einer mehrstufigen Skala deren Ausprägung; die gefundenen Ausprägungen werden mit Zahlen versehen (gescort), die üblicherweise über alle Fragen (Items) zu einem Gesamtmaß der Depressivität summiert werden. Bei den Selbstbeurteilungsverfahren, zu denen etwa das Beck-Depressions-Inventar gehört, kreuzen die Patienten das Ausmaß ihrer Beschwerden an. Auch Persönlichkeitsfragebogen kommen zum Einsatz, meist jedoch nicht zur Diagnosestellung, sondern zu anderen Zwecken, z. B. zur Beurteilung der (prämorbiden) Persönlichkeit. Zu nennen sind schließlich auch Leistungstests, etwa Intelligenztests und speziellere neuropsychologische Untersuchungsverfahren.

Gleichwohl erfolgt – wie erwähnt – die Diagnose einer Störung (und damit üblicherweise die Einleitung einer Behandlung) im Allg. allein aufgrund der klinischen Befunderhebung ohne Zuhilfenahme der genannten Verfahren; eine Ausnahme bildet ledig-

lich die Intelligenzminderung (► Kap. 9.2), deren Schweregrad anhand von Testergebnissen festgelegt wird. Jedoch wird für Forschungszwecke zunehmend der Einsatz standardisierter psycho-
diagnostischer Verfahren gebräuchlich, da angesichts der damit
möglichen Quantifizierung der Symptomatik Verlauf und Wirksamkeit von Interventionen genauer betrachtet werden können.

Die Stellung einer Diagnose ist bekanntlich bei psychischen
Störungen mit erheblich größeren Schwierigkeiten verbunden als
bei organischen Erkrankungen. Die Übereinstimmung der Diagnosen, welche an denselben Personen von zwei unabhängigen
Untersuchern gestellt werden (Objektivität oder Interrater-Reliabilität), wurde in älteren Studien vielfach niedrig gefunden;
allerdings waren damals die Kriterien nur unzureichend festgelegt
oder wurden nicht genügend berücksichtigt. Die neueren Ausgaben der klassifikatorisch-diagnostischen Systeme ICD (International Classification of Diseases) und DSM (Diagnostic and
Statistical Manual of Mental Disorders) versuchen, diesen
Schwierigkeiten durch die Angabe genauer Kriterien und Ausschlusskriterien (operationalisierte Diagnostik) Rechnung zu
tragen; wie sich gezeigt hat, konnte dadurch die Interrater-
Reliabilität deutlich verbessert werden. Mit zunehmendem Einsatz der Systeme dürften die diagnostischen Kriterien weitere
Präzisierung erfahren.

Auch die *Klassifikation psychischer Störungen* stellt größere
Probleme als die organischer Erkrankungen und zeigt sich u. a.
darin, dass die erwähnten diagnostisch-klassifikatorischen Systeme sehr gründlichen Veränderungen unterworfen wurden. Früher
erfolgte die Gliederung weitgehend unter nosologischen Aspekten,
wurden Störungen also weniger aufgrund von Ähnlichkeiten der
Symptomatik als vielmehr angenommener Gemeinsamkeiten hinsichtlich Ursache (Ätiologie) und zugrunde liegender Prozesse
(Pathogenese) zusammengefasst; hingegen zeichnen sich die neu-
esten Versionen durch einen deskriptiven, weitgehend nicht-
theoretischen Ansatz aus: Zusammenfassung der Störungsbilder
erfolgt nun vornehmlich nach Ähnlichkeit der Einzelsymptome
oder Symptomenkomplexe (Syndrome), auch wenn sie möglicherweise gänzlich verschiedene Entstehungsbedingungen aufweisen.
So wird heute ein (nicht organisch oder durch Substanzkonsum
bedingtes) depressives Syndrom, unabhängig welche Vorstellung

der Untersucher über die Entstehung hat, einheitlich in die Rubrik
»affektive Störungen« von ICD-10 eingeordnet, während es noch in
der vorletzten Ausgabe dieses Klassifikationssystems entweder in
die Gruppe der »affektiven Psychosen« einzureihen war oder –
unter der Annahme einer gänzlich anderen Entstehung – in die der
»Neurosen«. Im ersten Fall wurde es damit in die Nähe zu anderen
»Psychosen«, beispielsweise den schizophrenen, gerückt, im zweiten sah man eine Verwandtschaft zu neurotischen Störungen wie
Zwangsneurose oder Phobien. Nicht zuletzt die mehr und mehr
deutlich werdenden unterschiedlichen Genesevorstellungen psychischer Störungen in den einzelnen wissenschaftlichen Schulen
legen eine zunächst syndromatologisch-deskriptive Zusammenfassung nahe.

1.2   Die diagnostisch-klassifikatorischen Systeme DSM-5® und ICD-10

Die gängigen diagnostisch-klassifikatorischen Systeme für psychische Störungen, DSM-5 und ICD-10, haben beide eine interessante Geschichte, die bei Davison, Neale & Hautzinger (2007,
S. 58 ff.) dargestellt ist und das Verständnis ihres Aufbaus erleichtert. Die International Classification of Diseases der World Health
Organisation (WHO) ist der Versuch, einheitliche Bezeichnungen
und Diagnosekriterien für Krankheiten zu schaffen, Bemühungen, die in die Zeit vor dem 2. Weltkrieg reichen. Nachdem das
Kapitel über psychische Störungen jedoch auf Widerstand ein-
flussreicher amerikanischer Psychiater gestoßen war, veröffent-
lichte die American Psychiatric Association 1952 ein eigenes
Manual, DSM-I (Diagnostic and Statistical Manual of Mental
Disorders); diesem folgten weitere Ausgaben (DSM-II, DSM-III,
DSM-III-R, DSM-IV), schließlich DSM-5® (hier zitiert als DSM-
5). Ähnliche Überarbeitungen erfuhr die International Classification of Diseases, die einschließlich des Kapitels V über psychische Störungen nun in der 10. Revision vorliegt; 1991 ist auch die
deutsche Version der letzten Fassung dieses Kapitels erschienen,
die in wiederholt (geringfügig) korrigierter Neuauflage vorgelegt
wurde, mittlerweile der zehnten (Dilling, Mombour & Schmidt,

2015); etwas ungenau wird sie im Weiteren mit »ICD-10« bezeichnet. Eine grundlegende Revision (ICD-11) soll 2018 von der WHO verabschiedet werden, was wohl impliziert, dass vor 2020 nicht mit einem Erscheinen zu rechnen ist. Die beiden konkurrierenden Klassifikationssysteme dürften noch für Jahrzehnte nebeneinander bestehen bleiben. In grober Näherung kann man konstatieren, dass sich in der europäischen Psychiatrie weitgehend ICD-10 durchgesetzt hat, in der amerikanischen DSM-5 bevorzugt wird. In Psychologenkreisen dürfte weltweit eher DSM-5 favorisiert werden; man findet jedoch zunehmend die Tendenz, Störungen nach beiden Systemen gegenüberstellend zu klassifizieren. Dies ist in der Regel ohne große Schwierigkeiten und Zusatzerläuterungen möglich, da beide Systeme im Laufe ihrer Entwicklung den erwähnten Übergang von einer nosologischen (auf die Entstehungsbedingungen der Krankheit ausgerichteten) Betrachtungsweise zu einer stärker syndromatologischen vollzogen haben (also Bezeichnung und Gruppierung der Störungen weitgehend anhand der Symptome vornehmen). Auch die einzelnen Störungsbilder entsprechen sich, oft bei unterschiedlicher Namensgebung, weitgehend (etwa hinsichtlich Ein- und Ausschlusskriterien); die einzelnen Kategorien sind jedoch deutlich verschieden, so in DSM-5 zahlreicher.

Die Darstellung der psychischen Störungen in den folgenden Kapiteln orientiert sich an der handlicheren ICD-10; zuweilen schien es sinnvoll, zusätzlich kurz die Diagnostik und Klassifikation nach DSM-5 zu erwähnen.

Das Diagnostic and Statistical Manual of Mental Disorders war in der dritten und vierten Auflage durch eine multiaxiale Klassifikationsweise charakterisiert; das gestörte Verhalten einer Person sollte also (möglichst) mehrdimensional, nämlich auf bis zu fünf Achsen, beschrieben werden. Achsen I und II stellten Oberkategorien psychischer Störungen dar, wobei auf Achse I jene zu nennen waren, die in der Regel bei der Diagnostik zuerst auffallen, also im Allg. die Klinikeinweisung oder den therapeutischen Kontakt begründen, z. B. eine affektive Störung; Störungen von Achse II sind solche längerer Dauer, die allein oft nicht zu Diagnose und Therapie führen würden, wie geistige Behinderung oder Persönlichkeitsstörungen. Drei weitere Achsen bezogen sich auf körperliche Besonderheiten oder Krankheiten, auf eventuelle psychosoziale Probleme und den Grad der sozialen und beruflichen Anpassung. Da dieses komplizierte System kaum

genutzt wurde, gibt es in DSM-5, wie schon immer in ICD-10, mittlerweile nur noch (klassifikatorisch gleichwertige) Störungsgruppen,
die mit Zahlen kodiert werden.

ICD-10 listet zehn Kategorien psychischer Störungen auf, die mit
Ausnahme der beiden ersten (»Organische, einschließlich symptomatischer psychischer Störungen« und »Psychische und Verhaltensstörungen durch psychotrope Substanzen«) nicht nosolo-
gisch, sondern eher syndromatologisch ausgerichtet sind, sich also
aufgrund des Erscheinungsbildes der in ihnen genannten Störungen definieren; eine Ausnahme bildet die letzte Kategorie
»Verhaltens- und emotionale Störungen mit Beginn in der Kindheit und Jugend«, in der Störungen aufgrund ihres frühen Erst-
manifestationsalters zusammengefasst sind. Die Verschlüsselung
geschieht durch Angabe des Buchstabens F (entsprechend dem
Kapitel F für psychische Störungen), die Nummer der Kategorie,
beispielsweise 3 für »Affektive Störungen« und an weiteren Stellen
die für die entsprechende Subkategorie, fakultativ weiterer für
Schweregrad oder Begleitsymptomatik; so würde mit F32.01 eine
leichte depressive Episode mit »somatischem Syndrom« kodiert.
Doppeldiagnosen durch Angabe zweier Codenummern, etwa
zusätzlich für eine Persönlichkeitsstörung, sind möglich.

1.3   Ansätze zur Erforschung psychischer Störungen

Frühe Theorien psychischer Störungen, so die Säftelehre des
Hippokrates, Platons psychogenetische Theorie der Hysterie oder
die dämonologischen Auffassungen des Mittelalters sind lediglich
von historischem Interesse. Ansätze, die heute noch Einfluss auf
die Theoriebildung haben, gehen auf die zweite Hälfte des 19.
Jahrhunderts zurück. Dazu gehören im Wesentlichen die noso-
graphischen Bemühungen Kraepelins und Charcots, weiter die
Rückführung psychischer Symptomatik im Rahmen der progres-
siven Paralyse (einem Spätstadium der Syphilis) auf den organischen Faktor einer Infektion mit dem Erreger Treponema pallidum, schließlich die erbbiologischen Degenerationstheorien der
französischen Psychiatrie um J. M. Charcot. Bei Letzterem und

seinem Schüler Janet zeigen sich erste Ansätze psychologischer Herangehensweisen, so die Rückführung der Hysterie auf seelische Traumen, die Erforschung der Anlässe der Symptombildung in Hypnose sowie die Beseitigung der Symptome mittels hypnotischer Suggestion. Gleichwohl sind beide – anders als oft dargestellt – noch weit von eigentlichen psychogenetischen Theorien entfernt. Als Anlässe werden psychische Traumen in einer Reihe mit Infektionen, konsumierenden Erkrankungen und körperlichen Überforderungen genannt, welche eine Schwächung des Nervensystems mit dem Resultat psychischer Symptomatik bewirkten.

Das erste systematische psychogenetische Modell psychischer Störungen wurde gegen Ende des 19. Jahrhunderts von Sigmund Freud Theorie formuliert (dazu ▸ Kap. 6). Er fasste zunächst die Symptome als Ersatzbildungen auf, die aus der Verdrängung eines sexuellen Missbrauchs in der frühen Kindheit resultierten, sah sich jedoch bald genötigt, diese »Verführungstheorie« aufzugeben und die Symptomatik über das Wirken weitgehend unbewusster sexueller Wünsche zu erklären (etwa im Rahmen eines nicht aufgelösten Ödipuskomplexes). Die *Psychoanalyse*, eine auf diesen Annahmen basierende Therapie, besteht demzufolge in der Aufhebung der Verdrängung, der Bewusstmachung des Unbewussten durch Überwindung von Widerständen und stellt somit die Umkehr der Pathogenese dar. Freud ist eine hinsichtlich des Differenzierungsgrads nie mehr erreichte Krankheitslehre zu verdanken: Verschiedenen psychischen Störungen legte er unterschiedliche Genesemodelle zugrunde, vertrat dabei jedoch die Annahme, dass die Störungsursprünge im Allg. auf die frühe Kindheit zurückgingen und mit der Entwicklung der Sexualfunktionen zu tun hätten. In späteren psychoanalytischen Krankheitsmodellen, etwa den objekttheoretischen oder ich-psychologischen, rückt man zunehmend von dieser triebtheoretischen Betrachtungsweise ab und sieht die Ursachen vornehmlich in der defizitären Ausbildung von Beziehungen, insbesondere zu den Eltern. Anders als bei Freud ist das Interesse dort weniger auf die klassischen neurotischen Störungen wie Zwangsneurose oder Phobien gerichtet, sondern vielmehr auf die von Freud für psychoanalytisch untherapierbar erachteten narzisstischen Neurosen (etwa Schizophrenie) und die von der frühen Psychoanalyse wenig beachteten Persönlichkeitsstörungen. Auch die Therapie

wandelt sich insofern, als die Aufhebung von Verdrängung relativ
zur Durcharbeitung oft bewusster Konflikte und Verhaltensweisen in den Hintergrund tritt; die Behandlung ist häufig auch sehr
viel direktiver als in der klassischen Psychoanalyse, schließt
beispielsweise Hilfe bei der Lebensgestaltung ein.

Nicht zuletzt der spekulative Charakter der psychoanalytischen
Theoriebildung begünstigte die Entwicklung des *Behaviorismus*,
der mit einer geringen Zahl von Annahmen, die auch tierexpe-
rimentell überprüft werden konnten, Verhaltensabweichungen zu
erklären versuchte; berühmt ist der Versuch John Watsons, eine
Phobie durch gleichzeitige Präsentation eines neutralen Objekts
mit einem unangenehmen Reiz *klassisch zu konditionieren*
(► Kap. 6.2). Später kam als behavioristisches Erklärungsprinzip
das der Verstärkung hinzu, demzufolge sich gestörtes Verhalten
als Konsequenz von Belohnung oder Bestrafung ausformen und
aufrechterhalten sollte (*operante Konditionierung*). Aus diesen
Annahmen abgeleitete Therapieverfahren strebten konsequent
ein Rückgängigmachen der Lernprozesse an, etwa die Neuver-
knüpfung eines phobischen Stimulus mit einem nicht-aversiven
Eindruck (Gegenkonditionierung) oder die Aufhebung von Konsequenzen, die das gestörte Verhalten aufrechterhalten sollten.

Spätere *verhaltenstheoretische* oder *verhaltenstherapeutische*
Modelle psychischer Störungen sind von den rein lerntheoretischen im Sinne des Behaviorismus weit entfernt und dürfen
keineswegs mit ihnen gleichgesetzt werden. Insbesondere wird die
Bedeutung von inneren Variablen wie Einstellungen, Erwartungen, Denkmustern für Genese und Aufrechterhaltung gestörten
Verhaltens nachdrücklich anerkannt, während der Behaviorismus
Watsons gerade den Versuch darstellte, Verhalten ohne solche
mentalen Konstrukte zu erklären. Auch die Rolle biologischer,
z. B. genetischer Faktoren, die im frühen, extrem milieutheore-
tisch ausgerichteten Behaviorismus minimalisiert worden war,
wird nun gewürdigt. Gleichzeitig hat sich der Charakter der
Therapie von simplen mechanistischen Interventionen zu kom-
plexeren Programmen wie Selbstbehauptungstrainings oder Üben
sozialer Fertigkeiten gewandelt; zudem werden nun nicht mehr
Veränderungen ausschließlich von offenem Verhalten versucht,
sondern ebenso von Einstellungen und Denkschemata (*kognitive
Verhaltenstherapie*). Damit ist es aber auch schwieriger geworden,

Verhaltenstherapie zu definieren und eindeutig von anderen Verfahren abzugrenzen.

Die *biologische Richtung* der Psychiatrie, die auf die weitgehend organischen Genesevorstellungen Kraepelins zurückgeht, erhielt eine beeindruckende Stützung, als es gelang, die progressive Paralyse mit weitgehend psychischer Symptomatik (Größenwahn, Demenz) als Spätstadium der Syphilis nachzuweisen und auf eine Infektion mit dem Erreger Treponema pallidum zurückzuführen. Eine hirnorganische Genesetheorie psychischer Störungen liegt auch den psychochirurgischen Interventionen zugrunde, die – wenn auch unter Inkaufnahme ernster Nebenwirkungen – häufig das pathologische Verhalten (Halluzinationen, Zwangsverhalten, deviante Sexualpraktiken) im gewünschten Sinne beeinflussten. Die 1938 eingeführte Elektrokrampftherapie, die Induktion eines epileptischen Anfalls mittels kurzer Stromstöße, ist bei psychischen Störungen, speziell Depressionen, therapeutisch zweifellos erfolgreich; sie trug aber vorläufig wenig zur Klärung der Grundlagen bei, da ihre Wirkweise bis heute ungeklärt ist.

Größter therapeutischer Fortschritt der biologischen Psychiatrie war zweifellos die Entwicklung wirksamer *Pharmaka*, wie der Neuroleptika (Antipsychotika), der Antidepressiva, der phasenprophylaktischen Lithiumpräparate und der Tranquilizer, speziell jener vom Benzodiazepintyp. Nicht selten waren erste Entdeckungen einem Zufall zu verdanken. So wurde die antipsychotische Wirkung von Chlorpromazin 1952 bei der Suche nach Antihistaminika entdeckt und der stimmungsaufhellende Effekt der MAO-Hemmer bei der Behandlung mit Tuberkulosemitteln beobachtet. Auch die psychotrope Wirkung von Lithiumsalzen war eine Zufallsentdeckung. Trotzdem hat man heute genauere Vorstellungen vom Wirkmechanismus dieser Pharmaka, die gleichzeitig Modelle der den psychischen Störungen zugrunde liegenden biochemischen Prozesse nahelegen, nämlich als Veränderungen der *Neurotransmission:* Verkürzt ausgedrückt, wird die elektrische Erregung einer Nervenzelle (eines Neurons) auf die nächste auf chemisch-physikalischem Weg übertragen; die erste Nervenzelle schüttet an ihren Enden *Transmitter* aus, die durch den synaptischen Spalt zum anschließenden Neuron diffundieren und sich dort an *Rezeptoren* anlagern. Diese Anlagerung verändert die elektrischen Eigenschaften der zweiten (postsynaptischen) Zellmembran, in Richtung Erregung (Depolarisation) oder Hemmung (Hyperpolarisation). Summieren sich die dort ausgelösten Veränderungen – sei es durch verstärktes Feuern oder durch gleichzeitige Impulse vieler anderer, angrenzender Neuronen –, so kann eine intensive Erregung der postsynaptischen Nervenzelle entstehen (Aktionspotential), welche sich nun entlang der Zelle (genauer: ihres Axons) fortpflanzt. Neben den erregenden Transmittern gibt es hemmende (wichtigster Vertreter: GABA), deren Ausschüttung eine Hyperpolarisation der postsynaptischen Nervenzelle bewirkt; diese neutralisiert die Wirkung erregender Transmitter zu gewissem Grade, wirkt so der Ausbildung eines Aktionspotentials entgegen und erschwert damit die Informationsübertragung. Nachdem jedes Neuron mit Tausenden anderer in Verbindung steht, ergeben sich komplizierte Formen gegenseitiger Beeinflussung. Die Grundlage der Symptomatik einiger Störungen wird nun darin gesehen, dass die Transmitterausschüttung oder Wirkung verändert ist, beispielsweise bei der Schizophrenie eine Dopaminüberaktivität angenommen wird, wahrscheinlich aufgrund erhöhter Rezeptordichte an der postsynaptischen Membran (▶ Kap. 4.2.7). Auch wenn diese Transmittertheorien im Laufe der Zeit Korrekturen erfahren haben (und weiter erfahren werden), ist in jedem Fall mit ihnen eine höchst fruchtbare Betrachtungsweise – ein »Paradigma«, um den etwas überstrapazierten Begriff zu verwenden – geschaffen worden.

Während man früher erwartete, bei psychisch gestörten Personen spezifische strukturelle HirnverändFerungen nachweisen zu können (etwa vergrößerte oder verkleinerte Areale), mutmaßt man mittlerweile vornehmlich *funktionelle Abnormitäten* als biologische Äquivalente, etwa veränderte Erregbarkeit einzelner Hirnregionen oder ihrer Verbindungen. So wird bei der in Kapitel 6.4 besprochenen Basalganglienhypothese der Zwangsstörungen angenommen, dass der Symptomatik Überaktivität eines Funktionskreises zugrunde liegt, der u. a. die Basalganglien, den orbitofrontalen Kortex und den Gyrus cinguli umfasst (▶ Kap. 6.4). Wie die auf solchen Modellvorstellungen basierenden psychochirurgischen Eingriffe quantitativ eine sehr geringe Rolle als Interventionsmöglichkeit spielen, so treten diese funktionell-anatomischen Annahmen als Erklärungsansätze gegenüber den angenommenen synaptischen Veränderungen deutlich in den Hintergrund.

2 Demenzen

2.1 Vorbemerkungen; Allgemeines zur ICD-10-Kategorie F0

Die erste diagnostische Kategorie F0 in ICD-10 umfasst »psychische Krankheiten mit nachweisbarer Ätiologie in einer zerebralen Krankheit, einer Hirnverletzung oder einer anderen Schädigung, die zu einer Hirnfunktionsstörung führt« (ICD 10, S. 72). Zunächst wird dort die *Demenz* aufgeführt. Ein dem dementiellen Syndrom ähnliches, das *amnestische Syndrom*, wie es besonders als Folge chronischen Alkoholismus vorkommt, wird der Abgrenzung halber schon an dieser Stelle besprochen, in Kapitel 3 (Störungen im Zusammenhang mit der Einnahme psychotroper Substanzen) jedoch noch einmal kurz skizziert (▶ Kap. 3). *Delir*, obwohl ebenfalls unter F0 rubriziert, soll am Beispiel des Alkoholdelirs in 3.2.4 behandelt werden (▶ Kap. 3.2.4). Andere Störungen, die unter der ätiologisch-diagnostischen Kategorie F0 angeführt sind, nämlich diverse psychotische, affektive und ängstlich-zwanghafte Symptombilder mit ebenfalls nachweisbarer organischer Ursache, kommen in späteren Kapiteln zur Sprache. Für einen verkürzten Überblick über die unter F0 subsumierten Störungen ▶ Tab. 2.1.

2.2 Dementielles Syndrom und amnestisches Syndrom

Bei der *Demenz* handelt es sich um ein Syndrom, welches bei verschiedenen Krankheiten beobachtet wird. Insofern ist Demenz keine Diagnose; ein Arzt, der einen Patienten mit dieser entlässt, hat seine Aufgaben nicht erfüllt. Auch die Feststellung einer »Altersdemenz« ist keine bemerkenswerte diagnostische Leistung; hier muss zumindest zwischen den dabei wahrscheinlichsten Grundkrankheiten, der Alzheimer-Krankheit und der vaskulären Demenz, unterschieden werden. Beobachtet wird dieses Syndrom bei verschiedenen Krankheiten, die eines gemeinsam haben: Sie führen zu einer mehr oder weniger ausgeprägten Hirnatrophie mit Degeneration von Kortexzellen. Häufig finden sich neben dem dementiellen Syndrom andere, zumeist neurologische Symptome oder Störungen der Affekte, welche die Diagnosestellung üblicherweise erleichtern; die Demenzsymptomatik ist hingegen bei den verschiedenen Grundkrankheiten oft recht einheitlich.

Tab. 2.1: Amnestisches, dementielles und delirantes Syndrom

Syndrom	Hauptcharakteristika	Vorkommen
amnestisches Syndrom (entspricht etwa F04)	• Beeinträchtigung der Speicherung von Neuem • teilweise auch Störung der Reproduktion alter Inhalte • Konfabulationen	• als Folge von chronischem Alkoholabusus (Korsakow-Syndrom) • ebenso von Barbituraten und anderen Sedativa • wahrscheinlich auch von Cannabinoiden
dementielles Syndrom (entspricht F00–F03) in DSM-5: Neurokognitive Störung	• Gedächtnisstörungen wie bei amnestischem Syndrom • weitere kognitive Störungen (z. B. von Konzentration, Urteilsfähigkeit) • affektive Störungen (Affektinkontinenz, Misstrauen bis hin zu hochgradiger Paranoia, Enthemmung, Aggressivität)	• Alzheimer-Krankheit • vaskuläre Demenz • bei Huntington-Krankheit • bei Parkinson-Krankheit • bei Lewy-Körper-Demenz • bei Pick-Krankheit (allgemein: frontotemporalen Demenzen) • bei HIV-Infektion • bei Creutzfeldt-Jakob-Krankheit
delirantes Syndrom (F05)	• Bewusstseinsstörungen • Verkennungen der Realität • Halluzinationen, Wahn • Unruhe und Angst • vegetative Symptome	• Entzug von Alkohol, Benzodiazepinen und Barbituraten • Fieber • Einnahme bestimmter Medikamente und Drogen (z. B. Anticholinergika)

Beim *dementiellen Syndrom* findet sich eine mehr oder weniger
große Anzahl von Beeinträchtigungen kognitiver Funktionen,
die sich – anders als bei der Intelligenzminderung (▶ Kap. 9.2) –
zuvor auf normalem Niveau befunden haben. An erster Stelle
stehen Störungen des Gedächtnisses; typischerweise zeigen sich
zunächst Beeinträchtigungen der Merkfähigkeit, also Defizite in
der längerfristigen Speicherung neuen Materials. Eindrücke
durchaus intensiver Natur werden wenig später vergessen; bei
der Untersuchung kann der Ablauf des Tages, besonders wenn er
vom Gewohnten abweicht, nur unzulänglich wiedergegeben
werden. Weniger beeinträchtigt ist hingegen das Erlernen neuer
motorischer Abläufe. Das Immediatgedächtnis, die Fähigkeit zur
unmittelbaren (nach Sekunden erfolgenden) Wiedergabe soeben
erfolgter Eindrücke, etwa das kurzfristige Behalten von Tele-
fonnummern, ist ebenfalls intakt. Gleichfalls, wenigstens zu
Beginn der Erkrankung, nicht gestört ist die Wiedergabe von
Eindrücken, die vor der Erkrankung gespeichert wurden, etwa
Jugenderlebnissen; allerdings finden sich im Krankheitsverlauf
zunehmende Einschränkungen der Reproduktion; die häufig zu
Beginn beobachteten Wortfindungsschwierigkeit lassen sich als
beginnende Abrufstörungen interpretieren. Daneben sind wei-
tere kognitive Fähigkeiten wie Denk- und Urteilsvermögen,
Konzentration und Aufmerksamkeit beeinträchtigt sowie die
Verarbeitung neuer Informationen erschwert, besonders wenn
diese gleichzeitig von verschiedenen Seiten vermittelt werden.
Weiter finden sich Störungen im affektiven und motivationalen
Bereich (u. a. Verlust emotionaler Kontrolle, oft Aggressivität,
extremes Misstrauen bis hin zu paranoid-psychotischer Symptomatik). Jedoch sind, anders als beim Delir, die betroffenen
Personen bewusstseinsklar; Störungen der Wahrnehmung im
Sinne von Halluzinationen und Realitätsverkennungen werden bei Demenz (ohne gleichzeitiges delirantes Syndrom) nicht
beobachtet.

Vom dementiellen ist das *amnestische* Syndrom abzugrenzen,
welches besonders als Folge von Alkoholabusus zu beobachten
ist (dann üblicherweise Korsakow-Syndrom genannt wird) und
vornehmlich eine Störung des Gedächtnisses, weniger der anderen kognitiven Funktionen und der Emotionalität, darstellt. Die
sehr beliebte Diagnose »Alkoholdemenz« ist, obwohl es eine sol-

che tatsächlich gibt, meistens inkorrekt; typischerweise handelt
es sich um ein amnestisches Syndrom, das andere pathologisch-
anatomische Grundlagen hat (Veränderungen vornehmlich im
Zwischenhirn, nicht im Hippocampus). Bei intaktem Immediatgedächtnis ist wie bei der Demenz die Fähigkeit, neues
Material zu speichern, erheblich reduziert; auch die Wiedergabe
bereits länger gespeicherter Inhalte kann in zeitlich wechselnder
Intensität beeinträchtigt sein. Anders als beim dementiellen
Syndrom findet sich hier eine Neigung, die Gedächtnislü-
cken durch erfundene Sachverhalte zu kaschieren (Konfabula-
tionen).

Die geschilderten dementiellen Syndrome bei verschiedenen
Krankheiten sowie das amnestische Syndrom wurden und werden
teils heute noch in psychiatrischen Lehrbüchern als organisches
oder hirnorganisches Psychosyndrom zusammengefasst, eine
Bezeichnung, welche angesichts ihrer Unbestimmtheit aufgegeben werden sollte. ICD-10 ordnet die Demenzen in die große
Rubrik F0:»Organische, einschließlich symptomatischer psychischer Störungen« ein. Alzheimer-Demenz wird mit der Codenummer F00 verschlüsselt, vaskuläre Demenz mit F01, dementielle Syndrome im Rahmen anderer Erkrankungen mit F02 und
einer weiteren Zahl für die jeweilige Grundkrankheit, so F02.0 für
die Demenz bei Pick-Krankheit. Bei der Alzheimer- und der
vaskulären Demenz gibt es Unterformen, etwa hinsichtlich des
Verlaufs, die mit einer weiteren Zahl zu kodieren sind. Dementielle Syndrome als Folge von Substanzmissbrauch wären hingegen in die Kategorie F1 (Psychische und Verhaltensstörungen
durch psychotrope Substanzen) einzureihen.

Die Diagnosestellung geschieht vornehmlich anhand der
Beeinträchtigung intellektueller Funktionen, speziell der Gedächt-
nisleistungen. Zuordnung zu den Unterformen erfolgt teils nach
der Begleitsymptomatik, teils anhand der Anamnese und anderer
Befunde (z. B. HIV-Nachweis). Die Diagnose Alzheimer-Krankheit ist oft erst posthum durch Autopsie mit Nachweis der
charakteristischen neuropathologischen Veränderungen eindeutig zu sichern; nicht immer leicht gelingt klinisch die Abgrenzung
gegenüber der vaskulären Demenz und der Pick-Krankheit
(allgemeiner: der frontotemporalen Demenz).

Merke

▶ Demenz ist keine eigene Krankheit, sondern ein Syndrom mit unterschiedlichsten Ursachen. Demenz ist auch nicht identisch mit »Alzheimer«; letzteres ist eine von verschiedenen Demenzformen. DSM-5 spricht im Übrigen nicht von Demenzen, sondern von neurokognitiven Störungen. ◄◄

2.3 Ätiologie, Pathogenese und Therapie verschiedener Demenzformen

2.3.1 Demenz bei Alzheimer-Krankheit

Bei dieser Erkrankung steht das Symptombild eines dementiellen Syndroms im Vordergrund. Der Beginn fällt meist ins höhere Lebensalter, zuweilen auch schon ins mittlere und sogar noch davor (Alzheimer-Krankheit mit präsenilem Beginn oder präsenile Demenz vom Alzheimer-Typ). Die Entwicklung ist, wenigstens bei den senilen Formen, im Allg. schleichend, ohne wesentliche Sprünge im Verlauf, und führt üblicherweise erst im Laufe mehrerer Jahre zum klinischen Vollbild; neurologische Einschränkungen finden sich anfangs in aller Regel nicht, treten aber nicht selten später hinzu und können Todesursache sein.

Beweisend für diese Demenzform ist das Vorliegen neuropathologischer Veränderungen in Form intrazellulär lokalisierter Alzheimer-Fibrillen und gehäufter seniler Plaques (Amyloid-Plaques); diese Veränderungen sind erst bei Autopsien sicher erkennbar. Trotz häufig zu lesender gegenteiliger Berichte ist es bis heute nicht gelungen, Alzheimer-Demenz zweifelsfrei allein anhand neuroradiologischer oder biochemischer Befunde (z. B. aus dem Liquor cerebrospinalis) zu diagnostizieren; in Verbindung mit dem klinischen Bild erhöhen sie jedoch die Treffsicherheit der Diagnose (Dubois et al., 2014). Die auch bei anderen Demenzformen zu beobachtende Neuronendegeneration ist eher diffus lokalisiert, betrifft jedoch stärker den frontalen und temporo-parietalen Kortex sowie speziell die Hippocampusregion. Zudem wird eine beeinträchtigte Übertragung an cholinergen Synapsen beobachtet, Folge insbesondere einer Abnahme des zur Acetylcholinsynthese notwendigen Enzyms Cholinacetyltransferase, eine Erkenntnis, die man therapeutisch zu nutzen versucht (s. u.). Dieses Genesemodell stimmt gut mit Befunden überein, nach denen das Behalten neuer Information durch die Blockade bestimmter Acetylcholinrezeptoren beeinträchtigt, durch deren Stimulation erleichtert wird.

Zum Verständnis der Ätiopathogenese ist von zentraler Bedeutung, dass die Amyloid-Plaques *nicht* – wie lange gedacht – lediglich ein *Abfallprodukt des Neuronenuntergangs*, sondern umgekehrt eher deren *Ursache* darstellen. Warum es zur Bildung dieser »toxischen« Plaques kommt, steht noch in Diskussion. Eine Hypothese ist, dass in den Neuronenmembranen schon immer ein pathologisches Eiweiß vorhanden war (das Amyloid-Präkursor-Protein = APP), welches zwangsläufig zu Amyloid mit der Folge von Plaque-Bildung abgebaut wird. Anderen Annahmen zufolge sind bestimmte eiweißabbauende Enzyme verändert, sodass Amyloid als Abbauprodukt entsteht.

> Andererseits finden sich bei Autopsien immer wieder Gehirne, welche Amyloid-Plaques in großer Zahl enthalten, wobei die Betreffenden keine dementielle Symptomatik gezeigt hatten. Jedoch findet man bei Personen mit Symptomatik einer Alzheimer-Demenz stets gehäuft Plaques. Der Sachverhalt ist also alles andere als geklärt. Möglicherweise umfasst das, was als Demenz bei Alzheimer-Krankheit zusammengefasst wird, eine ganze Reihe unterschiedlicher, wenn auch hinsichtlich Symptomatik ähnlicher Störungsbilder.

Entgegen früheren Ansichten spielen bei der Entwicklung der Alzheimer-Demenz genetische Faktoren sicher keine unbeträchtliche Rolle; sie determinieren den Aufbau des APP oder sind für die veränderten abbauenden Enzyme verantwortlich. Auffällig ist nämlich u. a., dass Personen mit Trisomie 21 (Down-Syndrom) schon in sehr frühem Alter eine hohe Dichte von Amyloid-Plaques im Gehirn aufweisen. Sie haben bekanntlich das Chromosom 21 in dreifacher Zahl, auf dem das APP-Gen (genauer: der pathologische APP-Polymorphismus) lokalisiert ist. Diese Genvariante ist für die Synthese eines bestimmten Eiweißes verantwortlich, das beim Abbau zur Amyloidbildung führt. Allerdings spricht einiges für eine wichtige Mitbeteiligung noch weitgehend unbekannter Umweltfaktoren; die schon früher vertretene Hypothese einer vermehrten Aufnahme von Aluminium (etwa in Form der säurebindenden »Magenmittel«, in Essensverpackungen oder Deosprays) hat mittlerweile wieder an Plausibilität gewonnen (Walton, 2013).

Nach dem Gesagten sollte eine kausale Therapie in Verhinderung der Bildung bzw. in vollständiger Beseitigung vorhandener Amyloidplaques bestehen. Nachdem entzündliche Prozesse dabei eine Rolle zu spielen scheinen, wäre ein Alzheimer-prophylaktischer Effekt bei längerer Einnahme entzündungshemmender Medikamente zu erwarten, speziell der nichtsteroidalen Antirheumatika wie Ibuprofen, Diclofenac oder Indomethacin, wofür es tatsächlich Hinweise gibt. Weiter sollten antioxidative Agentien hier positiv wirken, etwa die reichlich in Rotwein und roten Traubensäften enthaltenen Flavonoide; mäßiger Rotweingenuss würde demnach in gewissem Maße die Ausbildung erschweren.

> Entgegen früheren Auffassungen dürfte Rauchen nicht der Entstehung einer Alzheimer-Demenz vorbeugen, fördert jedoch die Ausbildung einer vaskulären Demenz beträchtlich. Andererseits ist es wohl nicht hilfreich, Alzheimer-Patienten zum Aufhören des Rauchens anzuhalten, da dann die stimulierende Wirkung auf die nikotinergen Acetylcholinrezeptoren wegfällt.

Weiter gibt es Überlegungen, durch eine Art von Impfung den Organismus zu veranlassen, gebildete Plaques sofort als Fremdkörper (Antigene) zu erkennen und sie mittels abzubauen.

Bei der Behandlung der Alzheimer-Krankheit sind unspezifisch die Hirnaktivität fördernde Medikamente mit den Inhaltsstoffen Piracetam (etwa Nootrop®), Pyritinol (Encephabol®), Nimodipin (Nimotop®) oder Extrakte aus Ginkgo biloba (etwa Tebonin®) sicher nicht von Schaden, allerdings ohne nachgewiesenen Nutzen. Ihr Wirkmechanismus dürfte teils auf Verbesserung der Durchblutung beruhen, teils auf verbesserter Verwertung des dem Hirn angebotenen Zuckers (Glukoseutilisation), zudem auf weiteren Prinzipien; dass sie in Vorstadien des geistigen Abbaus gewissen Nutzen bieten, ist nicht auszuschließen.

Medikamente mit nachgewiesener Wirksamkeit bei bestehender dementieller Symptomatik werden mittlerweile deutlicher als Antidementiva aus der großen Gruppe der Nootropika (generell auf den Verstand wirkender Substanzen) herausgehoben. Zu den Antidementiva gehören zum einen die Acetylcholinesterasehemmer (Cholinesterasehemmer), deren Gruppe durch Donepezil (etwa Aricept®), Rivastigmin (beispielsweise Exelon®) und Galantamin (Reminyl®) vertreten ist. Diese Substanzen erhöhen die synaptische Konzentration des verminderten Neurotransmitters Acetylcholin durch Hemmung des abbauenden Enzyms und sind zugelassen für die Behandlung leichter und mittelschwerer Demenzen vom Alzheimer-Typus. Auch wenn damit weder eine echte Besserung, geschweige denn eine Heilung erzielt wird, kann die Progredienz des geistigen Abbaus verlangsamt werden und zwar umso effizienter, je früher mit der Behandlung begonnen wird. Insofern sind rechtzeitige Diagnosestellung und baldiger Behandlungsbeginn von entscheidender Bedeutung.

Zu den Antidementiva gehören auch NMDA-Antagonisten wie Memantine (Axura®, Ebixa®, diverse Generika). Dies ist insofern zunächst überraschend, als die Blockade des NMDA-Rezeptors für Glutamat (beispielsweise durch Alkohol) die Einspeicherung erschwert (► Kap. 3.2.2 zum »Filmriss«). Allerdings ist zwischen einer phasischen (intermittierenden, auf Reize hin erfolgenden) Stimulation des NMDA-Rezeptors und einer permanenten (»tonischen«) Aktivierung dieser Bindungsstelle zu unterscheiden, wie sie der Theorie nach durch im Rahmen der Alzheimer-Krankheit vermehrtes Glutamat zustande kommt und kognitiven Prozessen abträglich ist. Diese NMDA-Antagonisten sind nicht nur für die Behandlung leichter und mittelschwerer, sondern auch schwerer Formen der Alzheimer-Demenz zugelassen und können mit Acetylcholinesterasehemmern kombiniert werden (Benkert & Hippius, 2015, S. 624).

Die Möglichkeit, mit psychologischen Methoden, etwa Gedächtnistrainings, die kognitiven Defizite bei Alzheimer-Demenz – generell bei dementieller Symptomatik – positiv zu beeinflussen, dürfte eher begrenzt oder wenn überhaupt, nur im Frühstadium von gewissem Erfolg sein. Sinnvoll ist es jedoch, die Umgebung entsprechend zu instruieren, sodass die Einschränkungen der Patienten möglichst wenig zum Tragen kommen.

Die affektive Symptomatik erfordert oft den Einsatz von Psychopharmaka, wobei speziell die Unruhezustände ein erhebliches Problem darstellen. Häufig reagieren die Patienten auf sedierende Medikamente wie Benzodiazepine »paradox«, werden also erst recht erregt; deswegen ist es in Heimen nicht selten Praxis, Sedierung mit Neuroleptika vorzunehmen. Letztere kommen speziell dann zum Einsatz, wenn zusätzlich psychotische Symptomatik vorliegt.

2.3.2 Vaskuläre Demenz

Diese Form ist nach der Alzheimer-Demenz die häufigste und geht in der Regel schon früh mit neurologischen Symptomen einher, die sich auf *Durchblutungsstörungen* bei arteriosklerotischen Veränderungen der Hirngefäße zurückführen lassen. Oft setzt die Symptomatik im Anschluss an eine ischämische Attacke (akute Minderdurchblutung) mit Bewusstseinstrübungen, Sehstörungen, Lähmungen oder Beeinträchtigungen höherer Sprachfunktionen (Aphasien) ein; der eher fluktuierende Verlauf der Erkrankung mit abrupt einsetzenden Verschlechterungen und neurologischen Herdsymptomen erleichtert die Abgrenzung von der Alzheimer-Demenz. Bei der neuroradiologischen Untersuchung zeigen sich häufig Gewebsschädigungen als Folge der Durchblutungsstörung. Bei vielen Betroffenen lassen sich in der Vorgeschichte Rauchen, Hypertonie oder Diabetes finden. Alzheimer- und vaskuläre Demenz kommen häufig vergesellschaftet vor.

Die Therapie besteht in der Ausschaltung von Risikofaktoren, Einstellung von Blutdruck und Blutzuckerspiegel, weiter eventuell in der Gabe durchblutungsfördernder Medikamente, unter Umständen in Behandlung mit Substanzen, welche die Gerinnungsfähigkeit des Blutes herabsetzen (z. B. ASS = Acetylsalicylsäure, wie etwa im altbekannten Aspirin®). Acetylcholinesterasehemmer dürften – entgegen früheren Ansichten – bei dieser Demenzform zumindest in einer Reihe von Fällen wirksam sein, sind aber nach wie vor für die Indikation »vaskuläre Demenz« nicht zugelassen.

2.3.3 Demenzen im Rahmen anderer Erkrankungen

Hier ist zunächst die *Pick-Krankheit* zu nennen, bei der sich oft schon vor den typischen Einschränkungen intellektueller Funktionen eine ausgesprochene Frontalhirnsymptomatik mit Veränderungen speziell im sozialen Verhalten (Taktlosigkeit, Enthemmung) und emotionaler Symptomatik findet; die Erkrankung beginnt im Allg. im 6. Lebensjahrzehnt und führt binnen einiger Jahre zum Tod. Mittlerweile wird in der Literatur – noch nicht in ICD-10 – die größere Gruppe der frontotemporalen Demenzen

(mit Beginn zwischen dem 45. und dem 65. Lebensjahr) angeführt. Bei diesen liegt eine Beeinträchtigung des Stirnhirns vor,
was eine deutliche Störung von Affektivität und Motivation bedingt (Enthemmung, aber oft auch Apathie), während die dementielle Symptomatik zunächst in den Hintergrund tritt; zudem
werden neurologische Symptome beobachtet. Die Ätiologie ist
unklar; es dürfte sich um eine neurogenerative Erbkrankheit handeln, wobei weder die betroffenen Gene noch der Erbgang genau
geklärt sind. Therapeutisch ist wenig gegen das nicht selten rasche
Fortschreiten dieser Demenzform zu tun; zur Behandlung der
affektiven und motivationalen Symptome ist der Einsatz diverser
Psychopharmaka in Erwägung zu ziehen (s. dazu Witt, 2013).

Einen noch rascheren Verlauf nimmt die (letztlich seltene)
Creutzfeldt-Jakob-Krankheit (engl. abgekürzt CJD), die mit etwas
veränderter Symptomatik (vCJD; v für »variant«), wenn auch
seltener als befürchtet, durch den auf den Menschen übertragenen
Erreger der Rinderkrankheit BSE (bovine spongiöse Enzephalopathie) ausgelöst werden kann. CJD ist neben einem rasch pro-
gredienten dementiellen Syndrom durch eine Vielzahl neurolo-
gischer Symptome gekennzeichnet. Typisch sind schwammartig-
löcherige Gehirnveränderungen. Die Ätiologie wird im Wirken
eines übertragbaren Agens mit langer Inkubationszeit gesehen,
welches aber nach augenblicklichen Erkenntnissen weder einer
(typischen) Virus- noch Bakterienart zuzuordnen ist, sondern zu
den Prionen gehört, äußerst hitzeresistenten Eiweißkörperchen,
die in die Zellteilung eingreifen. Die Übertragung geschieht
üblicherweise im Rahmen von Hirnoperationen mit nichtsterilen
Instrumenten oder durch Transplantation von Gewebe (z. B.
Hornhaut des Auges, Hirnhäuten); möglicherweise können sich
die pathogenen Prionen auch spontan bilden. Therapeutische
Möglichkeiten existieren nicht, sodass die Betroffenen meist
binnen weniger Monate versterben.

Weiter findet man Demenzen im Rahmen der *Huntington-
Krankheit* (Chorea Huntington), wo neben dem vorherrschenden
Symptombild der extrapyramidalen hyperkinetischen Störungen
psychische Veränderungen auftreten, darunter ein dementielles
Syndrom, welches ähnlich wie bei den frontotemporalen De-
menzformen sich zunächst häufig in verändertem emotionalem
Verhalten manifestiert und erst später mit Defiziten im Gedächt-

nisbereich einhergeht. Hier ist die Ätiologie bekannt: Es handelt sich um eine autosomal-dominante Erkrankung mit sehr hoher Penetranz. Somit haben Kinder eines Elternteils mit dieser Krankheit eine Erkrankungswahrscheinlichkeit von 50 %. Da die Symptome typischerweise erst im höheren zeugungsfähigen Alter auftreten, ist die Genomanalyse von Personen mit Chorea Huntington in der Familienanamnese diagnostisch von zentraler Bedeutung. Bedingte therapeutische Möglichkeiten bestehen für die motorische Symptomatik, während die Behandlung des dementiellen Syndroms kaum gelingt; Acetylcholinesterasehemmer sind für diese Indikation nicht zugelassen und dürften auch kaum wirksam sein.

Bei der *Parkinson-Krankheit* (Morbus Parkinson, auch als idiopathisches Parkinson-Syndrom bezeichnet) handelt es sich um eine degenerative Erkrankung der Substantia nigra des Mittelhirns mit Untergang der davon ausgehenden, das Striatum anregenden dopaminergen Neurone. Eine (wohl eher seltene) Unterform der Parkinson-Krankheit ist streng genetisch determiniert; für die meisten Fälle werden jedoch – recht unbestimmt – äußere ätiologische Faktoren angenommen (u. a. Schädel-Hirn-Traumen). Bei Parkinson-Patienten tritt überdurchschnittlich häufig ein dementielles Syndrom auf. Kontrovers wird diskutiert, ob es sich dabei tatsächlich um eine eigenständige Demenzform oder um eine gleichzeitig mit der Parkinson-Symptomatik auftretende Alzheimer- oder vaskuläre Demenz handelt. Reichlich unklar ist die Beziehung zu der erst in den letzten Jahren zunehmend als eigene Unterform (und in ICD-10 noch nicht explizit) angesehenen Lewy-Körper-Demenz. Bei dieser zeigen sich im Kortex so genannte Lewy-Körperchen (Lewy bodies), welche typischerweise auch in Gehirnen von Parkinson-Kranken gefunden werden, dort aber vorwiegend subkortikal (speziell in den Basalganglien) lokalisiert sind. Es handelt sich um kugelförmige Proteineinschlüsse im Zellinneren – im Gegensatz zu den bei Alzheimer-Krankheit typischen, zwischen den Neuronen gelegenen Amyloid-Plaques. Lewy-Körperchen finden sich auch in etwa 20-30 % der Fälle von Patienten mit Alzheimer-Krankheit, sodass hier eine spezielle Unterform vermutet wird. Andere Autoren sehen die Krankheit als eine Variante des Morbus Parkinson an, mit wenig auffälliger motorischer Symptomatik, jedoch deutlichen neuropsychologischen und psychiatrischen Symptomen, speziell dementieller Symptomatik und oft ausgeprägt psychotischen Symptomen.

Die Symptomatik ähnelt der Alzheimer-Demenz; allerdings ist der Verlauf rascher progredient, und psychotische Symptome sind häufiger (Folge möglicherweise der direkt oder indirekt das dopaminerge System anregenden Parkinson-Mittel wie L-Dopa und Anticholinergika).

Die Behandlung ist insofern schwierig, als kognitive, psychotische und Parkinson-Symptome nebeneinander bestehen und Anti-Parkinson-Mittel wie L-Dopa psychotische Symptome auslösen können, wohingegen andere, wie die Anticholinergika, die dementielle Symptomatik verschlechtern und die Acetylcholinesterasehemmer wiederum das bei der Parkinson-Krankheit ohnehin überaktive cholinerge System aktivieren. Jedoch ist der Acetylcholinesterasehemmer Rivastigmin (z. B. Exelon®) explizit zur Behandlung der Demenz bei Parkinson-Krankheit zugelassen.

Auch die *AIDS-Demenz* (oder allgemeiner: HIV-Demenz) ist (zumindest in einigen gesellschaftlichen Subgruppen) von gewisser Bedeutung. Möglicherweise liegen bereits in einem frühen Stadium der Infektion – wo die Patienten zwar seropositiv sind, jedoch keine der üblichen AIDS-Symptome zeigen – psychische Auffälligkeiten vor (etwa depressive Verstimmungen, psychomotorische Verlangsamung, Störungen des verbalen Gedächtnisses). Unstrittig ist, dass bei Personen im AIDS-Stadium – neben diversen anderen psychiatrischen Symptomen – eine deutliche dementielle Symptomatik auftreten kann (HIV-1-Associated Dementia Complex, etwa synonym: AIDS-Demenz). Diese (welche nicht selten der Entwicklung der anderen AIDS-Symptome vorausgeht) macht sich nach ICD-10 (S. 86 f.) zunächst u. a. durch Vergesslichkeit, Verlangsamung, Konzentrationsstörungen und Schwierigkeiten beim Problemlösen bemerkbar und entwickelt sich im Allg. relativ rasch zum Vollbild einer »schweren, umfassenden Demenz«.

Bei der *HIV-Infektion* handelt es sich bekanntlich um eine Viruserkrankung, wobei die Übertragung mittels Körperflüssigkeiten (v. a. Blut und Sperma), besonders bei ungeschütztem Geschlechtsverkehr, gemeinsamer Benutzung von Spritzen sowie Behandlung mit infizierten Blut- und Plasmaprodukten geschieht. Von der Infektion bzw. ihren Sekundärmanifestationen betroffen ist nicht nur das Immunsystem, sondern u. a. auch die graue wie die weiße Hirnsubstanz (vornehmlich im Frontallappen). Therapeutisch gelingt es mit virostatischen Medikamenten mittlerweile, die Progredienz (und damit mutmaßlich das Fortschreiten der dementiellen Symptomatik) aufzuhalten[1].

Tab. 2.2: Ursachen dementieller Syndrome

Ursache (Grundkrankheit)	Symptomatik	Besonderheiten
Alzheimer-Krankheit	• eher schleichend einsetzendes, chronisch-progredientes dementielles Syndrom • zu Beginn selten neurologische Störungen	• sichere Diagnose post mortem durch Nachweis von Alzheimer-Fibrillen u. gehäuften senilen Plaques
vaskuläre Demenz	• oft plötzlich beginnendes dementielles Syndrom • wechselhafter Verlauf • neurologische Symptome schon früh	• häufig Diabetes und Hypertonie in der Anamnese
Pick-Krankheit	• dementielles S. mit ausgeprägt affektiver Symptomatik	• zumindest zu Beginn v. a. affektive Symptome • Begriff wird in DSM-5 nicht verwendet
frontotemporale Demenz	• dementielles S. mit ausgeprägt affektiver Symptomatik (wie bei Pick-Krankheit)	• in ICD-10 nicht als besondere Form aufgeführt
Creutzfeldt-Jakob-Krankheit	• dementielles S. bei ausgeprägt neurologischer Symptomatik	• rasch progredient • typische spongiforme Veränderungen

---

1 Heute selten geworden, frühes aber ein häufiges und eindrucksvolles Krankheitsbild, ist die progressive Paralyse als Spätform der Syphilis, die mit unterschiedlichen psychischen Symptomen einsetzt, schließlich aber in zunehmender »geistiger Umnachtung« endet. Berühmte Personen mit dieser Störung waren u. a. Robert Schumann und Friedrich Nietzsche (s. dazu ausführlich Köhler, 2017).

Tab. 2.2: Ursachen dementieller Syndrome – Fortsetzung

Ursache (Grundkrankheit)	Symptomatik	Besonderheiten
Huntington-Krankheit	• dementielles S. bei deutlicher extrapyramidaler Symptomatik (hyperkinetisch)	• Nachweis des veränderten Gens möglich
Parkinson-Krankheit	• dementielles S. bei ausgeprägt extrapyramidaler Symptomatik (hypokinetisch)	• fraglich, ob eigenständiges Krankheitsbild • Beziehung zur Alzheimer- u. Lewy-Körperchen-D. unklar
Lewy-Körperchen-Demenz	• Symptome ähnlich wie bei der Alzheimer-Demenz • zusätzlich Nachweis von Lewy-Körperchen im Kortex	• in ICD-10 nicht als besondere Form aufgeführt
Demenz bei HIV-Erkrankung	• dementielles S. bei Aids	• Nachweis der HIV-Infektion

3 Störungen im Zusammenhang mit der Einnahme psychotroper Substanzen

3.1 Allgemeine Bemerkungen und Überblick

Psychotrop, also auf Empfinden und Verhalten wirkend, sind eine Vielzahl von Substanzen, zu denen laufend neue, im Labor synthetisierte, hinzukommen. In ICD-10 werden neun Hauptgruppen aufgezählt, welche die wesentliche Eigenschaft teilen, dass die unter ihnen subsumierten Stoffe üblicherweise eine angenehme Wirkung entfalten und so, unter Inkaufnahme körperlicher und psychischer Beeinträchtigungen, von vielen Personen mit gewisser Häufigkeit eingenommen werden; im Extremfall resultiert eine *Abhängigkeit*. Diese Hauptgruppen sind: Alkohol, Opioide (Opiate), Cannabinoide (Inhaltsstoffe von Haschisch und Marihuana; synthetische Cannabinoide), Sedativa oder Hypnotika, Kokain, sonstige Stimulantien einschließlich Koffein, Halluzinogene, Tabak, Inhalanzien (beispielsweise »Schnüffelstoffe«).

> Einige Substanzen passen nicht ins Schema, etwa das in der Betelnuss enthaltene Arecolin; von seiner Wirkung dürfte es am ehesten Nikotin vergleichbar sein, ebenso bezüglich des Mechanismus, nämlich Anregung von Acetylcholinrezeptoren. Auch Gamma-Hydroxy-Buttersäure (GHB, als »Liquid Ecstasy« bekannt), eine mittlerweile beliebte Partydroge (und meist wesentlicher Bestandteil von k.o.-Tropfen), kann nicht bruchlos in dieses Kategoriensystem eingeordnet werden. Von der Wirkung entspricht sie teilweise dem Ecstasy (MDMA), nicht aber hinsichtlich des Wirkmechanismus (für weitere Stoffe bzw. pflanzliche Aufbereitungen, die nicht in das obige Schema passen, etwa Kratom, Salvia divinorum, Hortensienblüten und die berüchtigten »Badesalze« s. Köhler, 2014b). Im Übrigen geschieht die Einteilung der psychotropen Substanzen in DSM-5 etwas anders. So werden Kokain und die Psychostimulanzien zu einer Gruppe zusammengefasst, während Koffein eine eigene Kategorie bildet.

Die meisten dieser Stoffe werden in der Medizin gar nicht oder wenn, dann wenigstens nicht wegen ihres psychotropen Effekts eingesetzt. Nicht in diese Liste aufgenommen wurden andere deutlich psychotrope Stoffgruppen wie Neuroleptika, Nootropika oder

Antidepressiva, da diese im Allg. nicht zur wiederholten freiwilligen Einnahme und damit eventuell zur Abhängigkeit führen.

Der schlecht definierte Begriff »Droge« taucht in ICD-10 nicht auf. Droge, in der Pharmakologie üblicherweise als Synonym für ein Pflanzenprodukt verwendet, wird in Laienkreisen meist im Sinne von rauscherzeugender Substanz gebraucht, jedoch nicht auf die legalen Substanzen Alkohol und Nikotin angewendet. Droge ist daher meist eine Bezeichnung für illegale psychotrope Substanzen wie Heroin oder Kokain.

Merke

▶ Der Begriff »psychotrope Substanz« umfasst nicht nur die Bezeichnung »Drogen« oder »illegale Drogen«, sondern schließt auch Alkohol, Nikotin und sedierende Medikamente mit ein. ◀◀

Von den psychischen Störungen, die im Zusammenhang mit der Einnahme dieser Stoffe auftreten können, ist zunächst die *akute Intoxikation* (»Rausch«) zu nennen, die üblicherweise reversiblen Veränderungen unmittelbar nach Einnahme. Kodiert wird dieses Symptombild in ICD-10 mit F1x.0 (beispielsweise die Alkoholintoxikation mit F10.0, die nach Opiateinnahme mit F11.0). *Schädlicher Gebrauch* (F1x.1) wird dann diagnostiziert, wenn eine seelische oder körperliche Gesundheitsschädigung resultiert; schädlicher Gebrauch ist eines von mehreren Symptomen des *Abhängigkeitssyndroms* (F1x.2), zu dessen Diagnose weitere Kriterien erfüllt sein müssen: u. a. starker Konsumzwang, Toleranzentwicklung und physiologische Entzugserscheinungen. Ein weiteres Störungsbild sind die psychischen und körperlichen Veränderungen bei fehlender Zufuhr der Substanz, zusammengefasst als *Entzugssyndrom* (F1x.3); das oft schwere Alkoholentzugssyndrom nach langjährigem Abusus ist hier am bekanntesten. Schließlich sind psychische Störungen, etwa der kognitiven Funktionen und der Affekte, zu nennen, welche als direkte Folge längerer Einnahme auftreten können und weder auf eine akute Intoxikation noch auf Entzug zurückzuführen sind; Beispiele wären *psychotische Störungen* (F1x.5) oder das *amnestische Syndrom* im Rahmen des chronischen Alkoholismus (F10.6).

Im Folgenden werden die wichtigsten psychotropen Substanzen kurz beschrieben und die dabei zu beobachtenden psychischen Syndrome dargestellt. Um die Zahl der Belege gering zu halten und die Lesbarkeit zu verbessern, sei generell diesbezüglich auf die entsprechenden Kapitel in Köhler (2014b) verwiesen; lediglich einige neuere Studien werden hier explizit angeführt.

Die Kodierung nach ICD-10 wird exemplarisch am Beispiel der alkoholbedingten Störungen illustriert. Bei psychischen Störungen durch andere Substanzen geschieht sie analog; statt der Codenummer für Alkohol an dritter Stelle ist die der entsprechenden psychotropen Substanz zu setzen, also etwa Entzugssyndrom ohne Delir bei Alkohol F10.3, bei Opioiden F11.3, bei Sedativa F13.3.

3.2   Alkohol

3.2.1   Allgemeines

Der Begriff »Alkohol« bezeichnet streng genommen eine Klasse chemischer Substanzen, die mindestens eine OH-(Hydroxyl-) Gruppe aufweisen. In diesem Zusammenhang einzig relevanter Repräsentant ist der Äthylalkohol (Äthanol oder gebräuchlicher: Ethanol mit der Summenformel: C_2H_5OH), sodass im Weiteren mit Alkohol nur dieser gemeint ist. Ethanol liegt bei Raumtemperatur in flüssiger Form vor und ist in alkoholischen Getränken in unterschiedlicher Konzentration enthalten (ungefähr 4 % Volumenprozent in Bier, 11–14 % in Wein, bis zu 60 % und mehr in Schnaps oder Rum). Da Alkohol eine spezifische Dichte von nur 0,79 hat, liegen die Gewichtsprozente entsprechend um circa 20 % niedriger; ein Liter Wein enthält also etwa 90–110 g Ethylalkohol.

Alkohol wird rasch resorbiert, teils schon im Magen, zum größeren Anteil im Dünndarm (im Fall hochprozentiger Spirituosen in nennenswertem Maße bereits in der Mundhöhle); die Resorptionsgeschwindigkeit ist bekanntermaßen vom Füllungszustand dieser Organe abhängig; insbesondere fettreiche Speisen verzögern die Aufnahme[2]. Der Abbau geschieht im Wesentlichen

---

2   Wahrscheinlich verbreiteter als angenommen ist die Applikation von Alkohol durch die Darm-und Vaginalschleimhaut mit Hilfe von Tampons. Im Fall einer schweren Intoxikation sollte man auch diese Art der Zufuhr in Betracht ziehen.

in der Leber mittels des Enzyms Alkoholdehydrogenase (ADH) zu
Acetaldehyd und von da weiter mittels ALDH (Aldehyddehyd-
rogenase) zur Essigsäure, die in die energieliefernden Zyklen
(etwa den Citratzyklus) eingeschleust wird; ein Gramm Alkohol
liefert 7,1 kcal.

Der für die kurzfristige Wirkung entscheidende Blutalkoholspiegel
hängt von der konsumierten Menge und der nach Konsumende abge-
laufenen Zeitspanne, dem Körpergewicht und dem Verteilungsver-
hältnis ab; dieser Quotient ist bei Frauen und fettleibigen Personen
niedriger, somit bei gleichem Konsum der Blutalkoholspiegel höher.

Sehr wahrscheinlich setzt der Alkoholabbau bereits im Magen
mittels ADH ein, was u. a. die unvollständige Resorption der Substanz
erklären würde (so genannte präsystemische Elimination; s. dazu
Köhler, 2014b, S. 31 f.), ein Effekt, der speziell bei gut gefülltem Magen
und entsprechend längerer Verweildauer zutage tritt. Möglicherweise
besitzen Frauen weniger von dieser Magen-ADH, sodass bei gleicher
aufgenommener Alkoholmenge mehr in den Blutkreislauf gerät als bei
Männern.

3.2.2   Unmittelbare Wirkungen

Diese sind *vielfältig* und hängen nicht nur von der konsumierten
Menge, sondern auch von der Ausgangssituation der Konsumenten (etwa Stimmung oder gesundheitlicher Verfassung) sowie
körperlichen und psychischen Charakteristika ab. Nicht richtig ist
es, Alkohol eine ausschließlich sedierende Eigenschaft zuzuschrei-
ben; seine anregende Wirkung, wenigstens in kleinen bis mittleren
Dosen, ist evident. Wahrscheinlich wirkt Ethanol *zentralnervös
hemmend* und zwar einerseits durch Eingriff an Synapsen mit
dem Transmitter Glutamat (Veränderung der NMDA-Rezeptoren), andererseits durch Verstärkung der GABAergen Hemmung, hinsichtlich des letztgenannten Wirkmechanismus (bedingt) ähnlich den Benzodiazepinen (▶ Kap. 3.4). Die erschwerte
synaptische Übertragung an inhibitorischen Bahnen führt andererseits dort zur Aktivierung, womit sich die enthemmende
Funktion von Alkoholaufnahme erklären ließe (so genannte *Dis-
inhibition*).

Die sedierende Wirkung von Ethanol führt zur *Reduktion von
Unruhe und Angst* (Anxiolyse); bei höheren Blutspiegeln kommt es
zur Schläfrigkeit, zuweilen zur Bewusstlosigkeit und in Extremfäl-

len zum Tod; der dazu oft notwendige Spiegel von über 3 Promille wird allerdings üblicherweise nicht erreicht, da schon vorher Schlaf oder Bewusstseinsverlust einsetzen. Reaktionsvermögen und Feinmotorik sind bereits bei nur mäßig erhöhtem Spiegel (etwa ab 0,5 Promille) gestört, sodass speziell die Fahrtüchtigkeit deutlich eingeschränkt ist. Bei Blutalkoholkonzentrationen von etwa 1 Promille zeigen sich Störungen des Gleichgewichtssinns und des räumlichen Sehens sowie erste Einschränkungen der Feinmotorik. Im leichten bis mittelschweren Rausch (1–2 Promille) findet sich oft Enthemmung, weitere Beeinträchtigung von Aufmerksamkeit und Reaktionsvermögen sowie neurologische Symptomatik wie Gangunsicherheit und lallende Sprache. Im schweren Rausch (über 2 Promille) kann die Euphorie in depressive Stimmung umschlagen. Tiefer Schlaf bis hin zur Bewusstlosigkeit ist alles andere als ungewöhnlich (»Komasaufen«).

Eine weitere Wirkung ist die euphorisierende, die über verstärkte Ausschüttung an Synapsen bestimmter dopaminerger Bahnen zustande kommt; als bedeutendste dieser Bahnen sieht man jene an, die vom ventralen Tegmentum (einer Struktur des Mittelhirns) zum Nucleus accumbens (einer Region im Endhirn) verlaufen (s. dazu Köhler 2014b, S. 20 f.). Dieser Effekt trägt neben dem sedierenden wesentlich zur Suchtbildung bei. Mit der Euphorisierung geht meist eine gewisse Selbstüberschätzung einher, so auch bezüglich der Fähigkeiten am Steuer.

Daneben hat Alkohol eine Reihe körperlicher Wirkungen, die keineswegs ausschließlich nachteilig sind. Die relevanteste ist sicher die Erhöhung der Serummenge von HDL (High-density-Lipoproteinen) und des an sie gebundenen HDL-Cholesterins. Hohe Konzentrationen dieses Cholesterinanteils haben einen koronarprotektiven Effekt (im Gegensatz zum schädlichen LDL-Cholesterin). Offensichtlich ist Ethanol selbst und nicht andere Inhaltsstoffe der Getränke (etwa Antioxidantien) für diesen Effekt verantwortlich, da er in ähnlichem Maße bei Wein- und Biertrinkern sowie Konsumenten anderer Spirituosen beschrieben wird. Ein weiterer unmittelbar nach Genuss auftretender Effekt, der gleichfalls gewissen Schutz gegen Herzinfarkt bietet, ist Hemmung der Thrombozytenaggregation (des Zusammenballens von Blutplättchen).

Ethylalkohol hat verschiedene Effekte auf das kardiovaskuläre System: An peripheren Gefäßen wirkt er erweiternd (mit erhöhtem Wärmeverlust); in anderen Körperregionen ist die diesbezügliche

Wirkung unklar. Weiter führen bereits kleine Mengen zu Abnahme der Herzleistung; speziell bei vorgeschädigtem Herzen können sie zudem verschiedene Formen von Herzrhythmusstörungen auslösen. Wie sich Ethanol auf die Durchblutung der Koronarien auswirkt, ist nicht eindeutig geklärt. Immerhin gibt es Hinweise, dass mäßiger Alkoholkonsum lebensverlängernd wirkt, zumindest die Mortalität an Herz-Kreislauferkrankungen senkt (s. etwa Sathyanarayana & Andrade, 2016). Aufnahme kleinerer Mengen regt die Atmung an; bei höheren Blutalkoholspiegeln beobachtet man hingegen Atemdepression bis hin zur tödlichen Atemlähmung.

Im gastrointestinalen System werden Sekretion und Peristaltik eher angeregt; dabei kommt es zu vermehrter Säurebildung. Konsum höherprozentiger Spirituosen führt zu Entzündungen an der Schleimhaut von Speiseröhre, Magen und Bauchspeicheldrüse (Ösophagitis, Gastritis und Pankreatitis). Erwähnenswert ist auch der keimtötende Effekt von Alkohol, was Ausbildung von Infektionen im Magen-Darm-Trakt erschwert.

An der Niere hat Ethanol einen diuretischen Effekt; dieser Wasserverlust ist u. a. für das nach stärkerem Konsum zu beobachtende Durstgefühl verantwortlich (»Brand«). Weiter kommt es zu vermehrter Ausscheidung von Elektrolyten wie Natrium, Magnesium oder Calcium.

Akute Intoxikation mit Alkohol (F10.0) wird nach ICD-10 (S. 111) als ein vorübergehendes Zustandsbild »mit Störungen des Bewusstseins, kognitiver Funktionen, der Wahrnehmung, des Affektes, des Verhaltens und anderer psychophysiologischer Funktionen und Reaktionen« definiert. Wird sie durch zusätzliche Symptome kompliziert wie Verletzungen, Bluterbrechen oder Krampfanfälle, ist dies mit einer weiteren Nummer zu vermerken, etwa F10.01 (Alkoholrausch mit Verletzung). Eine spezielle Komplikation ist der *pathologische Rausch* (F10.07), der oft schon bei geringer Menge eintritt und mit massiver, nicht durch die physiologische Alkoholwirkung zu erklärender Symptomatik einhergeht, beispielsweise ungewöhnlicher Aggressivität; er endet mit Schlaf, beim Aufwachen besteht Amnesie.

Eine spezifische Therapie der akuten Alkoholintoxikation besteht nicht; insbesondere liegt, anders als bei den Opiaten (▶ Kap. 3.3), kein Antidot vor, mit dem sich die Wirkungen aufheben ließen. Bei schweren Rauschzuständen ist die Überwachung von Kreislauf und Atmung erforderlich, bei Verdacht auf zusätzliche Tabletteneinnahme u. a. eine Magenspülung.

3.2.3 Missbrauch und Abhängigkeit (Alkoholismus, Alkoholkrankheit)

Die Begriffe »Alkoholismus« und »Alkoholkrankheit« sind nicht eindeutig definiert und tauchen auch in ICD-10 nicht auf; manche Autoren verwenden diese im weiteren Sinne als Synonym für schädlichen Gebrauch (chronischer Abusus), andere im Sinne von Alkoholabhängigkeit, also enger; völlig unbestimmt bleiben die Begriffe des »Alkoholproblems« sowie der »Alkoholgefährdung« und sollten deshalb möglichst aus dem wissenschaftlichen Sprachschatz verschwinden.

»Schädlicher Gebrauch« von Alkohol (kodiert mit F10.1) beschreibt nach ICD-10 (S. 113 f.) ein »Konsummuster psychotroper Substanzen« (hier beispielhaft Alkohol), das »zu einer Gesundheitsschädigung führt«. Das Abhängigkeitssyndrom (allgemein mit F1x.2 verschlüsselt, als Alkohol-Abhängigkeitssyndrom folglich mit der Codenummer F10.2 zu versehen) definiert sich als »eine Gruppe körperlicher, Verhaltens- und kognitiver Phänomene, bei denen der Konsum einer Substanz oder einer Substanzklasse für die betroffene Person Vorrang hat gegenüber anderen Verhaltensweisen, die von ihr früher höher bewertet wurden«. Ein »entscheidendes Charakteristikum der Abhängigkeit« sei »der oft starke, gelegentlich übermächtige Wunsch, psychotrope Substanzen oder Medikamente […], Alkohol oder Tabak zu konsumieren«.

Zur genaueren Charakterisierung werden sechs Kriterien angegeben, von denen innerhalb des Zeitraums von einem Jahr rückwirkend gleichzeitig wenigstens drei erfüllt sein müssen, um die Diagnose des Abhängigkeitssyndroms zu stellen. Diese sind in verkürzter Darstellung: 1. ein »starker Wunsch oder eine Art Zwang, psychotrope Substanzen zu konsumieren«, 2. »verminderte Kontrollfähigkeit« des Konsums, 3. ein körperliches Entzugssyndrom bei Beendigung oder Reduktion des Konsums, 4. Nachweis einer Toleranz, also der Notwendigkeit, höhere Dosen zu konsumieren, um den gleichen Erfolg zu erzielen, 5. »fortschreitende Vernachlässigung anderer Vergnügen oder Interessen zugunsten des Substanzkonsums« und schließlich 6. »anhaltender Substanzkonsum trotz Nachweis eindeutiger schädlicher Folgen«. Die Diagnose »Abhängigkeitssyndrom« impliziert die des schäd-

lichen Gebrauchs; letztere Diagnose ist bei Vorliegen eines Abhängigkeitssyndroms nicht mehr gesondert zu stellen.

> Die lange Zeit übliche Unterscheidung zwischen *physischer (körperli-*
> *cher)* Abhängigkeit, definiert über Toleranzentwicklung und Ent-
> zugssymptomatik, und *psychischer* Abhängigkeit bei nur zwanghaf-
> tem, unkontrolliertem Gebrauch ist hier also aufgegeben. Auch der
> *Suchtbegriff*, vielfach früher im Sinne körperlicher Abhängigkeit ge-
> braucht, taucht in ICD-10 nicht mehr auf.

Epidemiologische Angaben sind nur von beschränktem Wert und
schwer vergleichbar, weil meist nicht zwischen Missbrauch und
regelrechter Abhängigkeit unterschieden wurde; zudem existiert
eine beträchtliche Dunkelziffer (für Frauen besonders hoch). Es ist
sicher nicht unrealistisch anzunehmen, dass etwa 10 % der Erwachsenen Alkoholmissbrauch treiben oder sogar regelrechte
Abhängigkeit zeigen; die Lebenszeitprävalenz, also der Anteil an
Personen, die im Laufe ihres Lebens mehr oder weniger lange das
geschilderte Verhaltensmuster zeigen, dürfte bei 20–25 % liegen;
Männer sind weitaus häufiger betroffen.

Erklärungsansätze des Alkoholmissbrauchs und der Abhängigkeit sind erheblich erschwert, da über deren physiologische
und psychologische Grundlagen wenig bekannt ist.

Biologische Erklärungsansätze basieren im Wesentlichen auf
der *erblichen* (Mit-)Bedingtheit des Alkoholismus. Obwohl Umweltfaktoren (etwa Sozialisationsbedingungen, Umfeld mit mehr
oder weniger ausgeprägtem Konsum) unzweifelhaft eine bedeu-
tende Rolle spielen, ist der genetische Einfluss wohl noch
bedeutsamer: Er dürfte Alkoholismus zu 50–60 % erklären (Buscemi & Turchi, 2011).

> Am aussagekräftigsten sind diesbezüglich Studien, in denen durch
> systematische Kreuzung Tierstämme gezüchtet wurden, die – ent-
> gegen speziesüblichen Verhaltensweisen – Alkohol anderen Geträn-
> ken vorzogen (für einen Überblick s. Morozova, Mackay & Anholt,
> 2014).

Mittlerweile konnten auch für Alkoholismus verantwortliche veränderte Gene identifiziert werden. Hauptsächlich werden Besonderheiten der Ethanol abbauenden Enzyme diskutiert (s. Tawa, Hall
& Lohoff, 2016). Dabei bestimmen veränderte Genvarianten für die
Enzymausbildung speziell die Verträglichkeit von Alkohol und

begünstigen damit schädlichen Gebrauch bzw. beugen umgekehrt einem solchen vor. Sehr aufschlussreich sind Beobachtungen an der Bevölkerung Südostasiens (etwa Chinas und Japans): Dort findet sich sehr häufig eine bestimmte Enzymkonstellation mit verzögertem Abbau des Ethanolmetaboliten Acetaldehyd, aufgrund dessen der Konsum stark aversive Effekte hat. Unter Personen mit Missbrauch und Abhängigkeit von Alkohol ist diese Konstellation sehr selten (Enoch & Goldman, 2002). Andererseits scheint Alkoholmissbrauch in China mittlerweile ähnlich häufig zu sein wie in westeuropäischen Ländern (Cheng, Deng, Xiong & Philipps, 2015). Als eine wesentliche Grundlage für Alkoholabhängigkeit (bzw. generell für Substanzabhängigkeit) gilt die unzureichende Ausbildung von Dopaminrezeptoren und damit die fehlende Spontanerregung des dopaminergen Belohnungssystems (Foll, Gallo, Strat, Lu & Gorword, 2009).

Versuche, eine prämorbide *Alkoholpersönlichkeit* (allgemeiner: *Suchtpersönlichkeit*) nachzuweisen und diese Persönlichkeitsmerkmale mit der Entwicklung von Alkoholmissbrauch oder Abhängigkeit zu verknüpfen, sind zwar sehr populär, allerdings nur bedingt erfolgreich: Am ehesten scheinen sich antisoziale Persönlichkeitszüge in der Jugend als Prädiktor späteren Abusus zu erweisen oder damit verknüpft eine frühe Impulsivität und kindliche Hyperaktivität. Denkbar wäre, dass diese Personen aufgrund veränderter Grundaktivität im Gehirn sich selbst besondere Stimulation verschaffen müssen. Psychoanalytische Forscher weisen auf eine Gefährdung bei oraler bzw. abhängiger Persönlichkeit hin; die empirischen Belege sind jedoch selten methodisch überzeugend.

Lerntheoretische Erklärungsansätze des schädlichen Gebrauchs gehen von den unmittelbar angenehmen, verstärkenden Effekten des Konsums aus; zur Erklärung der Aufrechterhaltung bei Abhängigkeit wird zusätzlich der aversive Reiz des Alkoholmangelzustandes herangezogen. Dass Ethanol spannungsreduzierende und euphorisierende Wirkung hat, ist unbestritten; ungelöst bleibt die Frage, bei welchen Personen die unmittelbaren angenehmen gegenüber den aversiven Effekten (etwa Eintreten peinlicher sozialer Situationen) sowie den zu erwartenden langfristigen schädlichen Auswirkungen einen solch hohen Stellenwert einnehmen, dass der Konsum nicht unterbleibt. Genetische Faktoren und Persönlichkeitsvariablen dürften für die Ausbildung dieses operant konditionierten Verhaltens eine maßgebliche Rolle spielen. Auch Umweltbedingungen, welche die Notwendigkeit einer Spannungsreduktion begründen (Konfliktsituationen, Frustrationen), kommt eine wesentliche Bedeutung zu.

Therapien können sich schwerlich allein auf die Alkoholprobleme beschränken, sondern müssen auch die Bedingungen angehen, die zum Missbrauch beigetragen haben (Angstzustände, Depressionen). Von den speziell auf den Alkoholkonsum zentrierten Verfahren kommen meist im weitesten Sinne *verhaltenstherapeutisch* bzw. *kognitiv-verhaltenstherapeutisch* orientierte zur Anwendung und sind auch mit Abstand am besten evaluiert. Entgegen einer weit verbreiteten Meinung ist die verhaltenstherapeutische Behandlung von Substanzmissbrauch keineswegs mehr allein mit Aversionstherapie gleichzusetzen, sondern verwendet auch andere Techniken (z. B. Stimuluskontrolle, Selbstbehauptungstraining, Verfahren zur Spannungsreduktion ohne Alkohol, kognitive Umstrukturierung).

Eine *medikamentöse Rückfallprophylaxe* kann mit regelmäßiger Gabe von Disulfiram (Antabus®) versucht werden, welches bei abstinenten Personen wenig Wirkung hat, im Fall der Alkoholeinnahme aber zu unangenehmen körperlichen Reaktionen führt (Übelkeit und weitere vegetative Veränderungen, etwa im Herz-Kreislauf-System); es wird angenommen, dass Disulfiram u. a. den Abbau von Acetaldehyd hemmt und so zur Anhäufung dieses aversiven Metaboliten bei Alkoholeinnahme führt; dies ist nicht ungefährlich, sodass teils Skepsis herrscht – Antabus® wurde in Deutschland mittlerweile aus dem Handel genommen Zudem setzt diese Therapie gewissenhafte Mitarbeit der Patienten in Form freiwilliger regelmäßiger Einnahme des Medikaments voraus. Mit den Opiatantagonisten Naltrexon (Adepend®) und Namelfen (Selincro®) sowie mit Acamprosat (Campral®) stehen mittlerweile Substanzen zur Verfügung, welche den Kontrollverlust beim Trinken bzw. die Gier nach Alkohol (Craving) zu gewissem Grade dämpfen.

3.2.4 Alkoholtoleranz, Alkoholentzugssyndrom und Delirium tremens

Toleranz, d. h. die nachlassende Wirkung bei längerer Einnahme, kann mindestens zwei Ursachen haben. Bei der *metabolischen*

Toleranz wird die betreffende Substanz schneller verstoffwechselt; Beispiel dafür ist die rasch einsetzende Gewöhnung an Barbiturate durch Enzyminduktion in der Leber. Bei der (zuweilen auch zellulär genannten) *funktionellen Toleranz* erreicht die unverändert gleiche Substanzmenge den Zielort, entfaltet dort aber geringere Wirkung; die Verminderung der Zahl oder Empfindlichkeit von Opioidrezeptoren bei längerer Opiatgabe könnte als Beispiel dienen. Bei Alkohol tritt ebenfalls Gewöhnung ein, wenn auch nicht in solch ausgeprägtem Maße wie etwa bei Opiaten; die Toleranz wird dann wieder geringer, wenn schwere Leberschäden eingetreten sind (Toleranzbruch). Dies zeigt, dass die Alkoholtoleranz wenigstens teilweise metabolischer Natur ist; auch eine funktionelle Toleranz ist sehr wahrscheinlich, nachdem viele Personen bei hohen Blutalkoholkonzentrationen oft bemerkenswert geringe Leistungseinschränkungen zeigen.

Häufig, aber nicht zwingend, mit Toleranz verbunden ist die Entwicklung eines *Entzugssyndroms* bei fehlender Substanzzufuhr; es entspricht in der Regel Reaktionen, die physiologisch durch die Substanz unterbunden werden; da Alkohol Spannung und Unruhe vermindert, treten diese Beschwerden im Fall des Entzugs in Erscheinung. Das Entzugssyndrom beschränkt sich in vielen Fällen auf die geschilderte Symptomatik, hinzukommen vegetative Reaktionen wie Zittern und Schweißausbrüche. Da Alkohol Verstärkung der GABAergen Hemmung bewirkt – ähnlich wie Benzodiazepine und Barbiturate – zudem die erregenden Glutamatrezeptoren blockiert (mit weiterem antikonvulsiven Effekt), wird die Entzugssymptomatik zuweilen durch epileptische Anfälle kompliziert. Der Code für Alkoholentzugssyndrom ohne Delir ist F10.3 bzw. F10.31, wenn es durch Krampfanfälle kompliziert wird.

Die klinisch auffälligste Form des Alkoholentzugssyndroms ist das *Delirium tremens* (von lateinisch »de lira« = aus der Spur). Unter *Delir* versteht man allgemein eine Bewusstseinstrübung, meist in der eher schwachen Ausprägung von Somnolenz (Schläfrigkeit bei erhaltener Ansprechbarkeit, wenn auch verlangsamten Reaktionen). Andere Bewusstseinsstörungen in Form von illusionären Verkennungen oder insbesondere optischen Halluzinationen können vorkommen und sind besonders auffällig. Weiter für das Delir typische Symptome sind Affektstörungen wie Angst und Depression, psychomotorische Auffälligkeiten, etwa in Form zwanghaften Hin- und Herlaufens, Störungen im Schlaf-Wach-Rhythmus, räumliche und zeitliche Desorientiertheit. Delir wird häufig bei organischen Erkrankungen beobachtet – am bekanntesten ist das Fieberdelir – und wäre in diesem Fall mit F05 zu kodieren. Als Alkoholentzugsdelir muss es mit F10.4 (Entzugssyndrom mit Delir) verschlüsselt werden.

Das Delirium tremens tritt häufig nach Dosisverminderung oder Absetzen von Alkohol auf (etwa bei einem Krankenhausaufenthalt nach einem Unfall), kann sich aber auch bei fortwährendem Konsum einstellen (Kontinuitätsdelir), dann oft ausgelöst durch körperliche Erkrankungen, etwa eine Infektion. Es dürfte bei mindestens 15 % der Alkoholiker auftreten, häufig nach jahrzehntelangem Abusus. Dem Delir geht zumeist ein schweres Entzugssyndrom mit Unruhe und vegetativen Reaktionen voraus; neben auffälligem Zittern (Tremor) bilden sich nach und nach die oben geschilderten Zeichen aus, wobei die optischen Halluzinationen (kleine bewegliche Objekte oder Tierchen) besonders eindrucksvoll und Laien als Charakteristikum am besten bekannt sind. Häufig wird in diesem Zustand eine erhöhte Suggestibilität gefunden, indem die Patienten etwa von einem vorgehaltenen leeren Blatt ablesen. Neben den psychiatrischen Symptomen finden sich starke Kreislaufreaktionen und können Infektionen auftreten; unbehandelt führt das Alkoholdelir in 15–30 % zum Tod, eine Rate, die bei sachgemäßer Therapie und Überwachung der Herz-Kreislauf-Funktionen deutlich niedriger ist. Die Dauer beträgt etwa 2–5 Tage. Bezüglich der Pathogenese geht man von einer vermehrten Aktivität der nun nicht mehr durch Ethanol blockierten NMDA-Rezeptoren und dem Wegfall GABAerger Hemmmechanismen aus; für die Kreislaufreaktionen wird eine verstärkte Feuerung noradrenerger Neurone verantwortlich gemacht, welche im Locus caeruleus des Hirnstamms ihren Ausgang nehmen.

Die *Therapie* des Delirs geschieht in der Regel mit Clomethiazol (Distraneurin®), einer sedierenden Substanz, die durch Verstärkung der GABAergen Hemmung eine ähnliche Wirkung wie Alkohol hat und ihn deshalb substituieren kann; da sie antikonvulsiv wirkt, sind epileptische Anfälle als gefürchtete Komplikationen gut zu beherrschen. Manche Autoren (etwa Benkert & Hippius, 2015, S. 480) empfehlen (mit gewissen Einschränkungen) daneben Benzodiazepine. Ebenso werden bestimmte Neuroleptika zur Behandlung der Alkoholentzugssymptomatik verwendet, da bei ihnen – anders als bei Clomethiazol und Benzodiazepinen – die Gefahr einer Entwicklung von Abhängigkeit gering ist. Sie wirken jedoch nicht antikonvulsiv; einige erniedrigen sogar die Krampfschwelle und sind damit kontraindiziert. Auch das ursprünglich als Antikonvulsivum entwickelte und zunehmend bei anderen Indikationen (etwa zur Prophylaxe bei affektiven Störungen) eingesetzte Carbamazepin (z. B. Tegretal®, Timonil®) wird zuweilen zur Behandlung der Entzugssymptomatik verwendet. Die früher auch ärztlicherseits praktizierte Therapie, Delir durch Zufuhr hoher Alkoholdosen zu bekämpfen, ist obsolet, als Verfahren der Selbstbehandlung bei ersten Anzeichen jedoch nach wie vor in Gebrauch.

3.2.5 Mittel- und langfristige Folgen von Alkoholmissbrauch

Ethanol dringt wegen seiner Lipidlöslichkeit leicht durch Zellmembranen und wirkt als *Zellgift*; sein Einsatz zur Desinfektion wurde schon erwähnt. Von den körperlichen Veränderungen am bekanntesten, zudem zahlenmäßig am bedeutsamsten, ist die *Leberschädigung*. Üblicherweise kommt es bei längerem Abusus zunächst zur Einlagerung von Fett in die Zellen (alkoholische Fettleber), die sich dann leicht entzünden können (Fettleberhepatitis). Diese Alkoholhepatitis ähnelt in ihrer Symptomatik meist mild verlaufenden Virushepatitiden, wird aber bei rechtzeitiger Abstinenz nie chronisch und hat entsprechend an sich eine gute Prognose.

Bei Fortsetzung des Abusus entwickelt sich jedoch mit gewisser Wahrscheinlichkeit eine *Leberzirrhose*; mit Sicherheit gefährdet sind Personen, die über mehrere Jahrzehnte täglich 80 g oder mehr Alkohol zu sich nehmen. Neuere Forschungen gehen bereits von einer schädlichen Dosis von etwa 60 g aus – andere sogar von einer noch geringeren; zudem gelten diese kritischen Werte nur für Männer; bei Frauen sind die angegebenen Zahlen deutlich niedriger, wofür befriedigende Erklärungen ausstehen.

Bei der Zirrhose handelt es sich um einen Umbau der Leber mit Ersatz zerstörter Zellen durch Bindegewebe. Die Symptome erklären sich teils durch Ausfall wichtiger Funktionen wie Synthese und Abbau aufgrund des Untergangs normaler Leberzellen

(Leberzellinsuffizienz), teils durch Veränderung der Durchblutung als Folge der bindegewebigen Verhärtung. So wird der Zufluss zur Leber aus dem Magen-Darm-Bereich über die Pfortader verringert und es kommt zur Ausbildung von Umgehungskreisläufen, speziell in Form venöser Neubildungen in der Wand der Speiseröhre (Ösophagusvarizen). Diese sind sehr gefährdet für Rupturen; nicht wenige Personen mit Leberzirrhose sterben an einer Blutung aus diesen Varizen. Aufgrund der verringerten Produktion von Gerinnungsfaktoren in der erkrankten Leber resultiert erhöhte Blutungsneigung; wegen der gestörten Eiweißsynthese kommt es zu Albuminmangel und damit vermindertem kolloidosmotischem Druck in den Gefäßen mit der Folge von Flüssigkeitsübertritt ins Gewebe (Aszites = Bauchwassersucht bei fortgeschrittener Leberzirrhose). Der reduzierte Abbau gegengeschlechtlicher Sexualhormone durch die zirrhotische Leber führt zu Vermehrung von Östrogenen beim Mann und damit zur Feminisierung (etwa Brustbildung); der bei Alkoholikern häufig zu beobachtende Verlust von Libido und Potenz ist teilweise hormonell bedingt.

Aufgrund der zunehmend eingeschränkten Entgiftungsleistung der Leber kommt es im Spätstadium zu Funktionsstörungen im Zentralnervensystem, die unter dem Begriff der *hepatischen Enzephalopathie* zusammengefasst werden und von rascher Ermüdbarkeit und Konzentrationsstörungen bis hin zur tiefen Bewusstlosigkeit (Koma) reichen. Die Pathogenese der hepatischen Enzephalopathie ist nur bedingt geklärt; diskutiert wird die Wirkung unzureichend abgebauter Neurotoxine wie beispielsweise Ammoniak, daneben Veränderungen im Transmitterhaushalt, speziell Erhöhung der GABA-Konzentration. Auf der Grundlage einer Leberzirrhose, einschließlich der alkoholbedingten, entstehen zudem bevorzugt primäre Leberzellkarzinome. Zu betonen ist, dass der zirrhotische Umbau an sich irreversibel ist, jedoch bei Alkoholkarenz langsamer fortschreitet und über ein bis zwei Jahrzehnte kompensiert werden kann.

Weitere Organe, die bei chronischem Alkoholmissbrauch geschädigt werden, sind die Schleimhaut von *Speiseröhre* und *Magen* (alkoholische Ösophagitis und Gastritis) sowie die *Bauchspeicheldrüse* (akute und chronische Pankreatitis). Bei chronischem Abusus, besonders bei Genuss hochprozentiger Spirituosen, ist das Risiko für die Entwicklung von Karzinomen der Speiseröhre deutlich erhöht; vermehrt werden bei Alkoholikern, die stark rauchen, auch Karzinome der Mundhöhle beobachtet. Ob Ethanol ein Risiko für die Entwicklung von Tumoren des Magens und der Bauchspeicheldrüse darstellt, ist nicht geklärt. Weniger bekannt, jedoch sehr ernst zu nehmen, ist die Schädigung der *Herzmuskelzellen* bei langjährigem Abusus (alkoholische Kardiomyopathie mit Entwicklung zunehmender Herzinsuffizienz).

Auch *Nervenzellen* werden durch Alkohol angegriffen, und entsprechend finden sich sowohl typische Schädigungen im peripheren Nervensystem wie zentralnervöse Veränderungen. Die alkoholische Polyneuropathie beruht auf Zerstörungen sowohl der Myelinscheiden wie der Axone selbst. Die Symptome bestehen anfangs in *Gefühlsstörungen* (Taubheit, Missempfindungen und Schmerzen vorwiegend in den unteren Extremitäten), später können *motorische Beeinträchtigungen* hinzukommen, etwa eine Schwäche der Fußheber. Eine alkoholbedingte Erkrankung des Zentralnervensystems mit vorwiegend neurologischen Symptomen ist die *Wernicke'sche Enzephalopathie*, bei der sich blutungsbedingte Gewebszerstörungen speziell im Bereich des Mittel- und Zwischenhirns finden; neurologisch werden vornehmlich Augenmuskellähmungen und Störungen der Bewegungskoordination (Ataxien) beobachtet, zudem Zeichen eines deliranten Syndroms mit Desorientiertheit, Verwirrtheit und mehr oder weniger ausgeprägter Somnolenz (Schläfrigkeit). Nicht wenige versterben in diesem Zustand, beim Rest ist der Übergang in ein amnestisches Syndrom (s. u.) häufig.

Von den psychischen Störungen am häufigsten und bekanntesten ist das *amnestische Syndrom* (etwa synonym: *Korsakow-Syndrom*[3]) mit Störungen der Merkfähigkeit bei zunächst weitgehend unbehinderter Reproduktion von Inhalten, welche vor der Schädigung erworben wurden. Insofern ähnelt dieses amnestische

---

3 Die Bezeichnung Korsakow-Syndrom wird unterschiedlich benutzt, zum einen als Synonym für »organisches Psychosyndrom«, also in der Bedeutung von Demenz, zum anderen als Synonym für ein amnestisches Syndrom im Allgemeinen, zum dritten zur Bezeichnung des amnestischen Syndroms im Rahmen von Alkoholmissbrauch.

Syndrom dem dementiellen Syndrom, unterscheidet sich jedoch dadurch von letzterem, dass andere kognitive Funktionen wie etwa Wahrnehmung und Urteilsfähigkeit intakt sind; insofern ist die nicht selten zu findende Bezeichnung »Alkoholdemenz«[4] oder alkoholisch bedingtes »organisches Psychosyndrom« zumindest missverständlich; typisch für das amnestische Syndrom bei Alkoholabusus ist die Neigung zur Konfabulation, zum Ausfüllen von Erinnerungslücken durch mehr oder weniger passend Erdachtes.

Eine verbreitete psychische Störung speziell bei männlichen Patienten ist der *alkoholische Eifersuchtswahn* (F10.51), wobei die häufige Impotenz zur Ausbildung des Wahnsystems beiträgt. Seltener ist die *Alkoholhalluzinose* (F10.52), die nicht mit den halluzinatorischen Symptomen im Delir gleichzusetzen ist, sondern mehr oder weniger akut bei fortgesetztem Konsum entsteht und auch nicht von Bewusstseinsstörungen wie Somnolenz oder Desorientierung begleitet ist. Im Gegensatz zu den optischen oder taktilen Wahrnehmungstäuschungen beim Delirium tremens sind die der Alkoholhalluzinose überwiegend akustischer Natur (etwa Stimmen, die sich über den Patienten unterhalten); die Symptome sind nicht immer sicher von den Halluzinationen im Rahmen schizophrener Psychosen zu unterscheiden.

Schließlich können sich durch langjährigen Abusus affektive Störungen ausbilden, so z. B. depressive Symptome (zu kodieren mit F10.72). Schwer zu unterscheiden ist, ob diese Veränderungen Alkoholfolgen sind oder Reaktionen auf die Lage darstellen, in welche die Personen durch den Abusus geraten sind oder die umgekehrt den Missbrauch gefördert hat. Auch die hohe Suizidrate bei Alkoholabhängigen ist sicher öfter auf die Lebensumstände zurückzuführen als auf direkte Substanzwirkung. Zudem besteht eine hohe Komorbidität mit schweren affektiven Störungen (mit erhöhter Suizidalität).

Eine wichtige alkoholbedingte Erkrankung sei noch erwähnt, weil sie – obwohl häufiger als Trisomie 21 (Down-Syndrom, »Mongolismus«) – vergleichsweise wenig bekannt ist: Die *Alko-*

---

4 Alkoholabusus kann auch eine Demenz bedingen, die in ICD-10 vom amnestischen Syndrom unterschieden wird und mit F10.73 zu kodieren ist.

holembryopathie oder das *fetale Alkoholsyndrom* tritt bei Kindern von Frauen auf, die während der Schwangerschaft vermehrt Alkohol zu sich genommen haben. Es ist davon auszugehen, dass schon niedrige Mengen schädlich sind, da Ethanol die Plazentarschranke überwindet und seine zelltoxischen Eigenschaften auf einen sich entwickelnden Organismus wirken. Speziell regelmäßiger Konsum hochprozentiger Getränke oder intermittierende Trinkexzesse ziehen mit hoher Wahrscheinlichkeit solche Schäden nach sich. Die Symptome sind geistige Retardierung, Wachstumsverzögerung sowie anatomische Anomalien, speziell Veränderungen im Schädelbereich (breiter Nasenrücken, verkürzte Lidspalte, verstrichene Konturen zwischen Oberlippe und Nase). Heute spricht man allgemein von fetalen Alkohol-Spektrumsstörungen (fetal alcohol spectrum disorders, FASD; s. Williams, Smith & Committee on Substance Abuse., 2015), die von weniger starken kognitiven Einschränkungen bis zum oben geschilderten Vollbild reichen).

Die *Therapie* der genannten Störungen besteht zuvorderst in völliger Alkoholabstinenz, wobei sich alkoholische Hepatitis, Ösophagitis und Gastritis rasch vollständig zurückbilden, die Entwicklung der Leberzirrhose mit den Dekompensationszeichen ebenso wie die der alkoholischen Kardiomyopathie und Polyneuropathie gestoppt oder sehr verlangsamt werden können. Auch das amnestische Syndrom zeigt bei konsequenter Alkoholkarenz durchaus die Tendenz zur Rückbildung. Zudem hat hochdosierte Gabe von neurotropen Vitaminen (B_1 = Thiamin, B_6 = Pyridoxin sowie B_{12}) oft günstige Wirkung bei alkoholischen Polyneuropathien, Korsakow-Syndrom und Wernicke'scher Enzephalopathie.

3.3 Opioide

3.3.1 Allgemeines

Opioide (Opiumartige) sind Substanzen mit ähnlicher Wirkung wie Morphin, Hauptalkaloid im Opium; sie werden deshalb auch Opiate genannt, eine streng genommen unrichtige Bezeichnung, die sich aber eingebürgert hat und klanglich besser ist. Rohopium wird aus der unreifen Samenkapsel des Schlafmohns (Papaver somniferum)

gewonnen und nimmt nach wenigen Stunden die Gestalt bräun-
licher Trockenmasse an. Durch Einlegen von Rohopium in Alkohol
erhält man Tinctura opii, die nur noch die alkohollöslichen
Produkte der Pflanze, die Alkaloide, enthält. Letztere sind ringför-
mige basische Moleküle mit einem Stickstoffanteil, die hauptsächlich in Pflanzen gefunden werden und auf das Nervensystem von
Tieren wirken; sie dienen dem Schutz davor, gefressen zu werden.
Viele psychotrope Substanzen sind Alkaloide, neben den natürlichen Opiaten u. a. Nikotin und Kokain. Die wichtigsten Alkaloide
des Opiums sind Morphin (Morphium[5]), Codein und Thebain
(natürliche Opiate), daneben einige ohne analgetische Wirkung,
etwa das krampflösende Papaverin. Durch chemische Weiterbe-
handlung des Morphins erhält man die Morphinderivate. So kann
es aufgrund seiner zwei OH-Gruppen mit Essigsäure in einem wenig
aufwendigen Prozess zu dem wesentlich stärkeren Diacetylmorphin
= Diamorphin (Heroin) verestert werden; ein weiteres Derivat ist
Hydromorphon, während das analgetisch sehr wirksame Oxycodon
(Oxygesic®, zahlreiche Generika) und das im Rahmen der Substi-
tutionsbehandlung zunehmende Bedeutung erlangende Buprenor-
phin (Subutex®) von anderen natürlichen Opiaten abgeleitet sind[6].
Vollsynthetische Opioide sind Substanzen mit ähnlicher Wirkung,
die ohne Verwendung von Opium im Labor hergestellt werden;
Beispiele sind Methadon (Methaddict®, Eptadone®), (l-) Methadon
= Levomethadon (L-Polamidon®), Pethidin (Dolantin®) oder
Fentanyl, deren strukturelle Ähnlichkeit mit Morphin gering ist,
welche mit ihm jedoch alle wesentlichen Wirkeigenschaften teilen.
Sie sind im Allg., etwa hinsichtlich des analgetischen Effekts,
deutlich stärker. Zu den Opioiden gehören schließlich noch die

---

5 Die Bezeichnung Morphin wurde nach Morpheus, dem griechischen
   Gott des Schlafes, gewählt; der eher umgangssprachliche Begriff Morphium ist nach wie vor in Gebrauch.
6 Traurige Berühmtheit hat der Heroinersatz »Krok« erlangt, dessen
   Wirkstoff Desomorphin leicht aus codeinhaltigen Hustensäften durch
   Vermischung mit diversen Substanzen (u. a. Phosphor, Benzin, Salz-
   säure) gewonnen werden kann. Die Flüssigkeit erzeugt an der Ein-
   stichstelle eine grünlich-schuppige Verfärbung der Haut, später zunehmend tiefere Gewebszerstörungen (für Genaueres s. Köhler, 2014b,
   S. 64).

endogenen (nicht ganz korrekt: Endorphine), die vom Körper selbst produziert werden und an die gleichen Rezeptoren wie von außen zugeführte Opioide binden (s. u.). Klinisch äußerst bedeutsam sind die Opiatantagonisten, welche Bindungsstellen besetzen, ohne eine Wirkung auszuüben; durch Verdrängung der Opioide von diesen Rezeptoren können sie deren Effekte aufheben (kompetitive Hemmung) und deshalb als Gegenmittel (Antidot) bei Vergiftungen dienen. Bekannte Opiatantagonisten sind Naloxon (z. B. Narcanti®) und Naltrexon (etwa Nemexin®).

Bei oraler Aufnahme verlieren Opioide üblicherweise mehr oder weniger stark an Wirkung, da sie beim Passieren der Leber nach Resorption aus dem Verdauungstrakt eine »präsystemische Elimination« erfahren. Diese kann vermieden werden, indem das Alkaloid entweder injiziert, geschnupft oder, wie üblicherweise Opium, geraucht wird. Da bei (l-)Methadon (Levomethadon) diese präsystemische Elimination nicht geschieht, kann es ohne Wirkungsverlust oral eingenommen werden, ein erheblicher Vorteil im Rahmen der Substitutionstherapie (s. u.).

3.3.2 Unmittelbare und langfristige Wirkungen

Der für die Medizin wichtigste Effekt ist der *analgetische* (schmerzstillende), wobei u. a. die Übertragung der Erregung vom ersten Neuron der Schmerzbahn auf das zweite im Rückenmark erschwert wird (zu den auf- und absteigenden »Schmerzbahnen« s. Köhler, 2010, S. 62 ff.). Diskutiert wird außerdem die Beeinflussung zerebraler Strukturen im Sinne einer Herabsetzung der Schmerzwahrnehmung und -verarbeitung. Die Wirkungen der einzelnen Opioide unterscheiden sich im Großen und Ganzen nur quantitativ, wobei die endogenen Opiate am schwächsten sind, synthetische Opioide wie Fentanyl und davon abgeleitete Substanzen am stärksten. Der Wirkmechanismus besteht in der Anlagerung an Opiatrezeptoren des präsynaptischen Neurons und der Verminderung der Transmitterausschüttung aus den Nervenendknöpfchen (präsynaptische Hemmung).

Eine zum Verständnis des Abhängigkeitssyndroms wesentliche Opiatwirkung ist *Euphorisierung;* man erklärt sie, wie bei Alkohol, über indirekte Aktivierung dopaminerger Neurone, welche vom Mittelhirn zu Strukturen des Endhirns laufen, wobei die Fasern zum Nucleus accumbens bei der Vermittlung des angenehmen Effekts als die wichtigsten angesehen werden (▶ Kap. 3.2.2). Einen speziellen Effekt hat die intravenöse Applikation von Heroin in Form eines schwallartig einsetzenden Wärme- und Glücksgefühls (flash oder rush), das bei anderen Opiaten, etwa der Ersatzdroge Methadon, nicht auftritt und deshalb eine spezifische Abhängigkeit begünstigt.

Weiter haben Opioide eine *sedierende* Wirkung und beeinflussen diverse vegetative Funktionen, wobei der hemmende Effekt auf das Atemzentrum der klinisch bedeutsamste ist. Starke Opioide in niedrigen Dosierungen sowie schwache wie Codein in Normaldosis wirken hustenstillend, höhere Dosen können durch eine Lähmung des Atemzentrums zum Tod führen; ein Großteil der akuten Todesfälle bei Abhängigen ist hierauf zurückzuführen (»goldener Schuss«). Diese Atemdepression ist durch Gabe von Opiatantagonisten wie Naloxon rasch aufzuheben. Andere *vegetative* Effekte sind Verengung der Pupillen (Miosis) sowie verstärkte Kontraktion der glatten Muskulatur im Magen-Darm-Bereich; durch übermäßige Verkrampfung kann es zur Wandstarre und damit zur spastischen Obstipation kommen. Opiate werden daher zur Behandlung schwerer Durchfälle eingesetzt; umgekehrt ist bei mit Opioiden therapierten Patienten stets an die Gefahr des Darmverschlusses (Ileus) zu denken.

Die Substanzen lagern sich an Rezeptoren in verschiedenen Regionen an (an den Endknöpfchen der Neurone in den Schmerzbahnen, im Atemzentrum), was sich aus der kompetitiven Wirkung der Opiatantagonisten folgern lässt. Dies legt die Existenz *endogener*, vom Körper selbst produzierter Opioide nahe, also physiologischer Liganden, die man in Form der *Enkephaline* und *Endorphine* identifiziert hat; es handelt sich dabei um Oligopeptide, also Verbindungen weniger Aminosäuren. Biologische Funktion dieses Transmitter- bzw. Hormonsystems ist u. a. die Dämpfung von unvermeidbaren Schmerzen (Kampf, Gebärvorgang).

Im Vergleich zu den körperlichen Folgen bei chronischem Alkoholabusus sind die bei langjähriger Opioideinnahme eher gering, was bei einer rationalen Diskussion über Drogenmissbrauch zu berücksichtigen ist. Die wesentlichen Folgen entstehen durch unsachgemäße Applikation, speziell mittels verschmutzter Nadeln und Spritzen (Hepatitis B und C, HIV-Infektion, Sprit-

zenabszesse); direkte Effekte chronischen Konsums sind Appe-
titlosigkeit, Gewichtsabnahme, erhöhte Anfälligkeit gegenüber
Infektionen. Auf psychischem Gebiet werden kognitive Defizite,
Leistungsabfall und Stimmungsveränderungen beschrieben; hin-
zukommen Vernachlässigung anderer Interessen sowie abnormes
Verhalten im Rahmen der Substanzbeschaffung. Psychotische
Störungen treten bei Opiatkonsumenten in der Regel nicht auf,
eher wohl selten ein ausgeprägtes amnestisches oder demenztielles
Syndrom.

Dauerschäden analog der Alkoholembryopathie scheinen sich
bei Kindern heroinsüchtiger Schwangerer nicht auszubilden; jedoch sind die Neugeborenen ebenfalls opiatabhängig und müssen
deshalb zunächst einer Substitutionstherapie mit langsamem Ausschleichen unterzogen werden.

3.3.3 Opioidmissbrauch und -abhängigkeit

Prävalenzraten zum Opioidmissbrauch sind bestenfalls grob zu
schätzen oder hochzurechnen, was die Widersprüchlichkeit der
Angaben erklärt. Ältere Daten, welche oft von bemerkenswerten
Häufigkeiten ausgehen (etwa von 3 % bei jüngeren erwachsenen
Männern, 1 % bei Frauen dieser Altersgruppe), geben den Stand
sicher nicht mehr korrekt wieder. Der klassische reine Heroin-
abhängige (der »Junkie«) ist heute selten geworden (vielleicht
auch im wahrsten Sinne des Wortes: ausgestorben). Mittlerweile
hat ein Übergang auf andere »harte Drogen« wie Amphetamine
oder synthetische Opioide stattgefunden bzw. findet sich mehr
und mehr der gleichzeitige Konsum weiterer psychotroper Substanzen. Heroinkonsumenten nehmen auch zunehmend weniger
die Substanz intravenös zu sich, sondern bevorzugen andere,
weniger riskante Applikationsformen wie Rauchen oder Schnupfen (mit der Gefahr von Schädigungen der Nasenregion; s. Peyrière
et al., 2013).

Theorien zur Genese des Missbrauchs von Opioiden unterschei-
den sich nicht wesentlich von Modellen zur Entstehung der
Alkoholabhängigkeit, wobei hier die Betonung genetischer Fak-
toren geringer ist. Ansonsten finden sich in der einschlägigen
Literatur eher allgemeine Suchtmodelle als substanzspezifische.
Lerntheoretisch werden wieder die positiven Konsequenzen der

Einnahme und die negativen des Entzugs zur Erklärung der Aufrechterhaltung herangezogen – ein unvollständiges Modell insofern, als das Craving, die Substanzgier, über Jahre nach Konsumende anhält.

Die Therapie der Abhängigkeit in ihren verschiedensten Varianten kann hier nicht beschrieben werden, umso mehr, als auch
unter Fachleuten nur geringe Einigkeit über realistische Wege und
Ziele herrscht. Erwähnt sei nur die Substitutionstherapie mittels
des synthetischen Opioids Methadon, welches als pharmazeutisches Produkt – im Gegensatz zu den auf der Straße verkauften
Produkten wie Heroin – eine genau definierte Zusammensetzung
hat und damit weniger die Gefahr der Überdosierung birgt.
Zudem wirkt Methadon auch oral, sodass die Probleme paren-
teraler Applikation mit Infektionsgefahr hier entfallen.

> Auf Probleme der »Methadonsubstitution« wird leider zu wenig hin-
> gewiesen, nämlich, dass die Konsumenten kostenlos ein Opioid zur
> Verfügung gestellt bekommen, welches auf dem Schwarzmarkt er-
> hebliche Summen einbringt, weiter, dass die Gefahr nicht gering ist,
> damit andere Personen (z. B. Kinder) zu Tode zu bringen. Mittlerweile
> ist mit Buprenorphin (Subutex®) bzw. Suboxone® (Buprenorphin in
> Kombination mit dem Opiatantagonisten Naloxon) eine Substanz zur
> Substitution in Gebrauch gekommen, welche nur sublingual, also nach
> längerem Verweilen in der Mundhöhle, Wirkung entfaltet und des-
> wegen bei akzidenteller Einnahme selten zum Tod führt. Da bei oraler
> oder sublingualer Einnahme das bei intravenöser Injektion äußerst
> geschätzte Erlebnis des Anflutens entfällt, werden die Substitutions-
> mittel oft nicht akzeptiert, oder wenn, dann nicht ohne zusätzlichen
> Heroinkonsum.

Eine pharmakologische Beeinflussung der Abhängigkeit nach
erfolgreichem Entzug wird mit *Opiatantagonisten* versucht, etwa
Naltrexon (Nemexin®), welches die euphorisierende Wirkung
von Heroin verhindert und so das Verlangen reduzieren soll.

3.3.4   Toleranz und Entzugssyndrom

Bei Opioiden tritt sehr schnell Gewöhnung ein, eine Erfahrung, die
man bei Patienten macht, deren Schmerzen nur durch längerfristige
Opiatgabe zu behandeln sind. Zur Erklärung dieser Toleranz wurde
lange eine zahlenmäßige Reduktion der Rezeptoren für endogene
Opioide angenommen; als wahrscheinlicher gilt mittlerweile, dass

sich nachgeschaltete Prozesse der Signaltransduktion (Second-Messenger-Prozesse) verändern. Bei Abstinenz bildet sich die Toleranz rasch zurück mit der Konsequenz, dass Opiatabhängige, die nach Entzug wieder ihre zuletzt übliche Dosis spritzen, in die Gefahr einer tödlichen Überdosierung geraten.

Das *Opiatentzugssyndrom* wird teilweise als sehr eindrucksvoll beschrieben. Es entspricht im Wesentlichen einer Sympathikus-aktivierung mit Pulsbeschleunigung, Blutdrucksteigerung, erweiterten Pupillen, Schweißausbrüchen. Komplettiert wird das Bild durch Erbrechen und Durchfall, Muskelschmerzen, Muskelkrämpfen, starkem Tränenfluss sowie grippeähnlichen Symptomen in Form von Niesen, Kopfschmerz, Schüttelfrost, eventuell Fieber. Psychische Symptome sind Unruhe und dysphorische Stimmung. Die raue Hautoberfläche bei Aufrichtung der Haarwurzeln und die Kälteempfindung haben dem Entzugssyndrom die Bezeichnung Cold Turkey (kalter Truthahn) eingebracht. Häufig wird über gesteigerte Schmerzempfindlichkeit und starken Juckreiz berichtet. Anders als beim Alkoholentzug finden sich hier typischerweise weder epileptische Anfälle noch delirante Symptome. Kompliziert wird die Symptomatik häufig dadurch, dass die Betroffenen von weiteren psychotropen Substanzen abhängig sind und so parallel zum Opiatentzugssyndrom noch andere Entzüge (etwa von Alkohol) laufen.

Das geschilderte Entzugssyndrom, welches bei Abhängigen auch durch Gabe von Opiatantagonisten ausgelöst werden kann, tritt wenige Stunden nach letzter Einnahme auf – bei einigen Substanzen auch deutlich später – und erreicht seinen Höhepunkt im Durchschnitt nach 24 bis 48 Stunden; danach lässt die Stärke der Beschwerden nach, um nach etwa einer Woche zu verschwinden (bei Methadon erheblich später; s. Scherbaum, 2017, S. 98). Vielfach wird die Entzugssymptomatik rasch und gründlich durch erneute Substanzzufuhr beseitigt.

Die *Pathogenese* ist nur unzureichend geklärt. Eine plausible Annahme wäre die eines Fehlens endogener Opioide, nachdem deren Konzentration infolge einer längerfristigen Verdrängung durch exogene Opioide im Sinne eines Rückkoppelungsmechanismus vermindert sein dürfte; gleichzeitig hat sich möglicherweise die Anzahl oder Empfindlichkeit der Rezeptoren verringert. Dagegen spricht, dass die Gabe von Opiatantagonisten bei Nichtabhängigen ohne wesentliche Folge bleibt. Favorisiert wird daher die Hypothese einer Gegenreaktion ohne gleichzeitige Kompensation durch Opiatwirkung. Dieser zufolge tritt als Reaktion auf die externe Opioidzufuhr (UCS) eine physiologisch sinnvolle Gegenreaktion des Körpers auf (UCR), die über die eigentliche Opiatwirkung hinaus anhält und zudem wenigstens partiell klassisch konditioniert worden ist: Stimuli, in deren Gegenwart die Droge üblicherweise konsumiert wurde (CS), lösten demnach bereits antizipatorisch die Gegenreaktion (CR) aus; im gewohnten Rahmen der Einnahme, etwa beim Fixen in bestimmten Räumlichkeiten, träten so körperliche Veränderungen auf, die nur durch Substanzkonsum kompensiert werden könnten. Dies würde erklären, warum die Einnahme von Opiaten in anderer Umgebung mit Ausbleiben des konditionierten Anteils der Gegenreaktion eine ungleich stärkere Wirkung entfalten kann. Allem Anschein nach treten Todesfälle gehäuft dann ein, wenn die gewohnte Substanz im ungewohnten Rahmen konsumiert wird.

Das Opiatentzugssyndrom ist zweifellos für die Betroffenen unangenehm – wobei der Zustand häufig in der Literatur weit übertrieben dargestellt wird; es stellt im unkomplizierten Fall selten eine ähnliche Bedrohung der Gesundheit dar wie das alkoholbedingte Delirium tremens und wird deshalb zuweilen nicht medikamentös behandelt. Die übliche und rasch wirksame Selbsttherapie, die erneute Einnahme von Opiaten, wurde bereits erwähnt.

3.4   Sedativa und Hypnotika (Antiinsomnika)

3.4.1   Allgemeines

Sedativa sind Substanzen mit der wesentlichen Wirkung einer psychischen Sedierung (Beruhigung) und Angstverminderung, daher auch der Name Anxiolytika (etwa synonym: Tranquilizer). Da Sedativa, wenigstens in höheren Dosen, schlafinduzierende Wirkung haben und auch Hypnotika (Antiinsomnika, Schlafmittel) sedierend wirken, ist die Grenze zwischen beiden Funktionsgruppen fließend. Die weitaus meisten der heute eingesetzten Sedativa und Hypnotika gehören der Substanzklasse der Benzodiazepine an, deren Einzelstoffe sich im Wesentlichen nur hinsichtlich Halbwertszeit und Metabolismus (Verstoffwechselung) unterscheiden. Viele andere Substanzen wie Neuroleptika, einige Antidepressiva, Alkohol und Opiate haben ebenfalls einen sedierenden Effekt, der aber nicht die einzige oder die Hauptwirkung darstellt, und werden deshalb nicht zu dieser Kategorie gezählt. Zu den Sedativa oder Hypnotika gehören Stoffe aus der genannten Gruppe der Benzodiazepine, die zunehmend als Schlafmittel bedeutsamen Non-Benzodiazepinhypnotika, kaum mehr Chloralhydrat, Clomethiazol und Barbiturate. Nicht rezeptpflichtige Schlafmittel sind u. a. einige Antihistaminika, z. B. Doxylamin (etwa HOGGAR Night®; für weitere Sedativa, Anxiolytika und Hypnotika s. Köhler, 2016b, S. 70 ff.).

> Chloralhydrat und Barbiturate wurden lange als Schlafmittel verschrieben; da sich bei ihrer Einnahme rasch Toleranz entwickelt, Entzugssyndrome auftreten und sie zudem in höheren Dosen zu Vergiftungserscheinungen mit möglicher Todesfolge führen (Suizidmittel), ist ihr Einsatz deutlich seltener geworden. In Deutschland sind Barbiturate überhaupt nicht mehr als Schlafmittel im Handel, haben bestenfalls noch Bedeutung als Antiepileptika oder zur Einleitung von Narkosen. Missbrauch scheint, insbesondere im Rahmen eines gleichzeitigen Konsums mehrerer Substanzen (Polytoxikomanie), weiterhin jedoch eine nicht unerhebliche Rolle zu spielen. Das bei der Behandlung des Alkoholentzugssyndroms erwähnte Clomethiazol (Distraneurin®) wird zuweilen – vornehmlich in Kliniken – ebenfalls als Beruhigungs- oder Schlafmittel eingesetzt, wobei das erhebliche Suchtpotential der Substanz zu berücksichtigen ist.

Zur Gruppe der Benzodiazepine gehören u. a. Diazepam (z. B. Valium®), Oxazepam (z. B. Adumbran®), Lorazepam (z. B. Tavor®), Lormetazepam (z. B. Noctamid®), Flunitrazepam (z. B. Rohypnol®), Triazolam (Halcion®) oder Bromazepam (z. B. Lexotanil®), um nur einige zu nennen, zu den Non-Benzodiazepinhypnotika Zolpidem, Zopiclon und Zaleplon.

3.4.2   Unmittelbare und langfristige Wirkungen

Die Wirkung der *Benzodiazepine* ist als sedierend (beruhigend, über die zentralnervöse Dämpfung auch mehr oder weniger müdigkeitserzeugend), anxiolytisch (angstmindernd), zu gewissem Grade aggressionshemmend, antikonvulsiv, d. h. gegen epileptische Anfälle gerichtet, und schließlich als muskelrelaxierend zu charakterisieren. Die Wirkung der einzelnen Stoffe ist qualitativ ähnlich.

Unterschiede sind eher quantitativ und betreffen zudem Wirkungseintritt und Dauer; einige, etwa Oxazepam, wirken nicht direkt, sondern erst nach Verstoffwechselung in der Leber, und daher langsamer; zudem unterscheiden sich die Stoffe in ihrer Halbwertszeit, also in der Geschwindigkeit ihres Abbaus zu unwirksamen Metaboliten oder ihrer Elimination. Die dämpfende, Müdigkeit erzeugende Wirkung der Benzodiazepine ist bei Schlafmitteln gewünscht; im Rahmen der Behandlung von Angsterkrankungen, bei denen lediglich eine affektive Distanzierung angestrebt wird, ist sie störend, da Konzentration und Reaktionsgeschwindigkeit negativ beeinflusst werden. Bei der Behandlung von Einschlafstörungen, wo eine verlängerte Wirkung des Medikaments (Hangover) höchst unwillkommen ist, werden bevorzugt Stoffe mit kurzer oder bestenfalls mittellanger Halbwertszeit eingesetzt.

GABA (gamma-aminobutyric acid = Gamma-Aminobuttersäure) ist der wichtigste hemmende Transmitter im Zentralnervensystem. Zum Verständnis der Benzodiazepinwirkung geht man von der Modellvorstellung aus, dass den Rezeptoren für GABA wiederum Bindungsstellen für Benzodiazepine benachbart liegen, deren Besetzung die GABA-Rezeptoren empfindlicher macht. Die sedierend-anxiolytische Wirkung ließe sich demnach durch Verstärkung GABAerger Hemmmechanismen im limbischen System erklären, beispielsweise in der Amygdala. Für die Benzodiazepinrezeptoren sind auch endogene, vom Körper selbst hergestellte Liganden anzunehmen, die aber im Gegensatz zu den endogenen Opioiden noch nicht identifiziert werden konnten. Wie bei den ebenfalls über Rezeptorbindung ihre Wirkung entfaltenden Opiaten gibt es bei den Benzodiazepinen Antagonisten, mit denen sich die Effekte aufheben lassen, etwa Flumazenil (Anexate®; Generika).

Benzodiazepine haben im Gegensatz zu Barbituraten und Chloralhydrat eine große therapeutische Breite, weswegen die Gefahr einer Überdosierung mit schweren, irreversiblen Folgen, etwa Atemdepression, gering ist. Auch in hohen Dosen mit suizidaler Absicht genommen wirken sie nie oder bestenfalls sehr selten tödlich; allerdings können sie die akut-toxische Wirkung von Alkohol verstärken. Da Benzodiazepinrezeptoren bisher nur im Zentralnervensystem gefunden wurden, beobachtet man – anders als etwa bei Antidepressiva und Neuroleptika – kaum vegetative Nebenwirkungen, ein hoch zu schätzender Vorteil.

Die akute Wirkung von *Barbituraten*, *Chloralhydrat* und *Clomethiazol* ähnelt der der Benzodiazepine, wobei die Mechanismen weniger gut geklärt sind – wahrscheinlich ist die Anlagerung an ein anderes Protein des GABA-A-Rezeptorkomplexes mit der Folge einer direkten, nicht über GABA vermittelten verringerten zellulären Erregbarkeit. Die therapeutische Breite ist, insbesondere bei den Barbituraten, erheblich geringer, sodass sie früher ein verbreitetes Suizidmittel darstellten.

Die *Non-Benzodiazepinhypnotika* Zolpidem, Zopiclon und Zaleplon greifen allem Anschein nach ebenfalls am GABA-Rezeptor an, wenn auch in anderer Weise. Abgesehen vom (mutmaßlich) geringeren Abhängigkeitspotential (s. u.), bieten sie den Vorteil, den Ablauf des Schlafes weniger qualitativ zu verändern.

Körperliche Schäden nach langjähriger Benzodiazepineinnahme treten nach augenblicklichen Kenntnissen kaum auf; amnestische Störungen als psychische Folge werden jedoch diskutiert. Psychotische Symptome als Folge des Konsums (nicht des Entzugs) werden bei Benzodiazepinen und auch Barbituraten nicht beschrieben – zuweilen jedoch bei Zolpidem. Häufiger sind hingegen affektive und motivationale Veränderungen wie Gleichgültigkeit und zunehmende Interesselosigkeit aufgrund der Dauersedierung. Ein negativer Effekt ist, dass die Betreffenden oft aufgrund der distanzierenden Wirkung der Anxiolytika Angst und Spannung weniger empfinden und deshalb schwächer motiviert sind, deren Ursachen zielgerichteter zu beseitigen.

Irreversible Schäden des Fötus bei Benzodiazepineinnahme scheinen selten; gleichwohl sollten diese Substanzen in den ersten Schwangerschaftsmonaten nicht verabreicht werden. Nimmt die Schwangere kurz vor und während der Geburt Benzodiazepine, kann Entzugssymptomatik bei den Neugeborenen auftreten, zudem Störungen der Atmung, der Temperaturregulation und des Muskeltonus (Floppy-Infant-Syndrom).

3.4.3   Toleranz, Entzugssymptomatik und Missbrauch

Bei allen Sedativa entwickelt sich rasch Toleranz, am deutlichsten bei Chloralhydrat und Barbituraten. Als Grundlagen der Benzodiazepintoleranz werden Veränderungen an den entsprechenden Rezeptoren angenommen (funktionelle oder zelluläre Toleranz);

bei Barbituraten kommt metabolische Toleranz in Form einer Vermehrung abbauender Enzyme hinzu.

Beim Absetzen nach mehrmonatiger Benzodiazepineinnahme ist mit Symptomen zu rechnen, die teilweise als Rebound-Effekt aufzufassen sind, teils Zeichen der Wiederkehr der durch Medikamente bis dahin unterdrückten Angstsymptomatik sind. Daneben tritt häufig ein regelrechtes Entzugssyndrom (F13.3) auf, bei dem neben Unruhe, Angst, Schlaflosigkeit und vegetativen Beschwerden epileptische Anfälle sowie delirante Zustände (dann F13.4) beobachtet werden. Abruptes Absetzen von Benzodiazepinen ist deshalb zu vermeiden; Das Ausschleichen sollte sich über viele Wochen hinziehen (zu Details s. Benkert & Hippius, 2015, S. 478 ff.).

Da Benzodiazepine ärztlich verabreicht werden, ist es schwer zu definieren, wann von Missbrauch zu sprechen ist und in welcher Häufigkeit dieser vorliegt. Auch die Zahl der regelrecht Abhängigen lässt sich schwer schätzen, da diese Substanzen auf legalem Wege einfach zu erhalten sind und deshalb wenige Versuche des Absetzens gemacht werden. Etwa 1 Million Abhängige in Deutschland anzunehmen, ist sicher nicht völlig unrealistisch.

Theorien der *Benzodiazepinabhängigkeit* folgen den in den vorigen Kapiteln präsentierten allgemeinen Abhängigkeitsmodellen. Nicht unplausibel ist die Annahme, dass es eine gewisse biologische Bereitschaft in Form verminderter Benzodiazepinrezeptoren oder endogener Liganden gibt. Da Benzodiazepine im Gegensatz zu Alkohol und Opioiden keine direkte euphorisierende Wirkung haben, dient ihre Einnahme wesentlich dem Spannungsabbau und der Angstreduktion.

Entsprechend zielt die *Therapie* nach erreichter Abstinenz vornehmlich darauf ab, die zum Konsum führenden Bedingungen wie Ängste oder spannungsreiche Konflikte zu beseitigen; für entsprechende Verfahren wird auf die Kapitel über Angststörungen (▶ Kap. 6.2 und ▶ Kap. 6.3) verwiesen.

3.5   Kokain und Psychostimulanzien

Obwohl in ICD-10 als verschiedene Substanzgruppen aufgefasst, sollen Kokain und die Psychostimulanzien hier gemeinsam abgehandelt werden, weil in den klinischen Effekten wie auch bezüglich der angenommenen Wirkmechanismen bedeutsame Übereinstimmungen bestehen.

Kokain (oft Cocain geschrieben) ist ein Alkaloid der in höheren Lagen Südamerikas angebauten Cocapflanze, deren Blätter dort seit vielen Jahrhunderten als Rauschmittel gekaut werden. Durch Behandlung der Blätter erhält man Kokain-Hydrochlorid, ein weißes Pulver, welches geschnupft, oral aufgenommen oder intravenös gespritzt wird. Durch einfache Prozesse lässt sich das reine Alkaloid Kokain gewinnen, das stärker als die Hydrochloridverbindung ist und vornehmlich in Form von Crack geraucht wird; freebasing, Herstellen der reinen Kokainbase, kann aber auch auf andere Weise geschehen.

Die kurzfristige *Wirkung* von Kokain, gleichgültig in welcher Form appliziert, ist euphorisierend, enthemmend und antriebssteigernd.[7] In höheren Dosen tritt nicht selten eine psychotische Symptomatik in Form von optischen, akustischen und taktilen Halluzinationen sowie Verfolgungswahn ein; auch kommt Entwicklung extremer Aggressionen und Ängste vor. Aufgrund der Sympathikusaktivierung werden u. a. Blutdrucksteigerung, Pulsbeschleunigung, Erhöhung der Atemfrequenz und weit gestellte Pupillen beobachtet. Die nicht seltenen Todesfälle bei Kokainüberdosis gehen zu einem Großteil auf kardiale Komplikationen, besonders Herzrhythmusstörungen und Herzinfarkte, teils auf zentralnervöse Schädigungen zurück. Die *langfristigen Folgen chronischen Missbrauchs* bestehen in zunehmendem Interessenverlust an Alltagsaktivitäten, Neigung zu Gewalttätigkeiten bei der Drogenbeschaffung oder während des Konsums; an körperlichen Veränderungen sind Gewichtsverlust und kardiovaskuläre Komplikationen sowie Schädigung der Nasenschleimhaut und des

---

7 Die frühe Publikation S. Freuds »Über Coca« aus dem Jahre 1884 bietet eine sehr lesenswerte Beschreibung der Kokainwirkung. Freud konsumierte selbst die Substanz und hielt auch andere zum Gebrauch an. Aufgeschreckt durch Missbrauch und körperliche Schäden eines Kollegen, dem er Kokain therapeutisch empfohlen hatte, stellte er den Konsum bald ein. Mehrere Autoren haben daraus abzuleiten versucht, das Lehrgebäude der Psychoanalyse sei einem toxisch geschädigten Gehirn entsprungen. Ich bin auf diese »Kokainepisode« in meiner Freud-Biografie (Köhler, 2014c, S. 17 f.) eingegangen.

Nasenseptums beim Schnupfen der Substanz zu nennen. Die *Kokainembryopathie* gilt als noch schwerwiegender als die Alkoholembryopathie und äußert sich nicht nur in Lerndefiziten, sondern auch diversen körperlichen Beeinträchtigungen.

Die *Wirkungsweise* von Kokain ist gut geklärt: Es verhindert die Wiederaufnahme von Noradrenalin und Dopamin in die präsynaptischen Endknöpfchen der Neurone (Reuptake-Hemmung) und führt damit zur Überaktivität im synaptischen Spalt; die euphorisierende Wirkung wird auf verstärkte Anregung von Dopaminrezeptoren im Nucleus accumbens zurückgeführt.

Toleranz entwickelt sich bei häufigem Kokaingebrauch ziemlich rasch, wobei die Mechanismen noch nicht bekannt sind (down-regulation von Rezeptoren?); andererseits wird auch der gegenteilige Effekt beschrieben, eine zunehmende Empfindlichkeit (Sensitivierung). Nicht eindeutig geklärt ist, ob die nach Absetzen zu beobachtenden Symptome in Form von Müdigkeit, Antriebsmangel und dysphorischer Stimmung einem regelrechten Entzugssyndrom entsprechen und nicht einfache Rebound-Effekte darstellen; bei Crack-Rauchern jedoch ist eine regelrechte Entzugssymptomatik sicher nicht ganz selten.

War der Konsum von Kokain in der ersten Hälfte dieses Jahrhunderts vornehmlich auf kleine, oft vermögendere Kreise beschränkt, nicht zuletzt wegen der hohen Substanzkosten, so hat sich der Gebrauch seit den siebziger Jahren des vergangenen Jahrhunderts beträchtlich ausgeweitet; die leichtere Verfügbarkeit, insbesondere in der preiswerteren und gleichzeitig potenteren Form von Crack, hat bis Ende der 1980er Jahre zu einem erheblichen Anstieg geführt; Schätzungen, dass bis 1 % der Erwachsenen in Deutschland diese Substanz mit gewisser Regelmäßigkeit konsumieren, dürften realistisch sein.

Wie für die *Entstehung der Kokainabhängigkeit* keine spezifischen Modelle entwickelt wurden, so unterscheidet sich deren *Behandlung* nicht prinzipiell von der anderer Substanzabhängigkeiten; Substitutionsprogramme mit Amphetaminen analog der Methadonbehandlung Opiatabhängiger werden angeboten, wobei wohl nur eine Abhängigkeit gegen eine andere ausgetauscht wird. Erwähnenswert ist, dass Kokain- und Opiatabhängigkeit nicht selten gemeinsam vorkommen, etwa in Form des Konsums von Speedball, eines Gemischs von Heroin und Kokainpulver, bei dem sich die euphorisierenden Effekte addieren, andere wie die Sympathikuseffekte des Kokains und die parasympathomimetischen des Heroins sich teilweise aufheben; der Entzug ist dadurch erheblich kompliziert.

Zu den Psychostimulanzien werden im Allg. *Amphetamin* und das stärkere *Methamphetamin* gerechnet; erstere Substanz liegt als pharmazeutisches Präparat vor und wird therapeutisch im Wesentlichen – neben dem hinsichtlich Wirkung ähnlichen Methylphenidat (z. B. Ritalin®) – bei hyperaktiven Kindern eingesetzt (▶ Kap. 9.4); Methamphetamin (u. a. in Form des nasal aufzunehmenden, intravenös applizierbaren sowie rauchbaren »Crystal Meth«) gilt als äußerst gefährliche Droge.

Amphetamin und Methamphetamin weisen ähnliche Effekte wie Kokain auf, wirken also antriebssteigernd, euphorisierend, aktivierend auf den Kreislauf, kurzfristig leistungsfördernd und werden deshalb zum Doping benutzt sowie als Durchhaltemittel konsumiert, beispielsweise von Soldaten im Feld.[8] In höheren Dosen kommt es zu oft extremer Aggressivität oder ängstlicher Erregung sowie zu Halluzinationen und Wahnvorstellungen (Amphetaminpsychosen, besonders gefürchtet bei Crystal Meth-Konsumenten in den an Tschechien angrenzenden Bundesländern), außerdem zu bedrohlichen Herz-Kreislauf-Reaktionen. Langfristige körperliche Veränderungen fallen insbesondere bei Crystal Meth-Usern auf, beispielsweise kariöse Schäden der Zähne (»meth mouth«) und rasch fortschreitende Hautveränderungen (s. Köhler, 2014b, S. 114 f.).

Ihre *Wirkung* besteht in Förderung der dopaminergen und noradrenergen Übertragung, hauptsächlich durch eine verstärkte Entleerung der Vesikel in den synaptischen Spalt; auch Hemmung von Reuptake und des abbauenden Enzyms Monoaminoxydase (MAO) wird diskutiert.

---

8 Das ähnliche Effekte aufweisende Methylphenidat, welches zur Therapie hyperaktiver Kinder eingesetzt wird, ist mittlerweile zu einem beliebten Psychostimulans bei Erwachsenen geworden und dient vielen Studierenden zum effizienteren Lernen; insofern wird mehr Ritalin® verschrieben, als von den kindlichen Patienten tatsächlich eingenommen.

Toleranzentwicklung bei Amphetaminen ist sehr ausgeprägt; manche der Süchtigen werfen zuweilen eine Handvoll dieser Pillen ein. Ob ein echtes Entzugssyndrom zu beobachten ist, wird noch diskutiert.

Exakte Zahlen zur Häufigkeit des Amphetaminabusus sind schwer zu erhalten; neben regelrechten Dauerkonsumenten gibt es offenbar viele, die Amphetamine nur zu gewissen Gelegenheiten (als Freizeitdroge) konsumieren.

Noch einige Worte zu *Koffein*, dessen Konsum weltweit sehr hoch liegt und von dem eine große Zahl von Personen regelrecht abhängig sein dürfte. Es findet sich nicht nur im Kaffee, sondern auch in schwarzem und grünem Tee, daneben in der Kakaofrucht; ebenso enthalten zahlreiche Getränke, insbesondere Cola, durchaus nicht geringe Mengen. Koffein hat stimulierende Effekte ähnlich wie Kokain und Amphetamine, wenn auch in wesentlich schwächerer Form; schwere Intoxikationen lassen sich mit den üblichen Kaffeemengen im Allg. nicht erzielen (eher durch Energy-Drinks und Koffeintabletten). Bezüglich des Wirkmechanismus wird als eine von mehreren die Hypothese vertreten, dass es die Phosphodiesterase blockiert. Dieses Enzym beendet Second-Messenger-Prozesse, also die indirekte Wirkung einer Rezeptorbesetzung; Blockade der Phosphodiesterase führt damit zu einer verlängerten Wirkdauer der betreffenden Transmitter, speziell von Dopamin und Noradrenalin. (Mäßige) Toleranzentwicklung wird beschrieben; auch kann es zu einer mehr oder weniger ausgeprägten Entzugssymptomatik kommen, wobei die Entwicklung von Kopfschmerzen besonderer Erwähnung bedarf. Umgekehrt wird Koffein bekanntlich häufig benutzt, um diese zu beseitigen oder ihnen vorzubeugen.

3.6 Cannabinoide (Haschisch und Marihuana; synthetische Stoffe)

Der *indische Hanf* (Cannabis sativa var. indica bzw. Cannabis indica) enthält zahlreiche psychotrope Substanzen, die Cannabinoide, deren wichtigste Delta-9-Tetrahydrocannabinol (THC) ist. Getrocknete Blätter kommen unter dem Namen *Marihuana* auf den Markt, das etwa fünfmal THC-reichere und damit stärkere

Haschisch wird aus dem Harz gewonnen. Marihuana und Haschisch werden gewöhnlich geraucht; sie können jedoch auch oral (etwa in Keksen verbacken) aufgenommen werden. Erwähnenswert ist, dass durch Züchtungen der THC-Gehalt der Cannabisprodukte in den letzten Jahren deutlich angestiegen ist, nach einigen Angaben um das zwanzigfache bis sogar dreißigfache. Auch gibt es mittlerweile etwa 200 *synthetische Cannabinoide* (oft als »spice« bezeichnet, einer eigentlich harmlosen Kräutermischung, deren psychotrope Effekte auf beigefügte synthetische Cannabinoide zurückzuführen sind). Manche von diesen binden mehr als tausendmal stärker an CB-Rezeptoren als THC; sie sind möglicherweise für einige ernste Zwischenfälle beim Konsum der sonst akut als eher harmlos geltenden Cannabispräparate verantwortlich (Schifano, Orsolini, Papanti & Corkery, 2015).

Die unmittelbaren *Reaktionen* hängen von der Menge und Stärke der aufgenommenen Substanz sowie den Erfahrungen, Erwartungen und der psychischen Ausgangslage der Konsumenten ab; die *Wirkung* ist häufig nicht voraussehbar und kann höchst unerwünschte Gestalt annehmen. Beschrieben wird in niedrigen Dosen ein entspannender, euphorisierender Effekt; dabei können schon Veränderungen der Wahrnehmung (»bewussteres« Erkennen von Sachverhalten, neuartiges Zeit- und Raumgefühl, also psychedelische Effekte) auftreten, Wirkungen, welche bei größerer Zufuhr der Substanz selten ausbleiben. Bei noch höheren Dosen finden sich häufig Depersonalisationserlebnisse, Halluzinationen bzw. Pseudohalluzinationen[9]; die Stimmung kann dann in Angst und Unruhe, gelegentlich sogar in heftige Aggressivität, umschlagen. Der Übergang von akuter Intoxikation in eine regelrechte schizophrene Psychose wird nicht selten beobachtet. Auch wenn Patienten mit Neigung zu Schizophrenien eventuell öfter Cannabis

---

9 Halluzinationen sind Wahrnehmungen, die nicht durch ein äußeres Objekt ausgelöst werden, bei denen aber dieses für den Betroffenen in seiner Existenz unzweifelbar ist. Bei Pseudohalluzinationen wird das nicht vorhandene Objekt zwar wahrgenommen; der Wahrnehmende weiß jedoch um dessen Unwirklichkeit. Bei Derealisationserlebnissen scheint alles unwirklich, wie nur vorgestellt, bei Depersonalisation wird der eigene Körper als fremd, nicht zur eigenen Person gehörig erlebt.

konsumieren und dies möglicherweise gehäuft vor einem neuen spontanen Schub tun, drängt sich doch die Vermutung auf, dass die Cannabinoide durch Verstärkung dopaminerger Übertragungen zumindest einen diesbezüglich auslösenden Effekt haben, vielleicht sogar kausal zur Symptomatik beitragen (▶ Kap. 4.2.8). Die körperlichen Veränderungen bestehen in Pulsbeschleunigung, Mundtrockenheit, Rötung der Bindehaut (konjunktivaler Injektion), dazu ausgeprägtem Appetit.

Als Angriffspunkte wurden spezifische Rezeptoren entdeckt, an denen Cannabinoide binden. Man unterscheidet einen vornehmlich zentralnervös (offenbar aber nicht in den vegetativen Zentren des Hirnstamms) lokalisierten CB1-Rezeptor und eine CB2-Bindungsstelle, die an immunologisch bedeutsamen Organen (etwa Milz und Lymphknoten) sitzt und deren Stimulation zu Unterdrückung von Immunreaktionen führt. Dies legt die Existenz »endogener Cannabinoide« nahe, welche noch nicht vollständig identifiziert sind. Immerhin wurden mittlerweile Cannabinoidantagonisten entwickelt; einer davon (Rimonabant) war kurzzeitig als Appetitzügler im Handel.

Zu erwähnen ist weiter, dass sich unter Cannabiseinwirkung Aufmerksamkeit und Reaktionsvermögen verschlechtern, sodass beim Autofahren erhöhtes Unfallrisiko besteht. Da THC im Vergleich zu Alkohol sehr langsam abgebaut wird (auch weil es sich gut in Fett speichert und von dort verzögert frei gegeben wird), kann noch viele Stunden nach Konsumende die Fahrtauglichkeit reduziert sein.

Als langfristige psychische Folgen werden zunehmende Apathie und Interessenlosigkeit beschrieben (amotivationales Syndrom); die Gefahr der Auslösung oder sogar Ausbildung schizophrener Schübe wurde bereits genannt. Mittlerweile geht man davon aus, dass regelmäßiger Cannabinoidkonsum, speziell wenn in frühen Lebensjahren damit begonnen wird, einen eigenständiger Risikofaktor für Schizophrenie darstellt (Scherbaum, 2017, S. 50; s. auch Köhler, 2014b, S.131 für weitere Studien). Das Ganze wird mittlerweile etwas differenzierter betrachtet: Während THC vermutlich Psychosen induzierend wirkt, hat ein anderes Cannabinoid, nämlich Cannabidiol, sogar gegenteilige Effekte. Das Fehlen von Cannabidiol in synthetischen Cannabinoiden wird auch für die starke Induktion psychotischer Zustände verantwortlich gemacht (Leweke, Mueller, Lange & Rohleder et al., 2016; van Amsterdam, Brunt & van den Brinck, 2015). Auftreten von Gedächtnisstörungen entsprechend dem amnestischen Syndrom bei chronischem Alkoholismus wird diskutiert; dazu passt, dass häufige Cannabiseinnahme strukturelle Veränderungen frontaler und temporaler Hirnregionen bewirkt (Battistella et al., 2014). Weiter ist auf die erhebliche Schädigung des Mund-Rachen-Raumes und des Bronchialsystems beim Cannabisrauchen hinzu-weisen; bei Verbrennung entstehen offenbar Stoffe, welche die toxische Wirkung des gewöhnlichen Tabakrauches erheblich über-treffen. Diskutiert wird zudem ein schädigender Einfluss auf die Spermienbildung; bei Frauen wurden vermehrt Störungen der Ovulation beobachtet. Hinweise gibt es auch, dass Kinder Canna-bis konsumierender Schwangerer gehäuft diverse morphologische Veränderungen und Intelligenzminderung aufweisen. Tabelle 3.1 stellt die wichtigsten schädlichen Effekte zusammen (▶ Tab. 3.1).

Andererseits zeitigen Cannabisprodukte auch positive medizinische Effekte. So ist die Unterdrückung von Nebenwirkungen der Chemo-therapie belegt (etwa Übelkeit). Auch bei neuropathischen Schmerzen ist die Wirksamkeit unbestritten. Weiter verbessert sich, wenigstens bei einigen Patienten, die Symptomatik der Multiplen Sklerose (MS), speziell Schmerzen und Spastik. Im Übrigen sind im Labor hergestellte Cannabinoide (z. B. THC) als Medikamente in Apotheken erhältlich (z. B. Sativex® zur Behandlung von Symptomen der MS). Einzelnen Personen wurde auch aus gesundheitlichen Gründen bereits erlaubt, Cannabis zum Eigenbedarf anzubauen. Anekdotische Berichte, Tier-studien und in vitro-Versuche geben Hinweise, dass Cannabinoide eventuell die Entwicklung bösartiger Neubildungen unterdrücken bzw. die Progression existierender Tumoren verlangsamen (Abrams, 2016); hier wird man die weitere Forschung mit Interesse verfolgen.

Regelrechte *Toleranz* scheint sich beim Konsum von Cannabi-noiden nicht zu entwickeln, wenigstens nicht in dem Maße wie bei Alkohol, Opioiden und Psychostimulanzien. Hingegen werden nach abrupter Beendigung längeren Konsums Entzugssyndrome beschrieben, zumeist in der eher harmlosen Form von Schwitzen, Übelkeit, Unruhe und Schlafstörungen; delirante Symptomatik tritt typischerweise nicht auf. Angesichts des schädlichen Ge-brauchs, des Cravings und der Vernachlässigung anderer Inter-essen erfüllen nicht wenige (hauptsächlich männliche) Personen die Kriterien der Cannabinoidabhängigkeit.

Tab. 3.1: Folgen chronischen Cannabiskonsums (nach Köhler, 2014b, S. 132)

Störung	Beschreibung	Bewertung
obstruktive Bronchialerkrankung	• Verlegung der Atemwege	gut gesichert
Tumoren im Bereich von Mund, Rachen u. Atemwegen	• Mundhöhlen-, Rachen-, Kehlkopf- u. Bronchialkarzinome	gut gesichert
Störungen des Immunsystems	• u. a. erhöhte Anfälligkeit gegenüber Infektionen	wahrscheinlich
Fertilitätsstörungen	• verminderte Spermiogenese • reduzierte Fertilität	wahrscheinlich
Schädigungen des Fetus	• gehäufte Abgänge; verringertes Geburtsgewicht • später Verhaltensstörungen • gehäuftes späteres Auftreten von Leukämie	nicht unwahrscheinlich
Induktion schizophrener Psychosen	• Entwicklung v. a. paranoid-halluzinatorischer Symptomatik	Zusammenhang sehr wahrscheinlich; kontroverse Auffassungen über Kausalrelation
kognitive Einschränkungen	• Störungen v. a. von Gedächtnisleistungen	mittlerweile gut belegt
amotivationales Syndrom	• zunehmender Motivations- und Interessenverlust	Zusammenhang gut belegt; Kausalrelation kontrovers diskutiert

Die *Häufigkeit* des Cannabiskonsums ist rückläufig, nach wie vor aber hoch, wobei insbesondere die Zahl der Gewohnheitskonsumenten ziemlich gleich geblieben sein dürfte; den Anteil der regelrecht Abhängigen schätzt Scherbaum (2017, S. 40) auf 240.000 (was etwa 0,3 % der deutschen Gesamtbevölkerung entspricht); in bestimmten Subgruppen liegt diese Zahl natürlich deutlich höher. Bezüglich persönlichkeitspsychologischer Korrelate des gewohnheitsmäßigen Gebrauchs scheinen Ähnlichkeiten zu denen des chronischen Alkoholismus bestehen. *Therapien* zur Beendigung oder Reduktion des Cannabiskonsums unterscheiden sich nicht prinzipiell von denen zur Entwöhnung von anderen psychotropen Substanzen. Nicht diskutiert werden kann hier die Frage, wieweit es sich bei Cannabis um eine »Einstiegsdroge« handelt, eine Kontroverse, die mit ideologischer Verbissenheit von beiden Seiten geführt wird und deren Entscheidung nicht abzusehen ist.

3.7 Halluzinogene

Halluzinogene sind Substanzen, deren wesentliche Wirkung in *Bewusstseins-* und *Wahrnehmungsveränderungen* liegt, insbesondere in einer (subjektiv) geschärften Wahrnehmung, im Eindruck, neue Einsichten zu gewinnen, zudem in der Erzeugung von Derealisations- und Depersonalisationserlebnissen. Zweifellos besser wäre die Bezeichnung *Psychedelika* (die Seele öffnende Substanzen), die sich aber nicht durchgesetzt hat.

Auch die Einteilung ist nicht einheitlich. Generell wird in ICD-10 nicht erklärt, welche Substanz in welche Gruppe einzuordnen ist; Daher besteht offensichtlich weitgehend Dissens in der Praxis, ob MDMA aufgrund strukturchemischer Ähnlichkeiten zu den Psychostimulanzien oder wegen der veränderten Wahrnehmung eher den Halluzinogenen zugerechnet werden soll. Es wäre sicher sinnvoll, Ecstasy aus der Gruppe der Halluzinogene auszugliedern und einer eigenen Gruppe zuzuordnen, den »Entaktogenen«. Der Einfachheit halber wird die ICD-10-Einteilung hier beibehalten, jedoch eine Aufgliederung in vier Subgruppen (klassische Halluzinogene, Anticholinergika, ringsubstituierte Amphetamine und psychedelische Narkosemittel [Dissoziativa]) vorgenommen, welche sich sowohl hinsichtlich Wirkungen als auch Wirkmechanismen unterscheiden. Ebenso am besten zu den Halluzinogenen zu rechnen wären die synthetischen Cathinone, z. B. Mephredron. Diese oft unter der Bezeichnung »Badesalze« gehandelten Substanzen bzw. Substanzgemische sind in ihrer Wirkung schlecht vorhersehbar. Einige, wie das erwähnte Mephedron, sind unter das BtM-Gesetz gestellt und zwar als nicht verkehrsfähige Substanzen (sind also »verboten«), andere sind noch nicht richtig erfasst und haben deshalb den harmlos scheinenden Status eines legal high (zu den

legal highs, speziell den Badesalzen, s. Köhler, 2014b, S. 178 und
die dort angeführte Literatur).

3.7.1   Klassische Halluzinogene

Das bekannteste Halluzinogen ist *Lysergsäurediäthylamid* (*LSD*),
von dem Chemiker Hofmann 1943 durch Behandlung von
Mutterkornalkaloiden gewonnen und in Selbstversuchen auf
seine Wirkung getestet; es liegt in Tabletten- oder Tropfenform
vor. *Meskalin* ist das wichtigste psychotrope Alkaloid des Peyote-
Kaktus, der seit Jahrhunderten bei den Indianern Mexikos als
Rauschmittel bekannt ist und im Rahmen religiöser Zeremonien
verspeist wird. *Psilocybin* findet sich zusammen mit dem chemisch verwandten Psilocin in Pilzen der Familie Psilocybe
(»magic mushrooms«) und wird zumeist durch Verzehren des
Pilzes aufgenommen; isoliert liegt es in Form eines kristallinen
Pulvers vor. Zeitweise waren LSD und Psilocybin als Medikamente auf dem Markt und sollten unterstützend bei Psychotherapien wirken. Weiter gehören dazu diverse andere Tryptamine,
z. B. DMT (Dimethyltryptamin, Hauptwirkstoff von Ayahuasca,
einem vor allem im Amazonasgebiet konsumierten Gemisch)
sowie Bufotenin (5-Hydroxy-Dimethyltryptamin), welches im
Hautsekret diverser Krötenarten zu finden ist und oft direkt
durch Ablecken der Tiere konsumiert wird; weniger unappetit-
lich und wohl weniger toxisch ist Rauchen des getrockneten
Sekrets.

   Die hervorstechende *Wirkung* dieser Substanzen besteht weniger in der Erzeugung regelrechter Wahrnehmungstäuschungen –
insofern ist die Bezeichnung »Halluzinogene« irreführend –,
sondern eher im Hervorrufen der Empfindung einer geschärften
Wahrnehmung, etwa für Farben und Töne; auch Synästhesien,
Vertauschung von Wahrnehmungsmodalitäten wie Sehen von
Tönen, Riechen von Farben werden beschrieben. Häufig bemäch-
tigt sich der Konsumenten das Gefühl, ungeahnte Einsichten zu
besitzen, was sich allerdings so gut wie immer, mit Nachlassen der
Drogenwirkung als Irrtum herausstellt. Halluzinationen können
auftreten, jedoch zumeist in höheren oder gar gefährlich über-
höhten Dosen. Vegetative Wirkungen entsprechen im Allg. denen
einer Sympathikusaktivierung, also u. a. Pupillenerweiterung,

Pulsbeschleunigung, Blutdruckerhöhung. Die Stimmung ist meist euphorisch gehoben, es besteht starker Bewegungs- und Rededrang; auch ängstliche Agitiertheit und zuweilen schwere Panikzustände (»Horrortrips«) werden beschrieben. Selbstschädigungen im Rahmen der Realitätsverkennung (etwa beim Versuch, aus dem Fenster zu fliegen) sind offenbar keineswegs selten. Beobachtet werden auch passagere neurologische Symptome wie Ataxien oder Nystagmus; in höheren Dosen, insbesondere bei Einnahme pflanzlicher Produkte mit stark schwankendem und schwer zu kontrollierendem Substanzgehalt, kann es zu irreversiblen ZNS-Schäden mit amnestischen und vielfältigen anderen psychiatrisch neurologischen Störungen kommen. Ein sehr interessanter, im Entstehungsmechanismus nicht geklärter Befund ist das Auftreten von Flashbacks: Wiedererleben des Drogeneffekts lange nach Elimination des Halluzinogens.

Die Wirkung wird im Wesentlichen über einen *Serotoninagonismus* (u. a. durch Bindung an 5-HT_{2A}-Rezeptoren) erklärt, insofern plausibel, als fast alle genannten Substanzen strukturchemisch diesem Transmitter gleichen. Das Abhängigkeitspotential der klassischen Halluzinogene wird als eher gering angesehen – Tiere applizieren sich diese im Gegensatz zu anderen psychotropen Substanzen nicht selbst. Spätfolgen nach regelmäßiger Einnahme dürften nicht allzu gravierend sein, während akute schwere Intoxikationen (s. o.) möglicherweise häufiger sind als von einigen Autoren angenommen.

3.7.2 Anticholinergika

Die wichtigsten in der Natur vorkommenden Substanzen dieser Gruppe sind Atropin und das besser in das Zentralnervensystem eindringende Scopolamin; sie finden sich u. a. in der Tollkirsche, Engelstrompete, Stechapfel, Bilsenkraut oder der Alraune (Mandragora). Der Wirkmechanismus ist die Blockade von muskarinergen Acetylcholinrezeptoren und damit indirekt eine Verstärkung der antagonistischen dopaminergen und noradrenergen Systeme. Daraus erklären sich die Symptome: Zeichen der Sympathikusaktivierung (erweiterte Pupillen, schneller Puls), delirante Symptomatik, dabei deutliche Euphorisierung. So wird das zur Behandlung der extrapyramidalen Symptomatik bei Neuroleptikatherapie ein-

gesetzte Biperiden (Akineton®) zuweilen missbräuchlich konsumiert, nicht zuletzt von medizinischem Personal.

Die sehr leicht zugänglichen pflanzlichen Lieferanten von Scopolamin (Engelstrompete als Zimmer- und Terrassenpflanze, Stechapfel wild wachsend) sind alles andere als ungefährlich; Vergiftungen auch mit neurologischen Spätfolgen werden häufig berichtet.
Auf die Erregungsphase folgt oft ein Zustand der Schläfrigkeit, der
im Falle höherer Dosen zum tödlichen Koma führen kann.

3.7.3 Ringsubstituierte Amphetamine

Amphetamin und Methamphetamin wurden in Kapitel 3.5 als
potente Psychostimulanzien beschrieben, welche chemisch Adre-
nalin und Noradrenalin nahe stehen und durch einen Katechol-
ring (6er-Ring mit zwei OH-Gruppen) gekennzeichnet sind
(▶ Kap. 3.5). Durch Substitution von Wasserstoffatomen am Ring
durch Methoxy-Gruppen entstehen Stoffe mit nach wie vor
psychostimulatorischer Wirkung wie DOM, die zudem ausgeprägte psychedelische Effekte aufweisen. Wird eine Methylen-
Dioxy-Gruppe dem Ring angefügt, so entstehen Methylen-Dioxy-
Amphetamin (MDA) und Methylen-Dioxy-Methamphetamin
(MDMA; Ecstasy[10]), welche weniger psychedelisch wirken als
vielmehr »entaktogen«, also einen wohlwollenden Kontakt mit
dem eigenen Inneren und auch mit den Mitmenschen schaffen,
die unter diesem Einfluss ungewöhnlich positiv gesehen werden;
dies erklärt die Beliebtheit von *Ecstasy* (XTC) als Partydroge. Der
Konsum ist *keineswegs harmlos*; durch Wasser- und Salzverlust
und unzureichender Substitution kann es zu Hirnödemen kommen, weiter u. a. zu gefährlichen Gerinnungsstörungen, Hyper-
thermie (Überhitzung) und Nierenversagen sowie zu kardiovas-

---

10 Die Terminologie ist uneinheitlich: Zuweilen wird als Ecstasy nur das
    3,4-Methylen-Dioxy-Methamphetamin (MDMA) bezeichnet, zuwei-
    len dieses sowie auch 3,4-Methylen-Dioxy-Amphetamin (MDA). Im
    Übrigen werden Ecstasytabletten oft andere Substanzen beigemischt,
    etwa das billig herzustellende, alles andere als harmlose Phencycli-
    din (PCP) oder andere, teils hochtoxische Stoffe mit MDMA-Effekten
    (s. Schifano et al., 2015). Auch gepresste Ketamintabletten werden
    mitunter als Ecstasy verkauft.

kulären Komplikationen, die bei diesbezüglich Vorbelasteten auch
in »normaler« Dosierung wiederholt zu Todesfällen geführt
haben. Nachdem in Tierversuchen nach längerer Ecstasyeinnah-
me Zerstörung serotonerger Neurone nachgewiesen wurde, sind
bei Dauerkonsumenten bleibende Schäden nicht unwahrscheinlich. Ob das bei Ecstasykonsumenten gehäuft auftretende amo-
tivationale Syndrom und psychotische Symptomatik Folgen der
Einnahme darstellen oder ob die Kausalverhältnisse umgekehrt
sind, wird diskutiert.

3.7.4 Psychedelische Narkosemittel (Dissoziativa)

Zu dieser Gruppe gehören insbesondere Phencyclidin (PCP) und
Ketamin. PCP war – nicht zuletzt wegen seines stark analgetischen
Effekts – zeitweise in den USA ein Narkosemittel, wurde aber vom
Markt genommen, als wiederholt über eigenartige psychiatrische
Symptomatik bei Patienten in der Aufwachphase berichtet wurde.
Als preiswerte und wirkungsvolle psychotrope Substanz erfreute
sie sich jedoch speziell unter Jugendlichen und jungen Erwachsenen amerikanischer Großstadtviertel unter dem Namen »angel
dust« (Engelsstaub) großer Beliebtheit. Wesentlicher Effekt ist
eine *Dissoziation* der Persönlichkeit: Die Konsumenten ziehen
sich autistisch in sich zurück, reagieren wenig oder unsystematisch auf äußere Reize und denken oder reden ähnlich zerfahren
wie schizophrene Patienten, können auch Halluzinationen haben
und Realitätsverkennungen zeigen. Bei Einnahme geringerer
Mengen liegt euphorische Erregtheit vor, bei höheren Dosen
kann es zu einer Art von Starre bei erhaltenem Bewusstsein
kommen (katatoner Stupor; ▶ Kap. 4.2.1), in noch höheren zu
einem komatösen Zustand. Ähnlich wirkt das als Narkose-und
Schmerzmittel gebräuchliche Ketamin (z. B. Ketanest®), welches
zunehmende Verbreitung findet und nicht geringes Abhängig-
keitpotenzial birgt. Es kann geschnieft oder nach Eintrocknung
der Flüssigkeit geraucht werden. Besonders gefährlich ist die
intravenöse Applikation.

Wirkmechanismen für beide Substanzen ist die Blockade des
NMDA-Rezeptors für Glutamat, was einerseits die eher negativen Symptome des autistischen Rückzugs erklärt, andererseits
durch indirekte Anregung des dopaminergen Systems die Eu-

phorie und psychotische Symptomatik (▶ Kap. 4.2.7 zur Gluta-mathypothese der Schizophrenie). Akute und chronische kör-perliche Schäden (etwa gefährliche Erhöhung der Körpertempe-ratur, Zersetzung von Muskeleiweiß, Epilepsien und diverse kardiovaskuläre Komplikationen, schwere Blasenentzündungen) sind häufig; hinzu kommt die nicht unerhebliche Gefahr durch die absichtlich herbeigeführten oder im Rahmen des aggressiven Verhaltens (bei verminderter Schmerzempfindlichkeit) erlitte-nen Verletzungen.

PCP hat in Deutschland nie eine größere Rolle gespielt, verliert auch in den USA zunehmend an Bedeutung, wird aber allem An-schein nicht selten anderen Substanzen ohne Wissen der Konsu-menten beigemischt (beispielsweise Ecstasy-Pillen). Ketamin (»K«, Kitie, Vitamin K) wird hingegen in gewissen, oft ohnehin etwas skurrilen Personenkreisen seiner Realität verzerrenden Effekte wegen geschätzt, dient im Übrigen zuweilen als k.o.-Tropfen.

3.8   Nikotin und Tabak

Nikotin ist ein Alkaloid der Tabakpflanze, welches üblicherweise durch Inhalieren des Rauches aufgenommen wird, der beim Verbrennen der trockenen Blätter entsteht. Dieser enthält be-kanntlich eine Reihe toxischer Stoffe wie die stark karzinogenen Benzpyrene. Nikotin lässt sich isolieren und kann oral (in Form von Pillen, Kaugummi) aufgenommen werden; auch Resorption über die Haut ist möglich (Nikotinpflaster).

Zu den vielfältigen *Wirkungen* des Nikotins gehört die Stimu-lierung peripherer Anteile sowohl des Sympathikus wie des Para-sympathikus. Ein zentralnervöser Effekt ist vornehmlich die An-regung bestimmter Acetylcholinrezeptoren.

Bei den Acetylcholinrezeptoren unterscheidet man bekanntlich niko-tinerge und muskarinerge. Erstere werden nicht nur durch Acetyl-cholin, sondern auch durch Nikotin erregt und sitzen im postgang-lionären Neuron sowohl der sympathischen wie parasympathischen Bahnen. Nikotin führt daher zu erhöhter Feuerungsrate und ver-stärkter Aktivität des Effektororgans. In höheren Dosen blockiert es jedoch die Weiterleitung. Da die Acetylcholinrezeptoren der motori-schen Endplatte nikotinerg sind, finden sich dosisabhängige motorische Effekte, etwa Muskelrelaxation (und umgekehrt eventuell Krämpfe bei Nikotinentzug).

Die Wirkung von Nikotin ist stark dosisabhängig: In niedrigen Mengen wirkt es stimulierend, vigilanzsteigernd, was sich mittels Untersuchungen der Reaktionszeit objektivieren lässt; in höheren Dosen findet sich eher Sedierung; zudem lassen sich aggressionsdämpfende Effekte nachweisen (im Entzug entsprechend erhöhte Aggressivität). Berichtet wird über aktivierende Wirkung bei ruhiger Stimmungslage, sedierende bei erhöhtem Aktivitätsniveau. Nikotin führt, wie in Tierexperimenten gezeigt, zu erhöhter Dopaminfreisetzung im Bereich des Nucleus accumbens, was die »angenehme«, aber auch suchterzeugende Wirkung erklärt. Parasympathische Aktivierung hat Steigerung der Magen-Darmtätigkeit zur Folge; im Herz-Kreislaufsystem überwiegen die sympathischen Einflüsse, u. a. mit Pulsbeschleunigung und Blutdrucksteigerung; zudem wird Energie bereitgestellt und das Hungergefühl unterdrückt (entsprechend häufig Gewichtszunahme bei Personen, welche das Rauchen aufgegeben haben).

Die *langfristigen Folgen* von Tabakkonsum sind bekannt: insbesondere koronare Herzkrankheit sowie zerebrale und periphere Durchblutungsstörungen, weiter das deutlich erhöhte Risiko für Karzinome im Mund-Rachen-Bereich und Bronchialsystem, zudem für Karzinome der Niere und Harnblase, wahrscheinlich auch der Bauchspeicheldrüse oder anderer Organe (etwa Brust). Die Gefäßerkrankungen sind im Wesentlichen Effekte des Nikotins, welches zu verstärkter Freisetzung von Fettsäuren führt und zudem die Blutgerinnung verstärkt; die Entwicklung von Karzinomen ist vornehmlich auf die Teerstoffe zurückzuführen. Psychische Störungen im Sinne psychotischer Symptome oder eines amnestischen Syndroms treten bestenfalls sehr selten auf.

Obwohl geringer als bei Opioiden und Amphetaminen, ist bei längerem Konsum eine gewisse *Toleranzentwicklung* gegeben, mutmaßlich als Folge von Anpassungsvorgängen in den Acetylcholinrezeptoren. *Entzugssymptome* in Form von Unruhe, Schlafstörungen, Konzentrationsschwächen und depressiven Verstimmungen sind häufig; letzteres wird dadurch erklärt, dass Nikotin MAO (Monoaminoxydase) hemmt (zu MAO und MAO-Hemmern ▶ Kap. 5.9). Die Suchtentwicklung beruht sicher in nicht geringem Maße auf der negativ verstärkenden Eigenschaft des Nikotins, rasch diese Entzugssymptome zu beseitigen. Welche Personen es sind, bei denen die kurzfristigen negativ wie positiv verstärkenden Eigenschaften zu einer Fortführung des Konsums trotz der zu erwartenden aversiven Folgen führen, konnte bis jetzt nur bedingt erklärt werden. Zweifellos besteht eine Disposition für Nikotinabhängigkeit; genetisch bedingte unterschiedliche Geschwindigkeit in der Verstoffwechselung sowie Grad der Ausprägung von Nikotinrezeptoren scheinen eine beträchtliche Rolle zu spielen (Benowitz, 2008).

Trotz deutlicher Abnahme in den letzten Jahren ist die Zahl der Raucher noch immer sehr hoch (ca. ein Viertel der Erwachsenen in Deutschland). Bemerkenswert ist, dass ein Großteil das Rauchen aufgeben möchte und oft schon erfolglose Versuche hinter sich hat. Die *unterstützenden therapeutischen* Maßnahmen (Raucherentwöhnungstrainings) können hier nicht dargestellt werden (s. etwa Batra & Buchkremer, 2017).

Erwähnt sei nur, dass *psychologische Interventionen* u. a. auf der Erzeugung aversiver Effekte basieren, etwa in Form raschen Rauchens mit Hervorrufen von Übelkeit. *Somatische Therapien* beruhen auf einer Verminderung der Entzugssymptomatik durch andere Arten der Nikotinzufuhr, z. B. mittels Kaugummi oder Nikotinpflaster. Zwar wird weiter die Substanz konsumiert – insofern finden sich Parallelen zur Methadonsubstitution bei Heroinabhängigkeit –, jedoch fällt die Inhalation der schädlichen Teerstoffe weg. Da die kurzzeitigen, als euphorisierend empfundenen Nikotinspitzen hier fehlen, werden diese Applikationsformen nicht immer genügend akzeptiert; rauchen die Probanden weiter, kann es zu gefährlich hohen Nikotinkonzentrationen kommen.

Raucherentwöhnungstrainings haben kurzfristig an sich guten Erfolg, jedoch sind die Rückfallraten sehr hoch. Zur Rezidivprophylaxe müssen deshalb weitere Techniken geübt werden, beispielsweise Selbstmanagement-Trainings; die Rückfallwahrscheinlichkeit ist natürlich dann besonders groß, wenn die Ex-Raucher mit Stimulussituationen konfrontiert werden, die früher mit Rauchen verbunden waren bzw. weiter rauchende Modellpersonen vor sich sehen. Zu erwarten ist, dass mit zunehmender sozialer Ächtung des Rauchens und angesichts des Rückgangs der

Raucherzahlen sich die Bedingungen für die Aufrechterhaltung von Abstinenz bessern.

Gegen das Craving, die unbezwingbare Gier nach ist mit dem auch unter dem Handelsnamen Elontril® als Antidepressivum eingesetzten Bupropion (als Entwöhnungsmittel: Zyban®) ein (leider nicht ganz nebenwirkungsarmes) Medikament auf dem Markt, welches die Rückfallraten nach Abstinenz deutlich reduziert. Es hat den Vorteil, zugleich die akute Entzugssymptomatik abzumildern. Ebenfalls ein Entwöhnungsmittel ist Vareniclin (Champix®), das nikotinerge Acetylcholinrezeptoren stimuliert (Casella, Caponnetto & Polosa, 2010). Weiter existieren zahlreiche Substitutionspräparate (Nikotinpflaster, Nikotinkaugummi). Die das Nikotin in Aerosolen (Gase mit Schwebeteilchen) zuführenden E-Zigaretten sind sicher weniger gesundheitsschädlich als Tabakprodukte, jedoch nicht völlig ungefährlich. Viele Konsumenten rauchen trotzdem gleichzeitig, und es ist die Frage, ob sie tatsächlich ihren Tabakkonsum so reduzieren, dass Schäden nennenswert weniger werden (s. dazu Schaller & Mons, 2017).

3.9   Inhalanzien

Zur Gruppe der Inhalanzien, der in Gas- oder Dampfform (nicht durch Einatmen von Partikeln im Rauch) aufgenommenen psychotropen Substanzen, zählen – etwas vereinfacht – die »Schnüffelstoffe« (flüchtige Lösungsmittel) sowie diverse Treibgase, schließlich gasförmige Narkosemittel wie Lachgas. Bei den ersten beiden Gruppen handelt es sich um leicht verfügbare und billige Substanzen (etwa in Klebern, Lösungsmitteln, Benzin, Feuerzeuggasen, Deosprays), die vorwiegend in den ärmeren Kreisen der Dritten Welt missbraucht werden; auch in Europa und Nordamerika ist ihr Konsum unter Kindern und Jugendlichen recht verbreitet. Gemäß der Vielzahl der verwendeten Stoffe ist die Wirkung vielfältig, von Dämpfung bis zu extremer Antriebssteigerung, auch Zunahme der Aggressivität. Nicht selten kommt es zur Überdosierung mit der Folge von Bewusstseinstrübung, Koma und Tod (oft durch Herzrhythmusstörungen); zudem werden neurologische Symptome als direkte Intoxikationserscheinung beobachtet. Die häufig zum Schnüffeln verwendeten Kohlenwasserstoffe (etwa Benzin) führen zu Leberschäden; auch Lungenerkrankungen und Polyneuropathien mit massiven neurologischen Ausfällen treten gehäuft als Folge des Konsums auf.

Das mittlerweile beliebte Lachgas (Distickstoffmonoxid), leicht aus Patronen zur Herstellung von Schlagsahne zu entnehmen, ist ebenfalls keineswegs ungefährlich, da es u. a. zu kritischem Sauerstoffmangel im Gehirn kommen kann. Als Wirkmechanismen werden Veränderungen von Membraneigenschaften an Neuronen sowie ein Antagonismus an NMDA-Rezeptoren diskutiert (Scherbaum, 2017, S. 120); letzteres würde die häufig beobachteten dissoziativen Effekte erklären. Neben neurologischen Schäden werden ausgeprägte psychiatrische Symptome bei missbräuchlichem Konsum beschrieben (Cousaert, Heylens & Audenaert, 2013).

4 Schizophrenie und verwandte Störungen

4.1 Allgemeines; historische Vorbemerkungen

Unter der Bezeichnung Schizophrenie fasst man eine Anzahl von Symptombildern zusammen, deren Gemeinsamkeit insbesondere für Laien nicht unmittelbar ersichtlich ist. Es handelt sich dabei vorwiegend um Störungen des Denkens (Zerfahrenheit, Wahnvorstellungen), der Wahrnehmung (Halluzinationen), der Psychomotorik (beispielsweise katatoner Stupor), des Antriebs und der Affekte (Antriebs-und Entschlusslosigkeit, Autismus, Affektverflachung, Inadäquatheit von Affekten). Dieses Störungsbild war mit Sicherheit seit den Anfängen der Menschheit in allen bewohnten Teilen der Welt zu finden. Im Mittelalter wenigstens teilweise als Besessene angesehen, später in Asylen untergebracht, wurden hierzulande erst im 19. Jahrhundert Personen mit schizophrenen Symptomen als Kranke in systematischer Form medizinischer Untersuchung und Behandlung zugeführt. Lange gab es auch dann noch mangelnde Übereinstimmung bezüglich der Zuordnung zu anderen Krankheitsbildern, bis der Münchener Psychiater Emil Kraepelin 1896 eine terminologische Festlegung vornahm: Er fasste jene Symptombilder, die auch nach heutigem Verständnis unter den Oberbegriff Schizophrenie fallen, zusammen und gab der Krankheit den Namen *Dementia praecox* (»vorzeitige Verblödung«)[11]. Indem er eine häufige, aber keineswegs typische Verlaufsform, nämlich jene mit Übergang in einen

---

11 Demenz wird hier in anderem Sinne verwendet als bei der Bezeichnung »dementielles Syndrom«, etwa bei Alzheimer-Krankheit. Massive Gedächtnisstörungen und Einschränkung der intellektuellen Fähigkeiten finden sich typischerweise nicht, auch nicht im schizophrenen Residualzustand. Auffällig ist dabei eher ein Rückzug aus allen sozialen Aktivitäten, zunehmende Interessen-und Antriebslosigkeit sowie affektive Gleichgültigkeit.

affektiv, motivational und sozial defizitären Zustand, das so genannte Residualsyndrom, als Repräsentant für die Krankheitsgruppe aussuchte, legte er die Vorstellung einer unausweichlichen Entwicklung nahe, die schon damals nicht den tatsächlichen klinischen Gegebenheiten entsprach. Auch ätiologisch traf Kraepelin insofern eine Festlegung, als er die Dementia praecox zusammen mit dem »manisch-depressiven Irresein« zu den *endogenen Psychosen* rechnete, bei ihr damit keine zugrunde liegenden hirnorganischen Veränderungen annahm. Es entstand die Idee einer sich sozusagen von innen, ohne wesentliche äußere Einflüsse und ohne nachweisbare Organveränderungen entwickelnden Erkrankung mit Symptomen v. a. im Bereich des Denkens und Wahrnehmens, während das manisch-depressive Irresein eher durch affektive Symptome gekennzeichnet sein sollte.

Ein Jahrzehnt später schlug der Züricher Psychiater Eugen Bleuler eine neue Terminologie vor, die sich rasch durchsetzte: Statt Dementia praecox wählte er die Bezeichnung Schizophrenie (»Spaltungsirresein«), um die *Desintegration psychischer Funktionen* als wesentliches Charakteristikum zu betonen; weiter wies er nachdrücklich auf die Heterogenität des Störungsbildes hin und sprach von der Gruppe der Schizophrenien bzw. definierter Unterformen. Die Einordnung als »endogene Psychose« behielt er bei.

> Leider ist die Bezeichnung Schizophrenie höchst missverständlich. Auch gebildete Laien sind nicht selten der Auffassung, das Charakteristische dieser Störung sei eine Persönlichkeitsspaltung im Sinne des Vorliegens mehrerer abwechselnd agierender, unterschiedlicher Persönlichkeiten (nach Art von Dr. Jekyll und Mr. Hyde). Tatsächlich ist dieses seltene Störungsbild der Gruppe der dissoziativen Störungen zuzuordnen (▶ Kap. 6.6).

Mit der zunehmend kritischeren Reflexion des Psychosebegriffs, dem Nachweis organischer Veränderungen bei Schizophreniepatienten (etwa Atrophie in den Frontalhirnbereichen) und der Entdeckung möglicher pathogener externer Faktoren (z. B. prä- und perinataler Schäden, frühkindlicher Infektionen) wurde auch die Einordnung in die Kategorie »endogene Psychose« für mehr und mehr fragwürdig erachtet. In der letzten Fassung der *International Classification of Diseases*, der im Vergleich zu früheren Klassifikationssystemen zunehmend weniger ätiologisch, als vielmehr deskriptiv-symptomatologisch orientierten ICD-10, werden

die Schizophrenien zusammen mit Wahnerkrankungen als eigene
Störungsgruppe mit letztlich nicht spezifizierter Ätiologie eingeführt.

Schizophrenie wird nach ICD-10 mit F20 verschlüsselt, wobei
eine Spezifikation der Hauptsymptomatik in Form einer Kodierung des einschlägigen Subtypus angestrebt wird. Je nach vor-
herrschender Ausprägung dieser Symptome unterscheidet man
verschiedene Unterformen der Schizophrenie (F20.0 bis F20.6),
die aber bei ein und derselben Person abwechseln können und
deshalb die Subsumierung unter ein Störungsbild rechtfertigen.

Bei vielen Patienten finden sich die Symptome der Schizophrenie nicht in genügender Ausprägung, um eine solche schwer-
wiegende und implikationsreiche Diagnose zu stellen; im Kontext
zunehmender diagnostischer Standardisierung hat man sich deshalb entschlossen, ein weiteres, mit F21 zu kodierendes Störungsbild zu definieren, die *schizotype Störung* oder *Schizotypie* (früher
oft als Borderline- oder Grenz-Schizophrenie bezeichnet), deren
Symptome in ihrer Intensität andererseits über die klinischen Auffälligkeiten bei einer Persönlichkeitsstörung hinausgehen. *Wahnerleben*, wie es sich als eindrucksvolles Leitbild einer Unterform,
der paranoiden Schizophrenie, präsentiert, kann auch bei Personen vorkommen, die sonst keine der oben skizzierten Symptome
zeigen, und man geht deshalb von eigenen, nicht zur Schizophrenie zu rechnenden (anhaltenden) Wahnstörungen (F22) aus.
»Psychotische« Symptome wie Wahn und Halluzinationen treten
bei vielen Personen auf, jedoch nur so kurzzeitig, dass den Kom-
missionen zur Erstellung des ICD-10-Diagnosenschlüssels die
Diagnose einer Schizophrenie nicht gerechtfertigt erschien; dafür
wurde die Kategorie »akute vorübergehende psychotische Störungen« (F23) geschaffen. Der problematische Psychosebegriff
taucht in ICD-10 nicht mehr auf. Der Terminus »psychotisch«
wird jedoch, wenn auch in eingeschränkter Bedeutung, weiter
verwendet und bezeichnet wahnhafte und halluzinatorische Symptomatik. Die früher »folie à deux« genannte Störung, bei der eine
Person im Zusammenleben mit einer an schizophrenen Symptomen leidenden Person ebenfalls Wahn entwickelt, definiert eine
eigene Kategorie F24 (»induzierte wahnhafte Störung«). Ebenfalls
wurden, keineswegs unumstritten, in die große Kategorie F2 die
schizoaffektiven Störungen (F25) eingeordnet, die ein Mischbild

von Symptomen der Schizophrenie und affektiver Störungen zeigen.

Die folgende Darstellung bezieht sich hauptsächlich auf die verbreitete und theoretisch sehr interessante Schizophrenie, während Schizotypie, Wahnstörungen und schizoaffektive Störungen nur knapp behandelt werden, akute vorübergehende psychotische Störungen und induzierte wahnhafte Störungen gerade der Vollständigkeit wegen zur Sprache kommen.

4.2   Schizophrenie

4.2.1   Symptomatik

Die Symptome der Schizophrenie sind vielfältig und nicht einfach zu beschreiben, können wahrscheinlich überhaupt nur im Gespräch mit Patienten hinreichend verdeutlicht werden (▶ Tab. 4.1). Zunächst sind hier die (formalen) *Denkstörungen* zu nennen, die am besten mit dem Ausdrücken Zerfahrenheit oder Inkohärenz des Denkens gekennzeichnet sind: Das Reden der Betroffenen gestaltet sich anhand lockerer Assoziationen, ein noch so nebensächliches Wort eines Satzes bildet Ausgangspunkt für eine neue Aussage; der eigentliche semantische Gehalt des Gesprochenen wird verschwindend gering, sodass Außenstehenden das Gesagte im Extremfall völlig sinnlos erscheint. Häufig ist das – prinzipiell bekannte – Phänomen des Gedankenabreißens, die Unfähigkeit, eine gerade begonnene Aussage zu Ende zu bringen; bei Schizophrenen ist typisch, dass dies wahnhaft als Gedankenentzug durch eine äußere Macht empfunden wird. In der Sprache finden sich zahlreiche Bizarrheiten, zudem regelrechte Wortneuschöpfungen (Neologismen), beispielsweise durch Zusammenziehen mehrerer Worte; bekannt ist das von Bleuler zitierte Beispiel »trauram« als Verdichtung von »traurig« und »grausam«.

> Die sprachlichen Produkte Schizophrener erinnern auffällig an die Resultate der von Freud beschriebenen Traumarbeit: Auch dort werden Verdichtungen vorgenommen in Form des Zusammenziehens von Worten oder des Verschmelzens von Vorstellungen; Verschiebungen, Ersetzungen von Vorstellungen durch assoziativ oft nur locker damit verbundene andere, verleihen dem (manifesten) Trauminhalt den Charakter des Wirren, Unzusammenhängenden. Freud (1915e, S. 297 f.)

arbeitet diesen Sachverhalt deutlich heraus: »Bei der Schizophrenie werden die Worte demselben Prozess unterworfen, der aus den latenten Traumgedanken die Traumbilder macht, den wir den psychischen Primärvorgang geheißen haben. Sie werden verdichtet und übertragen einander ihre Besetzungen restlos durch Verschiebung.« Der Prozess könne so weit gehen, »dass ein einziges, durch mehrfache Beziehungen dazu geeignetes Wort die Vertretung einer ganzen Gedankenkette« übernehme. Aus dieser Betrachtung werden interessante Folgerungen über die Eigenschaften des Systems Unbewusst abgeleitet (s. dazu Köhler, 2014c, S. 630 ff.).

Die inhaltlichen Denkstörungen zeigen sich am deutlichsten im *Wahn* (Paranoia[12]), der zumeist die Gestalt von Verfolgungs-, Beeinflussungs- und Beziehungswahn annimmt (zufälligste Ereignisse beziehen die Betroffenen auf sich selbst), eher selten sich als Größenwahn präsentiert. Eng mit dem Wahnerleben verknüpft sind die häufigen *Halluzinationen,* die (schwer korrigierbaren) Wahrnehmungen von nicht Existentem; diese Wahrnehmungstäuschungen Schizophrener sind meistens akustischer Natur, etwa in Form von Stimmen, die sich über die Betroffenen unterhalten; taktile und optische Halluzinationen kommen vor, sind jedoch eher charakteristisch für delirante Zustände, besonders das alkoholbedingte Delirium tremens (▶ Kap. 3.2.4).

Schwer zu definieren ist der Begriff der *Ich-Störungen.* Er beschreibt die Sachverhalte der empfundenen Unwirklichkeit (auch der eigenen Person) sowie der mangelnden Abgrenzung der Schizophrenen von der Außenwelt, das Gefühl, ihr gegenüber nicht die eigenen Gedanken geheim halten zu können (»Gedankenlautwerden«), von ihr gelenkt zu sein. Das unterscheidet diese Personen von Patienten mit Zwangsstörungen, welche die Inadäquatheit ihres Handelns einsehen, aber dabei das Gefühl haben, es gehe letztlich von ihnen selbst aus.

Affektstörungen treten auf in Form inadäquater, dem Gesagten oder Gehörten nicht angemessener emotionaler Reaktionen (etwa Lachen bei Erhalt einer traurigen Nachricht); bei jugendlichen Schizophrenen fällt häufig auch ein »läppisches«, witzel-

---

12 Paranoia (von griechisch: para = neben und nous = Denken) bedeutet Wahn im Allgemeinen, wird aber heute häufig nur in der Bedeutung »Verfolgungswahn« gebraucht.

süchtiges Verhalten auf; *Affektverflachung* im Sinne einer Nivellierung emotionalen Empfindens kommt nicht selten vor und ist oft Resultat eines längeren oder häufig rezidivierenden Krankheitsprozesses. An *motivationalen* Störungen ist die Willenlosigkeit (Abulie) zu nennen, oft hervorgerufen durch die Unfähigkeit, sich nicht zwischen zwei Handlungen entscheiden zu können. Häufig findet sich, auf jeden Fall mit gewisser Regelmäßigkeit im schizophrenen Residualzustand, eine Abkehr von der Außenwelt und mehr oder weniger ausgeprägte Beschäftigung mit eigenen Interessen (Autismus); die Alogie, die Sprachverarmung, lässt sich als Ausdruck dieser Zurückgezogenheit auffassen.

Weiter zeigen sich *psychomotorische Symptome*, die bei gewisser Intensität als katatone bezeichnet werden. Eindrucksvoll ist der *katatone Stupor*, die Bewegungs- und Reaktionslosigkeit bei Klarheit des Bewusstseins. Als Katalepsie[13] bezeichnet man in diesem Zusammenhang das Verharren der Glieder in höchst unphysiologischen Stellungen, in welche man die Patienten leicht bringen kann. Andererseits kann *übermäßige motorische Aktivität* vorhanden sein, etwa rastloses Herumlaufen oder rhythmische Körperbewegungen; auffällig ist die Stereotypie, die mangelnde Variation bei diesen Bewegungen; generell sind *Stereotypien* verschiedenster Form, nicht nur der Bewegung, sondern auch der Sprache, sehr häufig zu beobachten. Sehr eindrucksvoll sind die Symptome der Echolalie (Wiederholen des vom Untersucher gesagten und die Echopraxie (Nachmachen seiner Bewegungen). Weitere Auffälligkeiten sind eine gewisse Bizarrheit, *Maniertheit* des Sprachausdrucks, der Haltung, Mimik und Gestik, die beim geübten Betrachter schon eingangs die Verdachtsdiagnose nahelegen.

---

13 Die Begriffe Katatonie, Katalepsie und flexibilitas cerea sind in der psychiatrischen Literatur nicht eindeutig definiert. In Anlehnung an häufigen Sprachgebrauch bezeichne Katatonie hier allgemein das Auftreten deutlicher psychomotorischer Symptome, gleich ob bewegungsarm oder in Form verstärkter Motorik, Katalepsie das Verharren in bestimmten Stellungen, flexibilitas cerea (wächserne Biegsamkeit) die leichte Formbarkeit der »eingefrorenen« Stellungen.

Nicht gestört sind bei Schizophrenie üblicherweise (im Gegensatz zum dementiellen Syndrom) Gedächtnis, Intelligenz sowie, anders als beim Delir, Bewusstsein und Orientierung.

Verständlicherweise hat man sich schon früh bemüht, diese verschiedenen Symptome zu kategorisieren und ihre Wertigkeit für die Diagnose zu bestimmen: Bleuler unterschied die mehr oder weniger regelmäßig zu beobachtenden *Grundsymptome* von den eventuell zusätzlich auftretenden *akzessorischen Symptomen*; zu den ersteren rechnete er vornehmlich Zerfahrenheit des Denkens sowie die Störungen von Affekt und Antrieb, zur zweiten Gruppe u. a. Wahn, Halluzinationen und katatone Symptome. K. Schneider gliederte in Symptome *ersten Ranges* wie etwa Stimmenhören und Gedankenentzug und solche *zweiten Ranges* (beispielsweise nichtakustische Halluzinationen), wobei das Vorhandensein der Symptome ersten Ranges als relativ schizophrenietypisch angesehen wird. Eine neuere Unterteilung ist die in *Positivsymptomatik* (auch *Plus-* oder *produktive Symptomatik* genannt) und *Negativ-* oder *Minussymptomatik*. Bei ersteren handelt es sich gewissermaßen um psychische Neubildungen, die über das normale Denk- und Verhaltensrepertoire hinausgehen, bei den Symptomen der zweiten Gruppe eher um Defizite. Allerdings ist die Zuteilung zu diesen Kategorien teilweise nur bedingt nachvollziehbar und erfolgt nicht einheitlich: Wahn, Halluzinationen, formale Denkstörungen werden, ebenso wie zumeist inadäquate Affekte, üblicherweise zur Positivsymptomatik gerechnet, Affektverflachung und Antriebslosigkeit zu den Negativsymptomen, während von den meisten Autoren die psychomotorischen Symptome weder in die eine noch die andere Kategorie eingeordnet werden. Die Störungen der Psychomotorik unter die Minussymptomatik zu subsumieren, ist wenig sinnvoll. Am zweckmäßigsten dürfte es sein, neben den Gruppen der Positiv- und der Negativsymptomatik eine eigene für die psychomotorischen Symptome einzuführen. Hinzu kommen zahlreiche neuropsychologische Einschränkungen, die meist erst bei genauer Testung auffällig werden (s. Lautenbacher & Kunz, 2010).

Tab. 4.1: Hauptsymptome der Schizophrenie

Positivsymptome (Plus- oder produktive Symptomatik)	Negativsymptome (Minussymptomatik)	Psychomotorische Symptome
• Wahnideen • Halluzinationen (vornehmlich akustische) • Zerfahrenheit[a] • Ichstörungen • inadäquate Affekte	• Affektverflachung • Alogie (Sprachverarmung) • Abulie (Entschlusslosigkeit) • sozialer Rückzug (Autismus) • Antriebsarmut	• katatone Erregung • katatoner Stupor • Echolalie • Echopraxie

[a]: Zuordnung nicht einheitlich

4.2.2 Diagnostik und Klassifikation

Schizophrenie wird anhand klinischer Kriterien diagnostiziert; Bemühungen, die Diagnose aufgrund von Testbefunden, neuroradiologischen und biochemischen Parametern zu stellen oder wenigstens abzusichern, sind bis jetzt wenig erfolgreich gewesen. In ICD-10 sind acht Symptome bzw. Symptomgruppen als Kriterien aufgeführt. Trifft eine der ersten vier Symptombeschreibungen klar zu, kann bereits die Diagnose Schizophrenie (F20) gestellt werden; ist dies weniger eindeutig, sollte ein weiteres Kriterium zutreffen. Sind alternativ zwei der Kriterien 5 bis 8 erfüllt, ist die Diagnose ebenfalls gerechtfertigt. Voraussetzung ist, dass diese Symptome fast ständig für einen Monat oder länger bestanden haben; andernfalls müsste (gegebenenfalls vorläufig) die Diagnose »akute schizophreniforme psychotische Störung« (F23.2) gestellt werden. Schizophrenieähnliche (schizophrenieforme) Symptombilder, die im Rahmen organischer Erkrankungen oder als Folge von Substanzkonsum auftreten, wären unter F0 und F1 einzuordnen.

Die vier Kriterien, bei denen das Zutreffen eines einzigen schon die Diagnose Schizophrenie rechtfertigt, sind verkürzt dargestellt: 1. das Gefühl, in den eigenen Gedanken beeinflusst oder kontrolliert zu sein (beispielsweise Gedankeneingebung, Gedankenausbreitung) 2. Wahnvorstellungen und Wahnwahrnehmungen, die Kontrolle und Beeinflussung zum Inhalt haben 3. Hören von

Stimmen, die sich über den Patienten unterhalten 4. wahnhafter
Glaube an übermenschliche eigene Fähigkeiten oder Wahn, eine
religiöse oder politische Persönlichkeit zu sein.

> Ebenso genügt es zur Diagnose, wenn zwei der vier folgenden, in dieser
> Darstellung ebenfalls stark vereinfachten Kriterien erfüllt sind: 5. an-
> haltende Halluzinationen (gleichgültig welcher Sinnesmodalität), die
> gewisse Beziehung zu Wahngedanken oder überwertigen Ideen haben,
> 6. formale Denkstörungen (Zerfahrenheit, Gedankenabreißen)
> 7. katatone Symptomatik, z. B. Stupor oder katatone Erregung und
> 8. Negativsymptome im Bereich des Affekts und des Antriebs mit
> sozialem Rückzug und verminderter sozialer Leistungsfähigkeit (für
> die ausführliche Formulierung sowie zu diversen Ausschlussbedin-
> gungen s. ICD-10, S. 129 f.). Es sind also insbesondere Wahnvorstel-
> lungen, die sich um die Kontrolle und Beeinflussung durch die
> Außenwelt drehen, speziell die Idee der externen Verfügbarkeit über
> die eigenen Gedanken, welche die Diagnose Schizophrenie begründen;
> aufgrund formaler Denkstörungen, affektiver und motivationaler
> Veränderungen sowie katatoner Symptomatik allein lässt sich in der
> Regel die Störung nicht diagnostizieren.

In Anlehnung an schon bei Bleuler entwickelte Vorstellungen
listet ICD-10 diverse Unterformen auf, die mit einer weiteren Zahl
zu verschlüsseln sind. Die *paranoide* Schizophrenie (F20.0) ist die
häufigste Form und durch Wahnerleben sowie zumeist akustische
Halluzinationen (Stimmen) gekennzeichnet, während formale
Denkstörungen, Katatonie und negative Symptome (Affektverflachung, Antriebsstörungen) gegenüber der paranoiden Symptomatik deutlich zurücktreten.

Hingegen stehen bei der *hebephrenen* Schizophrenie (F20.1)
oder *Hebephrenie* die affektiven Veränderungen im Vordergrund,
etwa in Form flacher und inadäquater Stimmung, »oft begleitet von
Kichern oder selbstzufriedenem, selbstversunkenem Lächeln«;
Verlust von Antrieb und Zielstrebigkeit sowie Zerfahrenheit des
Denkens kommen hinzu, Halluzinationen und Wahnvorstellungen
sind flüchtig und bruchstückhaft. Nach ICD-10 (S. 133) beginnt
diese Form meist zwischen dem 15. und 25. Lebensjahr; die
»Diagnose einer Hebephrenie sollte in der Regel erstmalig nur bei
Jugendlichen oder jungen Erwachsenen« gestellt werden.

> Wenigstens für Außenstehende ist nicht leicht nachzuvollziehen,
> aufgrund welcher Kriterien (Symptomatologie oder Erstmanifesta-
> tionsalter) die diagnostische Zuordnung erfolgt; in der Praxis ist das

Problem insofern entschärft, als bei frühzeitig eintretenden Schizophrenien diese affektive Symptomatik häufig das Bild bestimmt. Für
die Bezeichnung findet man zwei Herleitungen: Hebephrenie als in der
Jugend (griechisch: hebe) auftretende Schizophrenie oder als schizophrene Störung mit vorwiegend läppisch-witzelnder Symptomatik
(nach dem albern-schalkhaften Verhalten von Hebe, der Göttin der
Jugend).

Katatone Schizophrenie (F20.2) ist zu diagnostizieren, wenn
ausgeprägte psychomotorische Symptome, etwa Stupor, Hal-
tungsstereotypien oder katatone Erregung zu beobachten sind; da
katatone Symptomatik auch bei Hirnerkrankungen oder Substanzmissbrauch vorkommt, müssen weitere Schizophreniesymptome nachgewiesen werden. In diesem Zusammenhang ist zu
erwähnen, dass die Symptomatik die Form einer »perniziösen
Katatonie« mit hohem Fieber und der Gefahr von Stoffwechsel-
entgleisungen und Kreislaufkomplikationen annehmen kann.
Diese schwere, früher häufig tödliche Verlaufsform stellt große
Herausforderungen an die Notfallmedizin und gilt bei vielen als
zwingende Indikation zur Elektrokrampfbehandlung.

Undifferenzierte Schizophrenie (F20.3) soll dann diagnostiziert
werden, wenn die Kriterien für Schizophrenie erfüllt sind, die
eindeutige Zuordnung zu einer der genannten Unterformen jedoch
nicht gelingt. Das *schizophrene Residuum* (F20.5) ist ein chronischer Zustand, der sich nach langjährigem Verlauf einstellen kann,
aber keineswegs muss (▶ Kap. 4.2.3) und im Wesentlichen durch
Negativsymptomatik wie Affektverflachung, Interesselosigkeit,
mangelnde Kommunikation, Vernachlässigung des Äußeren gekennzeichnet ist. Zur Diagnosestellung ist erforderlich, dass wenigstens einmal auch die Symptome einer der beschriebenen
Unterformen vorlagen, etwa Wahn und Halluzinationen.

Das Bild der *Schizophrenia simplex* (F20.6) ähnelt diesem
Residualzustand, unterscheidet sich aber im Verlauf dadurch, dass
andere psychotische Symptome noch nie aufgetreten sind. Zur
Diagnosestellung ist die Erfüllung eines neunten Schizophrenie-
kriteriums erforderlich, nämlich eine »eindeutige und durchgän-
gige Veränderung bestimmter umfassender Aspekte des Verhaltens der betreffenden Person, die sich in Ziellosigkeit, Trägheit,
einer in sich selbst verlorenen Haltung und sozialem Rückzug
manifestiert«; diese Symptome müssen mehr als ein Jahr bestan-

den haben, und – wie erwähnt – darf keine andere floride Symptomatik vorausgegangen sein. Die Stellung dieser früher sehr häufigen Diagnose wird heute als problematisch angesehen und in ICD-10 nicht empfohlen.

4.2.3 Erstmanifestationsalter und Verlauf

Die ersten Symptome beginnen typischerweise vor dem 30. Lebensjahr, etwa bei der Hälfte der Betroffenen vor dem 25. Bei der hebephrenen Form ist das Erstmanifestationsalter deutlich niedriger (zwischen 15 und 25 Jahren) als bei der paranoiden Schizophrenie. Regelrechte Schizophreniesymptome sind in jüngeren Jahren selten, jedoch zeigen sich dort nicht selten bereits auffällige Persönlichkeitszüge, etwa sozialer Rückzug, bizarre Sprache und Gestik, die auf eine solche Entwicklung hindeuten können. Der frühkindliche Autismus wird heute nicht mehr als kindliche Form der Schizophrenie aufgefasst (▶ Kap. 9.3).

Die Symptomatik beginnt bei der paranoiden und katatonen Form eher abrupt, bei der hebephrenen und insbesondere der Schizophrenia simplex vornehmlich schleichend. Den akut einsetzenden Symptombildern geht häufig eine Prodromalphase mit unspezifischen Beeinträchtigungen wie Nervosität und Schlafstörungen voraus, die bei richtiger Einschätzung durch die Patienten rasche Behandlung vor Auftreten der auffälligen Symptomatik ermöglichen. Der häufig den Schüben vorausgehende Drogenkonsum, insbesondere von Cannabis (▶ Kap. 3.6), könnte als Versuch der Selbstheilung angesehen werden; wahrscheinlicher ist jedoch, dass erst die Substanzwirkungen die floride Symptomatik mit Wahn und Halluzinationen erzeugt haben.

Der Verlauf hat typischerweise die Form mehrwöchiger bis mehrmonatiger Episoden, nach deren Ende sich oft eine vollständige Ausheilung herausstellt (Vollremission), häufig aber nicht mehr das prämorbide Niveau erreicht wird, sondern Negativsymptome wie Affektverflachung, Interessenseinengung und Leistungsabfall zurückbleiben (Residuen); auch kontinuierliche Verläufe ohne abgrenzbare Episoden kommen vor. Generell gilt, dass die durch vornehmlich Positivsymptomatik gekennzeichneten Schizophrenieformen, speziell die paranoide, eher eine gute Prognose haben, hebephrene Form und Schizophrenia simplex hingegen eine schlechtere. Die nicht eindeutig in dieses Schema einzuordnende, in den Industrieländern heute seltene katatone Schizophrenie gilt ebenfalls als diesbezüglich günstig. Einer »prognostischen Daumenregel« folgend geht man davon aus, dass ein Drittel der Patienten »relativ ungestört« lebt, ein weiteres Drittel zwar deutliche Symptome zeigt, aber »sozial integriert« bleibt, das letzte Drittel »schwer beeinträchtigt« ist und »häufig rehospitalisiert« wird (Gaebel, 2011). Auffällig ist die bei Schizophrenen mit 15 % extrem hohe Suizidrate, Folge sicher teilweise der wahnhaften Vorstellungen, nicht selten aber aus der desolaten Lebenssituation entspringend.

Merke
► Schizophrenie ist durch eine Vielzahl Symptome gekennzeichnet, welche bei derselben Person nebeneinander oder hintereinander auftreten können. Entsprechend ist es möglicherweise sinnvoller, von der Gruppe der Schizophrenien zu sprechen, wie es E. Bleuler tat, auf den die Bezeichnung zurückgeht. ◄◄

4.2.4 Epidemiologie

Die Lebenszeitprävalenz für Schizophrenie wird ziemlich übereinstimmend mit etwa 1 % angegeben (Janoutavá et al., 2016); damit entwickelt durchschnittlich jede hundertste Person im Laufe des Lebens wenigstens einmal für längere oder kürzere Zeit solche Symptome. Die jährliche Rate an Neuerkrankungen beträgt, legt man relativ scharfe diagnostische Kriterien zugrunde, ungefähr 0,1 %, eine Zahl, die für verschiedene Länder und Kulturen weitgehend gleich ist und sich auch in den letzten Jahrzehnten nicht wesentlich verändert hat. Männer und Frauen erkranken mit etwa gleicher Häufigkeit, Frauen vielleicht geringfügig seltener und im Durchschnitt etwa 5 Jahre früher.[14] Zudem zeigen sie häufiger produktive Symptome; entsprechend ist bei

---

14 Bei Sichtung der entsprechenden Studien hat man den Eindruck, dass sich das Geschlechtsverhältnis im Laufe der Jahrzehnte zu Ungunsten der Männer verschoben hat. 1,2 : 1 dürfte realistischer sein als das hartnäckig kolportierte 1 : 1-Verhältnis.

ihnen die Prognose im Sinne von zumindest teilweiser Remission und Ausbleiben der Residualsymptomatik besser.

Schizophrenie wird deutlich häufiger in den unteren Einkommensschichten gefunden, was manche Autoren mit der *Driftdown-Hypothese*, dem sozialen Abstieg als Krankheitsfolge, zu erklären versuchen; daneben wäre zu diskutieren, ob nicht prämorbide Persönlichkeitszüge den sozialen Aufstieg erschwert haben. Auszuschließen ist natürlich nicht, dass in dieser Lebenssituation eigene pathogene Faktoren begründet sind. Weiter ist, insbesondere bei Männern, die Schizophrenierate unter Unverheiraten und Geschiedenen größer, wobei auch hier Krankheitsfolgen, Charakteristika der prämorbiden Struktur (Zurückgezogenheit, bizarres Wesen) und Krankheitsursachen nicht eindeutig zu trennen sind.

4.2.5 Familiäre Häufung und Vererbung

Familiäre Häufung von Schizophreniefällen ist gut belegt. Während das Risiko der Erkrankung sonst bei 1 % liegt, ist es für Kinder eines schizophrenen Elternteils mit 13 % bereits erheblich höher und steigt auf über 20 %, wenn beide Eltern an Schizophrenie erkrankt sind. Kinder schizophrener Eltern sind somit ausgesprochene Risikopersonen für die Entwicklung der Störung und werden deshalb mit Vorliebe prämorbid untersucht (s. u.). Dem naheliegenden Einwand, dass familiäre Verhaltensmuster und weniger genetische Faktoren für das gehäufte Zusammentreffen verantwortlich sein könnten, ist durch die Ergebnisse groß angelegter Adoptionsstudien zu begegnen: Kinder eines schizophrenen Elternteils, die bei nicht erkrankten Adoptiveltern aufwachsen, haben eine ähnlich große Erkrankungswahrscheinlichkeit wie Kinder, die weiter bei ihrem an Schizophrenie erkrankten Elternteil bleiben; andererseits ist das Erkrankungsrisiko von Kindern leiblicher nichtschizophrener Eltern auch dann nicht erhöht, wenn sie bei nichtbiologischen schizophren gestörten Eltern aufwachsen; Erbfaktoren tragen mit etwa 80 % entscheidend zum Schizophrenierisiko bei (Gejman, Sanders & Duan, 2010; Janoutová et al., 2016) Wie bei den meisten anderen Merkmalen nimmt man auch hier einen *polygenetischen* Erbgang an, eine von mehreren unabhängig vererbten Genen erzeugte

Disposition für die Entwicklung der Störung. Allerdings ist der Kenntnisstand zu den »Kandidatengenen« so verwirrend, dass eine Wiedergabe in dem hier gesetzten Rahmen nicht möglich ist (s. beispielsweise Farrell et al., 2015). Dass die Konkordanzrate bei den genetisch identischen monozygoten Zwillingen deutlich weniger als 100 % beträgt, spricht für nicht allzu hohe Penetranz und lässt Raum für die Suche nach äußeren pathogenen Bedingungen (► Kap. 4.2.8).

Bemerkenswerterweise sind in den Familien schizophrener Patienten nicht nur gehäuft weitere Schizophreniefälle zu finden, sondern auch Störungsbilder, die man dem Schizophreniespektrum zurechnet, also schizoide Persönlichkeitsstörungen (► Kap. 8.2.2) und Schizotypie (schizotype Störung, früher mit Borderline-Schizophrenie bezeichnet).

4.2.6 Biologische, neuropsychologische und experimentalpsychologische Befunde

Untersuchungen mit Computer- und Kernspintomographie zeigen vergleichsweise übereinstimmend ein verringertes Hirnvolumen bei Patienten mit Schizophrenie, speziell, aber nicht ausschließlich, frontotemporal (also in den vorn gelegenen Arealen); diese Hirnatrophie ist ein fortschreitender Prozess, welcher Einfluss auf den Verlauf der Störung hat, in dem Sinne, dass sich bei rascher Progression schneller Negativsymptomatik sowie neurokognitive Defizite ausbilden (Ahmed et al., 2015). Studien an Risikopatienten (d. h. üblicherweise Kindern schizophren Erkrankter) zeigen, dass diese Veränderungen bereits vor Manifestation der Symptomatik vorliegen; je ausgeprägter der Volumenverlust ist, desto wahrscheinlicher ist die spätere Entwicklung psychotischer Symptomatik (Fusar-Poli et al., 2013). Man kann so mit gewisser Sicherheit dies als Krankheitsfolge ausschließen; gleichwohl bleibt die pathogenetische Bedeutung unklar. Ein schwer zu verstehender Befund ist der, dass die Gabe von Antipsychotika (sowohl von klassischen wie atypischen) diese atrophischen Prozesse möglicherweise noch beschleunigt (Fusar-Poli et al., 2013; Ahmed et al., 2015) – während als ein Effekt von Antidepressiva sowie von Lithium eine Zunahme grauer Substanz beschrieben wird (► Kap. 5.9.1).

Weniger gut repliziert sind mit Positronenemissionstomographie (PET[15]) gewonnene Befunde, die eine verminderte Hirnaktivität vornehmlich im Bereich des Frontalhirns ergaben. Auch Rezeptorbindungsstudien zum Nachweis veränderter Dichte der Dopaminrezeptoren haben nicht eindeutig interpretierbare Ergebnisse geliefert. Immerhin gibt es Hinweise, dass bei Schizophrenen – insbesondere jenen mit überwiegender Positivsymptomatik – diese Bindungsstellen in Teilen des limbischen Systems vermehrt sind; wieder ist es schwer auszuschließen, dass es sich hierbei um eine Folge der Krankheit und speziell der oft jahrzehntelangen Behandlung mit den dopaminantagonistischen Neuroleptika handelt.

Im Kontext der Dopaminhypothese der Schizophrenie (▶ Kap. 4.2.7) hat sich das Interesse nicht so sehr auf die wenig aussagekräftigen Konzentrationen des Dopamins als vielmehr die seines Metaboliten, der Homovanillinsäure, gerichtet. Die Befunde sind nicht klar zu interpretieren: Im Plasma Schizophrener ist die Homovanillinsäure-Konzentration wohl erhöht, während sie im Liquor cerebrospinalis – was direkter die Verhältnisse an den Synapsen widerspiegeln sollte – eher erniedrigt sein dürfte; solche Untersuchungen werden auch kaum mehr durchgeführt (s. Köhler, 2005, S. 110 für ältere Studien).

Neuropsychologische Untersuchungen bestätigen im Wesentlichen den klinischen Befund, dass Aufmerksamkeit und Informationsverarbeitung gestört sind; insbesondere können unter einer Vielzahl von Informationen relevante nicht von irrelevanten unterschieden werden. In eine ähnliche Richtung deuten *psychophysiologische* Studien, bei denen als Zeichen von Aufmerksamkeitsdefiziten eine

---

15 Mittels Computertomographie (CT) lassen sich, ebenso wie mit Kernspintomographie (Magnet-Resonanz-Tomographie), nur strukturelle Veränderungen darstellen, etwa Ventrikelerweiterungen. Bei der Positronenemissionstomographie (PET) werden dem Körper radioaktiv markierte Stoffe zugeführt, deren Weg aufgrund der von ihnen emittierten Strahlung verfolgt werden kann. Mittels markierter 2-Desoxyglukose, die ähnlich wie Glukose von den aktiven Zellen aufgenommen wird, lassen sich besonders aktivierte Areale darstellen. PET wird in der Schizophrenieforschung v. a. für Rezeptorbindungsstudien eingesetzt, indem mittels radioaktiv markierten Dopamins oder Neuroleptika die Bindungsorte für diese Stoffe und die Dichte der Bindungsstellen bestimmt werden (s. dazu genauer Köhler, 2014a, S. 314 ff.).

Verflachung der P 300-Welle gefunden wurde. Interessanterweise sind Personen mit Schizophrenie auch schlechter in der Lage, einem bewegten Lichtpunkt mit den Augen zu folgen (»eye tracking dysfunction«; s. Levy, Sereno, Gooding & O'Driscoll., 2010), was sich zur Frühdiagnostik eignen könnte.

4.2.7   Dopamin-, Hypofrontalitäts- und Glutamathypothese der Schizophrenie

Klärend ist hier vorauszuschicken, dass diese Hypothesen keine eigentliche Aussage über die Entstehung der Schizophrenie beinhalten, also ihre Gültigkeit den Streit zwischen einer psychogenetischen und einer somatogenetischen Auffassung nicht entscheiden könnte; die Annahme der Dopaminüberaktivität bezieht sich auf biochemische Prozesse, welche der Symptomatik zugrunde liegen oder vorsichtiger ausgedrückt: mit ihr korreliert sind, nicht aber als letztes kausales Glied sie verursachen. Die noch längst nicht gefundene Ursache der Dopaminüberaktivität wäre erst die gesuchte Ätiologie der Schizophrenie.

> Diese Sachverhalte werden verständlicher, wenn man zwischen Ätiologie und Pathogenese unterscheidet. Als Ätiologie, d. h. Ursache (eigentlich: Lehre von den Ursachen) einer Krankheit fasst man die Bedingungen zusammen, unter denen sie sich mit erhöhter Wahrscheinlichkeit entwickelt; so wäre die Ätiologie der Leberzirrhose beispielsweise langjähriger Alkoholkonsum oder chronisch verlaufende Infektion mit dem Hepatitis B-Virus. Hätte der Alkoholkonsum nicht stattgefunden oder wäre die Infektion nicht eingetreten, wäre wohl auch keine Leberzirrhose entstanden. Die Pathogenese der Zirrhose besteht u. a. in der entzündlichen Zerstörung des Lebergewebes und Ersetzung durch Bindegewebsfasern. Es wäre also nicht korrekt zu sagen, die entzündliche Zerstörung der normalen Leberzellen sei die Ursache der Zirrhose. In diesem Sinne ist die Dopaminhypothese eine Vermutung über die Pathogenese, nicht die Ätiologie.

Wie weiter oben (▶ Kap. 1.3) ausgeführt, geschieht die Übertragung der Erregung von einer Nervenzelle zur anderen chemisch über Freisetzung von Transmittern aus den Endknöpfchen des präsynaptischen (zuerst erregten) Neurons; diese Transmitter lagern sich nach Überbrückung des synaptischen Spaltes an Rezeptoren der zweiten, der postsynaptischen Nervenzelle an und führen dort zur Veränderung der Membraneigenschaften. Synapsen, an denen die Übertragung mittels Dopamin erfolgt, heißen dopaminerg. Dopamin, ein Transmitter aus der Gruppe der Monoamine, wird in den präsynaptischen Zellen aus der Aminosäure L-Tyrosin über die Zwischenstufe L-Dopa gebildet. Die Inaktivierung des ausgeschütteten Dopamins geschieht (teils wohl bereits im Spalt) durch das Enzym Catechol-O-Methyltransferase (COMT), hauptsächlich aber durch Wiederaufnahme in die präsynaptische Zelle (Reuptake); die rückgeschleußten Transmittermoleküle können wieder in Vesikel verpackt werden und für weitere Ausschüttungen dienen, teils in Homovanillinsäure abgebaut werden; das letzteren Prozess katalysierende Enzym ist (neben COMT) Monoaminoxydase (MAO).

Die Dopaminhypothese der Schizophrenie nimmt *Überaktivität* bestimmter dopaminerger Synapsen an; deren Lokalisation vermutet man dort, wo vom Mittelhirn ausgehende Neurone mit Strukturen der Hirnrinde (insbesondere im orbitobasalen Frontallappen) und anderen Regionen des limbischen Systems (etwa des Hippocampus) zusammentreffen (Synapsen dopaminerger mesolimbischer Bahnen); an anderen dopaminergen Bahnen, wie denen des extrapyramidal-motorischen Systems, wird normale Aktivität angenommen. Die Überaktivität der dopaminergen mesolimbischen Bahnen ließe sich in Form vermehrter Dopaminauschüttung aus dem präsynaptischen Neuron, in erhöhter Empfindlichkeit der Dopaminrezeptoren oder in ihrer zahlenmäßigen Vermehrung an der postsynaptischen Membran vorstellen; Letzteres dürfte das Wahrscheinlichste sein.

Mehrere Befunde legen dieses Modell der Dopaminüberaktivität nahe, wovon der wichtigste und historisch am Anfang stehende eine interessante Nebenwirkung der zur Therapie der Schizophrenie eingesetzten *Neuroleptika* ist. Bei einem beträchtlichen Teil der so Behandelten tritt relativ bald ein *Parkinsonsyndrom* oder *Parkinsonoid* in Form der Symptomtrias Rigor (Muskelstarre), Tremor (Zittern, hier ein typischer Ruhetremor) und Akinesie (Bewegungsarmut, beispielsweise in Gestalt reduzierter Mitbewegungen und Mimik) auf. Dieses Parkinsonsyndrom wird auch bei der Parkinson'schen Erkrankung beobachtet, deren Pathogenese geklärt ist: Untergang von Dopamin synthetisierenden Neuronen in der Substantia nigra des Mittelhirns und daraus resultierende eingeschränkte Übertragung an dopaminergen Synapsen des extrapyra-

midalen Systems, speziell an den nigrostriatalen Bahnen, welche
von der Substantia nigra zum Striatum im Endhirn ziehen. Die
daraus gezogene, heuristisch immens fruchtbare Annahme war die,
dass die zur Therapie der Schizophrenie eingesetzten Stoffe ihre
Wirkung durch eine *Dämpfung* der Dopaminübertragung entfalten, wobei Hemmung an dopaminergen extrapyramidalen Bahnen
mit der Folge des Parkinsonoids als unerwünschte, aber prinzipiell
zu tolerierende Nebenwirkung aufgefasst wurde. Weiter wurde
gefolgert, dass die nach Neuroleptikagabe typischerweise ver-
schwindende psychotische Symptomatik in Zusammenhang mit
einer Dopaminüberaktivität steht.

Zusätzliche Belege für diese Annahme leiten sich aus den
Modellpsychosen ab: So führt Einnahme von Amphetaminen und
Kokain, besonders in höheren Dosen, zu psychotischer Symptomatik in Form von Wahnerleben und Halluzinationen, die denen
bei der paranoiden Schizophrenie auffällig gleichen. Die genannten Substanzen sind Dopamin- und Noradrenalin-Agonisten,
verstärken also die Wirkung dieser Transmitter (▶ Kap. 3.5); entsprechend liegt die Vermutung nahe, dass die Amphetamin- und
Kokainpsychosen – und ebenso die klinisch ähnlichen Schizophrenieformen, deren Ausprägung sich im Übrigen durch Am-
phetamingabe verstärken lässt – aus einer Überaktivität dieser
Transmitter resultieren. Noradrenalin ist dabei nicht wesentlich
beteiligt, was sich aus verschiedenen, hier nicht dargestellten
Befunden schließen lässt. Dass die Symptomatik der Amphetaminpsychosen durch Neuroleptika gut zu behandeln ist, bestätigt
wiederum die Vermutung, dass diese Medikamente ihren therapeutischen Effekt über Verminderung der Dopaminwirkung,
beispielsweise über Rezeptorblockade, entfalten.

Ein eindrucksvoller Beleg für die Dopaminhypothese ist schließlich, dass an Parkinson erkrankte Patienten, denen zur Behebung
der motorischen Störungen L-Dopa, eine Vorstufe des fehlenden
Dopamins, verabreicht wird, nicht selten unter dieser Therapie
psychotische Symptome entwickeln; auch kann L-Dopa bei schizophrenen Patienten die produktive Symptomatik verstärken.

Rezeptorbindungsstudien mittels radioaktiv markierter Substanzen zeigen direkt, dass sich die Neuroleptika (zumindest die »klassischen«) tatsächlich vornehmlich an Dopaminrezeptoren anlagern, und zwar vorwiegend an die D_2-Rezeptoren; weiter gibt es mit

Zurückhaltung zu betrachtende Hinweise darauf, dass bei Personen mit Schizophrenie die Dopaminrezeptoren (besonders die des Typs D_2) zahlenmäßig vermehrt sind. Die Schwierigkeit bei der Interpretation liegt darin, dass diese Studien zumeist an lange erkrankten und entsprechend oft über Jahrzehnte mit Neuroleptika behandelten Personen erfolgen; Veränderung von Dopaminrezeptoren lässt sich mit mindestens derselben Berechtigung als Effekt der Therapie auffassen, zumal Vermehrung von Rezeptoren ein plausibles pathogenetisches Modell für die Spätdyskinesien nach langer Neuroleptikatherapie darstellt (▶ Kap. 4.2.9). Die eher inkonsistenten erwähnten Befunde zur Homovanillinkonzentration im Serum oder Liquor cerebrospinalis sind wohl in dem Sinne zu interpretieren, dass die Dopaminausschüttung nicht wesentlich verändert ist. Tabelle 4.2, modifiziert nach Köhler (2005, S. 115), stellt die diesbezüglich wichtigsten Befunde zusammen (▶ Tab. 4.2).

Tab. 4.2: Befunde zur Stützung der Dopaminhypothese

Befund	Beschreibung; Folgerung	Kommentar
neuroleptisches Parkinson-Syndrom	• nach Gabe klassischer Neuroleptika oft Symptomatik wie bei Parkinson-Krankheit • da bei letzterer Dopaminmangel vorliegt, wirken diese Medikamente offenbar hemmend auf dopaminerge Übertragung • Folgerung: Positivsymptomatik geht mit DA-Überaktivität einher	• Folgerung gut begründet • unklar, wie DA-Überaktivität zustande kommt
L-Dopa-Psychosen	• Parkinsonpatienten können nach Gabe von L-Dopa Wahn und Halluzinationen entwickeln • Folgerung: Aktivierung des dopaminergen Systems begünstigt Ausbildung von Positivsymptomatik • bei Schizophrenen Verstärkung der Plussymptomatik durch L-Dopa	• zeigt Rolle des dopaminergen Systems bei psychotischen Symptomen

Tab. 4.2: Befunde zur Stützung der Dopaminhypothese – Fortsetzung

Befund	Beschreibung; Folgerung	Kommentar
Amphetamin- und Kokainpsychosen	• nach Konsum der dopaminagonistischen Amphetamine und von Kokain zuweilen Wahnideen und Halluzinationen • Gabe an Schizophrene verstärkt Positivsymptomatik	• also: Erhöhung der Aktivität im dopaminergen System begünstigt Ausbildung von Positivsymptomatik
unklare Befunde zu Homovanillinsäure (HVA) im Liquor	• in einigen Studien vermehrte Liquorkonzentration des DA-Metaboliten HVA • Folgerung: vermehrte Transmitterausschüttung an dopaminergen Synapsen	• wenig beweiskräftig, denn: • Ergebnisse nicht eindeutig • generell unklare Beziehung zwischen HVA-Konzentration im Liquor und DA-Aktivität an Synapsen des Gehirns
Nachweis vermehrter D_2-Rezeptoren	• im Gehirn verstorbener Schizophrener (speziell im Striatum) Dopaminrezeptoren des Typs D_2 vermehrt gefunden • Folgerung: biologische Grundlage der Positivsymptomatik weniger verstärkte Feuerung (präsynaptischer) dopaminerger Neurone, sondern erhöhtes Ansprechen postsynaptischer Neurone	• einiges unklar, u. a.: • schwer auszuschließen, dass Rezeptorvermehrung Effekt der Neuroleptikatherapie ist • Striatum enthält zwar zahlreiche DA-Bindungsstellen, jedoch Bedeutung für Pathogenese der Produktivsymptomatik unklar • uneinheitliche Befunde zu Vermehrung anderer Rezeptortypen

Diese Dopaminhypothese steht im Einklang mit einer Reihe von Befunden, kann jedoch andere nicht erklären und erfordert deshalb mehr oder weniger tiefgreifende Modifikationen. Zum einen sprechen im Wesentlichen nur die produktiven Symptome der Schizophrenie auf Behandlung mit Neuroleptika an, sodass die Dopaminüberaktivität offenbar lediglich diesen, nicht aber der Negativsymptomatik zugrunde liegt. Also dürfte die Dopaminüberaktivität (wenigstens die der D_2-Rezeptoren) nur die Grundlage der Positivsymptomatik sein; hingegen werden, wie oben ausgeführt, die Negativsymptome eher mit morphologisch-anatomischen Veränderungen (wie Hirnatrophie) bzw. anderen Transmittersystemen in Verbindung gebracht (▶ Kap. 4.2.6). Die keineswegs allgemein akzeptierte *Hypofrontalitätshypothese* geht davon aus, das der Schizophrenie primär eine Unteraktivität im präfrontalen Kortex zugrunde liegt. Der präfrontale Kortex nimmt ein großes Areal des Frontallappens ein und liegt frontal (stirnwärts) der motorischen Areale; gerade der präfrontale Kortex ist im Laufe der Evolution zum Homo sapiens stark gewachsen, und mit guten Gründen wird in ihm der »Sitz« der höheren kognitiven Fähigkeiten, etwa des Vorausplanens, gesehen. Am basalen Teil des Frontallappens, über der Augenhöhle (Orbita), liegt der orbitofrontale Kortex, dessen Überaktivität mit psychotischer Symptomatik in Verbindung gebracht wird – die mittlerweile obsoleten psychochirurgischen Eingriffe bei schizophrenen Patienten (insbesondere die transorbitale Lobotomie) zerstörten gerade diese Areale. Es gibt Hinweise, dass der orbitofrontale Kortex, als archaische Hirnstruktur, vom präfrontalen Kortex normalerweise gehemmt wird. Die Unteraktivität des präfrontalen Kortex würde sowohl die Negativsymptomatik erklären als auch die durch den Fortfall von Hemmungen anderer (limbischer) Regionen dopaminerge Überaktivität mit der Folge psychotischer Symptome.

Ein übergreifendes pathogenetisches Modell, das Dopamin- und Hypofrontalitätshypothese integriert, ist die *Glutamathypothese der Schizophrenie.* Angeregt durch die Tatsache, dass die den NMDA-Rezeptor für Glutamat hemmenden psychedelischen Narkosemittel Phencyclidin und Ketamin (▶ Kap. 3.7) Psychosen hervorruft, geht man davon aus, dass der Schizophrenie ein Defekt von NMDA-Rezeptoren, speziell im präfrontalen Kortex, zugrunde liegt, was indirekt zur Überaktivität dopaminerger Synapsen in limbischen Regionen (speziell der Orbitofrontalregion) führt (für Genaueres und Quellenangaben s. Köhler, 2014a, S. 117 f. sowie Howes, McCutcheon & Stone, 2015).

Mittlerweile werden Veränderungen in weiteren Transmittersystemen angenommen (s. Steeds, Carhart-Harris & Stone, 2015), speziell eine Überaktivität des serotonergen Systems. Diese »Serotoninhypothese der Schizophrenie« erhält Plausibilität durch die Beobachtung, dass die an 5-HT_{2A}-Rezeptoren agonistischen wirkenden klassischen Halluzinogene LSD und Psilocybin psychotische Symptome hervorrufen können, andererseits, dass atypische Antipsychotika Serotoninbindungsstellen des Typs 5-HT_{2A} blockieren.

4.2.8   Weitere Erklärungsansätze

Modelle zur Entstehung der Schizophrenie liegen in großer Anzahl vor, werden von unterschiedlichsten theoretischen Schulen entwickelt und haben daher nur geringe Gemeinsamkeiten. Andererseits schließen sie allein schon deshalb nicht notwendig einander aus, weil die Schizophrenie als nosologische Einheit sicher nicht existiert, sondern unter dem Begriff eine Reihe unterschiedlicher Störungsbilder zusammengefasst sind. Zudem besteht Übereinstimmung darin, dass auch für die einzelnen diagnostischen Subtypen eine multifaktorielle Genese am wahrscheinlichsten ist, also sowohl biologische wie psychologische Determinanten auf die Entwicklung Einfluss nehmen können. Wie erwähnt, ist die Anerkennung biochemischer Prozesse als Grundlage der schizophrenen Symptomatik durchaus mit einem primär psychogenetischen Erklärungsansatz vereinbar.

Die biologischen Entstehungsmodelle der Schizophrenie basieren naturgemäß auf der deutlichen *hereditären Komponente*. Wie oben ausgeführt, haben Kinder schizophrener Eltern, auch wenn sie unmittelbar nach Geburt in eine neue familiäre Umgebung kommen, ein gegenüber der Normalbevölkerung beträchtlich erhöhtes Erkrankungsrisiko (▶ Kap. 4.2.5). Da andererseits die Penetranz dieser genetischen Disposition deutlich unter 100 % liegt, lässt sich folgern, dass lediglich die Bereitschaft zur Entwicklung der Störung, nicht die Störung selbst aber vererbt wird. Zwar besteht (noch) kein wirklicher Konsens über die Kandidatengene (▶ Kap. 4.2.5); es ist jedoch nicht unwahrscheinlich, dass einige von ihnen generell die Synapsenbildung, speziell die Funktionsfähigkeit des NMDA-Rezeptors für Glutamat determinieren, andere mit dem Dopaminstoffwechsel zu tun haben.

Als weitere biologische Faktoren, die entweder bei genetischer Disposition Ausbildung der Symptomatik begünstigen oder auch allein die Genese mehr oder weniger erklären könnten, werden *frühkindliche Infektionen* oder *pränatale Schädigungen* bei Infektionskrankheiten der schwangeren Mütter diskutiert. Hierfür spricht, dass Personen mit Schizophrenie häufiger in den Spätherbst- und Wintermonaten geboren sind, also in Zeiten, wo die Infektionswahrscheinlichkeit für das Neugeborene sowie für die Mutter erhöht ist; beweiskräftiger ist, dass Personen, die zu Zeiten von schweren Grippeepidemien zur Welt kamen, die Störung später überdurchschnittlich häufig entwickelten (s. die in Köhler, 2005, S. 110 ff. angeführte Literatur). Auch Schäden im Rahmen des *Geburtsvorgangs*, insbesondere akuter Sauerstoffmangel, werden als ursächliches Moment diskutiert. Im Sinne der früher angeführten Hypofrontalitätshypothese (▶ Kap. 4.2.7) lässt sich auch die Plussymptomatik indirekt mit strukturellen Hirnveränderungen in Verbindung bringen: Demnach könnten die erwähnten Noxen inhibitorische Neurone betroffen haben, deren Aktivierung wiederum normalerweise die dopaminerge Übertragung an mesolimbischen Bahnen dämpft. Neuronenschädigung könnte damit sowohl direkte Defizite in Form der Negativsymptomatik als auch Verhaltensüberschüsse (Plussymptome) als Folge mangelnder Hemmung hervorrufen. Ein weiterer wichtiger (wahrscheinlich nicht nur auslösender oder begünstigender, sondern in vielen Fällen tatsächlich kausaler) Faktor stellt Cannabiskonsum dar, v. a. dann, wenn er früh begonnen wird und mit gewisser Regelmäßigkeit stattfindet (Sachs, McGlade & Yurgelun-Todd, 2015). Einerseits erhöht THC die dopaminerge Aktivität und begünstigt damit akut das Auftreten psychotischer Symptomatik, zum anderen greift es durch Beeinflussung des Endocannabinoidsystems hemmend in die Hirnreifung ein, was natürlich dann besonders gravierend ist, wenn es in sensiblen (also sehr frühen) Stadien der Entwicklung geschieht (s. dazu Shrivastava, Johnston, Terpstra & Bureau, 2014).

Die erste ausgearbeitete *psychologische Theorie* der Schizophrenie wurde von Freud in Zusammenarbeit mit Karl Abraham etwa um 1910 entwickelt. Sie ist vergleichsweise unscharf formuliert, bezieht sich eher auf den Entstehungsmechanismus als die Entstehungsbedingungen (die Ätiologie) und leidet nicht zuletzt daran, dass in jener Zeit eine klare Trennung zwischen Schizophrenie mit vorwiegender Negativsymptomatik, paranoider Schizophrenie und Paranoia noch ausstand. Ausgangspunkt der Theoriebildung war, dass Freud bei Patienten mit schizophrenen Störungen das therapeutisch bedeutsame Moment der Übertragung vermisste; dieses Wiederaufleben frühkindlicher Gefühle in der psychoanalytischen Situation, die der analytischen Theorie zufolge ursprünglich den Eltern gegolten haben, aber nun typischerweise auf den Analytiker transferiert werden, blieb nach seinen Erfahrungen bei ihrer Behandlung aus. Er grenzte deshalb die narzisstischen Neurosen (Schizophrenie,

Paranoia, Melancholie) von den Übertragungsneurosen (etwa Hysterie, Zwangsneurose) konzeptuell ab und hielt nur die letzteren mit psychoanalytischen Mitteln für therapierbar: »Sie zeigen«, schreibt er in den *Vorlesungen zur Einführung in die Psychoanalyse* über Patienten mit narzisstischen Neurosen, »keine Übertragung und darum sind sie auch für unsere Bemühung unzugänglich, durch uns nicht heilbar« (Freud, 1916–17a, S. 465); die erzwungene Abstinenz von der Behandlung psychotischer Patienten führt zur eher beiläufigen Reflexion über zugehörige Genesemodelle.

Der Mangel an Interesse für die Außenwelt bei Schizophrenen, der sich insbesondere in fehlender Übertragung äußert, gibt für Freud zugleich den Schlüssel zum Verständnis der Störung: Alle libidinösen Strebungen seien von den äußeren Objekten abgezogen und auf das eigene Ich zurückgewendet worden, eine Situation, die dem ursprünglichen Zustand des Narzissmus, der Ichliebe vor der Herstellung von Objektbesetzungen, entspricht. Das pathogenetisch entscheidende Moment der Paranoia sieht Freud in einer Regression in ein spätes, beim Übergang zur Objektliebe liegendes Stadium des Narzissmus mit Ichvergrößerung in Form des Größenwahns. Für die Dementia praecox (also die Schizophrenie in damaliger Terminologie) nimmt er eine noch weitergehende Regression an, nämlich in ein sehr frühes Stadium des Narzissmus: »Die Regression geht nicht nur zum Narzissmus, der sich in Größenwahn äußert, sondern bis zur vollen Auflassung der Objektliebe und Rückkehr zum infantilen Autoerotismus« (Freud, 1911c, S. 314). Die floride Symptomatik, etwa in Form der Halluzinationen, wird von ihm bereits als Versuch der Wiederherstellung aufgefasst. Disponierende Bedingung ist eine *Fixierung* auf ein mehr oder weniger frühes Stadium des Narzissmus, ohne dass diese Fixierung wiederum ätiologisch abgeleitet wird. Bei der Paranoia dient die narzisstische Regression der Abwehr homosexueller Impulse; in den Ausführungen zur Dementia praecox bleibt die Psychodynamik weitgehend unbestimmt. Genaueres Eingehen auf diese Genesemodelle kann hier nicht geschehen, hätte zunächst zudem eine Einführung in die komplizierte und nicht widerspruchsfreie Freud'sche Narzissmustheorie erfordert (s. dazu Köhler, 2007, S. 65 ff. sowie Köhler, 2014c, S. 429 ff.).

Anders als zuweilen dargestellt, geht Freuds Schizophreniekonzeption nicht über die hier skizzierten groben Auffassungen hinaus.

Weder spezifiziert er den die Regression hervorrufenden Triebkon-
flikt noch gibt er ätiologische Faktoren an. Letztere Lücke wurde
von verschiedenen, der Psychoanalyse mehr oder weniger nahe
stehenden Klinikern zu füllen gesucht. Bekannt wurde besonders
die von Fromm-Reichmann (1948) entwickelte Theorie der *schi-
zophrenogenen Mutter*, die durch ihre kalte, abweisende Haltung
dem Kind gegenüber, gepaart mit scheinbarer Überfürsorglichkeit,
die spätere Ausbildung der Störung entscheidend begünstigen
sollte. Diese Theorie hat in ihrer monokausalen Schlichtheit große
Popularität erlangt und zu unzähligen unbegründeten Schuldzu-
weisungen geführt. Empirisch ist sie so gut wie nicht abgesichert (s.
dazu, auch für die weiteren Ausführungen, Comer, 2008, S. 392 ff.
und die dort angeführten Studien) und gerät erfreulicherweise
zusehends in Vergessenheit. Immerhin betont sie einen Sachverhalt, der in spätere Konzeptionen Eingang gefunden und die
Entwicklung familientheoretischer Schizophreniemodelle stimuliert hat, nämlich die offenbar widersprüchliche Kommunikation
innerhalb der Familie schizophren Erkrankter; in gewisser Weise
wird die differenziertere »Expressed-emotion«-Theorie (s. u.) hier
vorgedacht. Die auf ähnlicher Beobachtung basierende, weniger
eindeutig Schuldzuweisung leistende *Doublebind-Hypothese* von
Bateson geht davon aus, dass verbale und nonverbale Aussagen der
Angehörigen widersprüchliche Botschaften ausdrücken, etwa eine
lobende Bemerkung von einem tadelnden Blick begleitet wird. Die
spätere schizophrene Symptomatik wird als Versuch aufgefasst, mit
diesen kommunikativen Schwierigkeiten fertig zu werden; so
könnte Ignorieren der verbalen Aussagen und verstärkte Beachtung
der eventuell aussagekräftigeren nonverbalen Botschaften die
Ausbildung paranoider Symptome zur Folge haben. Auch wenn
die Herleitung der Symptomatik in diesem Modell oft allzu schlicht
und schematisch erscheint, so wird immerhin konsequent versucht,
ein psychologisches, auf überprüfbaren Annahmen basierendes
Genesemodell schizophrener Störungen zu entwickeln. Die Befunde zur Stützung dieser Hypothese sind jedoch eher spärlich;
insbesondere ist es nicht nachgewiesen, dass diese paradoxe
Kommunikation spezifisch oder auch nur gehäuft in Familien
Schizophrener zu beobachten ist. Zu bedenken ist daneben, dass in
der Verwandtschaft der Patienten, nicht zuletzt aufgrund genetischer Zusammenhänge, gehäuft Personen mit Schizophrenie oder

verwandten Störungen zu finden sind, die einen auffälligen Kommunikationsstil zeigen. So wird möglicherweise als pathogene Bedingung interpretiert, was in Wirklichkeit nur Korrelat der Störung ist. Trotzdem bleibt festzuhalten, dass die Betrachtung der Familie schizophrener Personen eine Anzahl interessanter Befunde und zumindest heuristisch fruchtbarer Hypothesen geliefert hat, die sich, wie das unten besprochene Vulnerabilitäts-Stress-Modell zeigt, gut mit anderen Erkenntnissen zu Entstehung und Verlauf der Störung verbinden lassen.

Frühe *lerntheoretische Erklärungsmodelle*, wie von Ullman und Krasner (1975) entwickelt, fassen die schizophrenen Symptome als ein von der Umwelt verstärktes abnormes Verhalten auf; als allgemeines Erklärungsmodell ist es so fern ab von den klinischen Tatsachen, dass ihm nur historische Bedeutung zukommt.

Neuere, im weiteren Sinne im verhaltenstherapeutischen Rahmen konzipierte Entstehungstheorien, die nicht zuletzt unter dem Gesichtspunkt der Ableitung von Interventionsstrategien erstellt werden, basieren bestenfalls noch sehr bedingt auf lerntheoretischen Annahmen, sondern beziehen andere empirisch begründbare Konzepte mit ein. Am bekanntesten ist hier das *Vulnerabilitäts-Stress-Modell*, welches in besonderer Weise kognitive, mit verhaltenstherapeutischen Verfahren modifizierbare Momente als Entstehungsbedingungen betont. Als Komponenten der Vulnerabilität (Verletzlichkeit), der Anfälligkeit für Schizophrenie, werden Störungen der Aufmerksamkeit, der Informationsverarbeitung sowie der psychophysiologischen Aktivierung (so genannte Basisstörungen[16]) angesehen, über deren Ursachen keine weitergehenden Aussagen gemacht werden; dass diese wenigstens

---

16 Das Konzept der Basisstörungen oder Basissymptome – nicht zu verwechseln mit den Bleuler'schen Grundsymptomen der Schizophrenie – hat mittlerweile größere Beachtung gefunden (s. etwa Süllwold & Huber, 2011). Es handelt sich dabei um klinisch zunächst nicht unbedingt auffällige kognitive Defizite, insbesondere Störungen der Informationsaufnahme und Verarbeitung, bei deren Vorliegen jedoch – prinzipiell tolerierbare – Umweltreize zur Entwicklung auffälliger Symptome wie Wahn oder Halluzinationen führen können. Auf diesem Hintergrund sind Verfahren zur Verbesserung kognitiver Fähigkeiten bei der Therapie Schizophrener rational begründet (▶ Kap. 4.2.9).

teilweise genetisch übertragen werden oder aus anderen biologischen Gegebenheiten zu erklären sind (prä- und perinatalen Schädigungen, frühkindlichen Infektionen), wird keineswegs geleugnet. Als externe pathogene Bedingungen (Stressfaktoren) kommen nach diesem Modell belastende Lebensereignisse, »überstimulierende soziale Umgebung«, unzureichendes »psychosoziales Netzwerk« und, in Anlehnung an familientheoretische Modelle, »emotional belastendes Familienklima« beziehungsweise »ungünstige Kommunikationsmuster innerhalb der Familie« hinzu. Letztere Begriffe beziehen sich auf Ergebnisse der »Expressed-emotion«-Forschung, der zufolge sich der Faktor »high expressed emotion« in der Familie (in Form von sich feindselig, kritisch, ebenso aber auch überfürsorglich, kurz: sich emotional überengagiert verhaltenden Angehörigen) für den Verlauf und die Rückfallprognose der Schizophrenie als ungünstig erwiesen hat; dementsprechend setzen therapeutische Verfahren auf dem Hintergrund des skizzierten Modells nicht zuletzt an einem Abbau dieser allzu großen Involviertheit von Angehörigen an (▶ Kap. 4.2.9).

Kurz seien noch zwei Auffassungen von Schizophrenie angeführt, die sich – früher mehr als heute – in psychiatriekritischen Kreisen großer Beliebtheit erfreuten. Die besonders von Thomas Szasz (1974) vertretene, jedoch bereits auf ältere soziokulturelle Theorien zurückgehende Ansicht, dass der Schizophrene erst durch die Diagnose und die daraus resultierenden veränderten Reaktionen der Umwelt in stärker abnormes Verhalten hineingetrieben würde (Labeling-Theorie), weist sicher zu Recht auf den Sachverhalt einer mit der psychiatrischen Diagnose verbundenen Stigmatisierung hin; andererseits verharmlost sie schwere, zumeist vor jeglicher Behandlung auftretende Symptome wie Wahn und Halluzinationen als tolerable Verhaltensabweichungen, sicher nicht zum Nutzen der Betroffenen. Ernster zu nehmen ist die »existentialistische« Sichtweise von Laing (1974), da dieser Schizophrenie als tatsächliche Gegebenheit analysiert und nicht als iatrogenes Kunstprodukt wegzudiskutieren versucht. Er sieht in den schizophrenen Symptomen den Versuch, mit einer gestörten Umwelt fertig zu werden, eine im ersten Augenblick faszinierende und intellektuell reizvolle Betrachtungsweise, die jedoch wieder eine externe Schuldzuschreibung – auch hier nicht

zuletzt gegenüber der Familie – beinhaltet. Gefährlich ist diese
Auffassung aber insbesondere deshalb, weil Laing die Symptomatik als einen Versuch der Selbstheilung betrachtet, damit
implizit medikamentös-therapeutisches Eingreifen in Frage stellt
und so die nicht seltene Ablehnung einer wirksamen Therapie
ideologisch zu untermauern hilft.

4.2.9 Therapie

Die Behandlung der Schizophrenie, wenigstens in den akuten
Stadien, geschieht üblicherweise *medikamentös* mit *Neuroleptika*.
Als deren erstes wurde zu Beginn der 1950er Jahre Chlorpromazin
synthetisiert, welches lange unter dem Namen Megaphen® im
Handel war. Die neuroleptische Potenz eines Wirkstoffes, also
seine Fähigkeit, psychotische Symptome wie Wahn und Halluzinationen zu beseitigen, wird noch heute mit der von Chlorpromazin verglichen, dessen neuroleptische Potenz gleich 1 gesetzt
wird. Die meisten Neuroleptika haben eine sehr viel höhere, etwa
Haloperidol von circa 50.
  Neuroleptika (besser: Antipsychotika) werden in die beiden
Gruppen der klassischen und der atypischen Neuroleptika (Antipsychotika der ersten und der zweiten Generation) eingeteilt. Die
der ersten Gruppe gehören verschiedenen Stoffgruppen an, wovon
die *Phenothiazine* und die *Butyrophenone* die wichtigsten sind.
Erstere bestehen aus einem Gerüst von drei Ringen (trizyklische
Neuroleptika); zu ihnen gehören neben Chlorpromazin u. a.
Levomepromazin (z. B. Neurocil®), Perphenazin (z. B. Decentan®),
Prothipendyl (Dominal®) oder Thioridazin (z. B. Melleril®). Zu den
strukturmäßig verschiedenen Butyrophenonen wären Haloperidol
(etwa Haldol-Janssen®), Benperidol (z. B. Glianimon®) oder Pi-
pamperon (z. B. Dipiperon®) zu rechnen, zu den mit den Butyro-
phenonen verwandten Diphenylbutylperidinen Pimozid (Orap®)
oder Fluspirilen (z. B. Imap®). *Atypische Neuroleptika* sind u. a.
Clozapin (z. B. Leponex®), Quetiapin (z. B. Seroquel®), Risperidon
(z. B. Risperdal®), Olanzapin (z. B. Zyprexa®), Amisulprid (z. B.
Solian®), Ziprasidon (z. B. Zeldox®), Aripiprazol (Abilify®) und
Paliperidon (Invega®).
  Hauptsächlich von den Neuroleptika beeinflusst werden Positivsymptomatik und psychomotorische Phänomene, während

Negativsymptome wie Affektverflachung oder Antriebslosigkeit auf Phenothiazine und Butyrophenone wenig ansprechen; einige atypische Antipsychotika, etwa Clozapin, haben daneben einen (wohl eher bescheidenen) Effekt auf die Minussymptomatik.

Neben diversen vegetativen *Nebenwirkungen*, die in der Regel nicht zur Umstellung oder Beendigung der neuroleptischen Therapie Anlass geben, finden sich relativ häufig, speziell nach Gabe hochpotenter klassischer Neuroleptika, extrapyramidal-motorische Störungen: So genannte Frühdyskinesien treten schon sehr bald, nach Stunden bis Tagen, auf und haben die Gestalt hyperkinetischer Störungen speziell im Gesichts- und Halsbereich, etwa Grimassieren oder Zungen-Schlundkrämpfe; sie lassen sich durch Gabe eines Anticholinergikums wie Biperiden (Akineton®) gut behandeln. Das Parkinsonoid oder neuroleptisch induzierte Parkinsonsyndrom ist üblicherweise erst nach mehreren Tagen bis Wochen zu beobachten, wobei vornehmlich Rigor (Muskelstarre) und Akinese (Bewegungsreduktion wie Fehlen von Mimik und Mitbewegungen, kleinschrittiger Gang) auffallen; auch das Parkinsonoid ist mit Biperiden wirksam zu therapieren. Ebenfalls früh kann eine Akathisie auftreten, innere Unruhe und Bewegungsdrang, die auf Anticholinergika weniger gut ansprechen, sodass Dosisreduktion, Wechsel auf ein niedrigpotentes Neuroleptikum oder Umstellung auf atypische Neuroleptika empfohlen werden. Während alle diese früh auftretenden extrapyramidal-motorischen Störungen entweder spontan oder mit Absetzen des Medikaments verschwinden, zudem oft durch Verabreichen von Anticholinergika beseitigt werden können, sind Spätdyskinesien in besonderem Maße ernst zu nehmen. Sie finden sich nach mehrmonatiger bis mehrjähriger Gabe von Neuroleptika, und zwar nicht selten bei Absetzen oder Dosisreduktion; zumeist haben sie die Gestalt von unwillkürlichen Bewegungen der Extremitäten und des Gesichtes (etwa schmatzende Bewegungen). Sie treten bei wohl mindestens 10–20 % der langfristig mit klassischen Neuroleptika behandelten Patienten auf, sind schwer medikamentös zu beherrschen und in etwa der Hälfte der Fälle irreversibel. Die (wesentlich teureren) atypischen Neuroleptika führen seltener zu extrapyramidal-motorischen Störungen, haben aber dafür andere, durchaus ernst zu nehmende Nebenwirkungen wie extreme Gewichtszunahme (speziell bei Clozapin und Olanzapin), Störung des Zucker- und Fettstoffwechsels sowie Erhöhungen des Prolactinspiegels mit der Folge von Brustwachstum und Milchfluss (auch bei Männern), daneben von Verminderung von Libido und Potenz. Letztgenannte Nebenwirkungen dürften bei Risperidon und Amisulprid häufiger auftreten als bei klassischen Neuroleptika.

Die antipsychotische Wirkungsweise der klassischen Neuroleptika beruht im Wesentlichen auf einer *Blockade der Dopaminrezeptoren* vom Typ D_2, wobei die neuroleptische Potenz der einzelnen Substanzen mit ihrer Affinität zu diesen Rezeptoren hoch korreliert. Die Nebenwirkung des Parkinsonsyndroms wird durch gleichzeitige Dämpfung der dopaminergen Übertragung an Bahnen von der Substantia nigra des Mittelhirns zum Striatum (einer Substruktur der Basalganglien) erklärt. Die Spätdyskinesien führt man auf Vermehrung oder Sensibilisierung von Dopaminrezeptoren im nigrostriatalen System als Gegenreaktion auf die permanente neuroleptische Blockade zurück; dem steht allerdings entgegen, dass ältere, lange vor Einführung der Neuroleptika niedergeschriebene Fallgeschichten eine Spontanentwicklung von Spätdyskinesien auch bei nicht solcherart behandelten Schizophrenen beschreiben. Die Wirkmechanismen der atypischen Neuroleptika sind teilweise ähnlich, basieren also wesentlich auf der Blockade von D_2-Rezeptoren; möglicherweise setzen sie vergleichsweise selektiv an Strukturen des limbischen Systems an und weniger an den Synapsen dopaminerger extrapyramidalmotorischer Bahnen. Plausibler ist die Hypothese, dass – da sie auch den $5\text{-}HT_{2A}$-Rezeptor für Serotonin blockieren – die Schwächung des dopaminergen Systems insgesamt geringer ist. Die (wohl eher bescheidene) Wirkung auf die Negativsymptomatik ist noch weitgehend unverstanden. Während die akuten psychotischen Symptome – konsequente Therapie vorausgesetzt – sowohl auf klassische wie atypische Neuroleptika typischerweise zurückgehen, stellt die Behandlung der Negativsymptomatik nach wie vor ein großes Problem dar: Fusar-Poli et al. (2015) wiesen in ihrer Metaanalyse zwar eine signifikante Verbesserung durch atypische Antipsychotika (nicht durch klassische) sowie durch Antidepressiva und psychologische Interventionen nach; von einer klinisch relevanten Besserung konnte jedoch nicht gesprochen werden.[17]

Die früher nicht selten praktizierte *Elektrokrampftherapie* bei der Schizophrenie ist weitgehend in den Hintergrund getreten; lediglich schwere Formen von Katatonie, die nicht rasch auf medikamentöse Therapie ansprechen, werden heute noch als Indikation für diese Behandlungsmethode angesehen. Initial wird v. a. Therapie mit starken Benzodiazepinen versucht, speziell Lorazepam (Benkert & Hippius, 2015, 281).

Die *medikamentöse Rezidivprophylaxe* schizophrener Störungen geschieht ebenfalls mit Neuroleptika, die dabei üblicherweise niedriger als im akuten Schub dosiert werden; die Dauer der Prophylaxe richtet sich nach der Zahl der vorausgegangenen Schübe und der Länge beschwerdefreier Intervalle. Schon die Akuttherapie wird häufig von den Patienten selbst vorzeitig beendet, sodass es zu den gefährlichen »Absetzpsychosen« kommen kann; erst recht nicht ist anzunehmen, dass viele die Rezidivprophylaxe konsequent weiterführen. Hier bieten sich Depotneuroleptika an.

Bei der Psychotherapie der Schizophrenie muss man zwischen der Beseitigung der akuten produktiven Symptomatik, der Behandlung von Minussymptomen, etwa im Rahmen chronischer Verläufe und Residualzustände, und schließlich der Rezidivprophylaxe unterscheiden. Für die erste Indikation sind psychologische Interventionen nicht oder nur eingeschränkt geeignet, und wenn, so nicht ohne gleichzeitige neuroleptische Behandlung. In Einzelfällen kamen zwar diverse, zumeist verhaltenstherapeutische Maßnahmen zur Beseitigung der Akutsymptomatik zur Anwendung, etwa Gedankenstopp oder operante Techniken zur Verstärkung realitätsgerechten Verhaltens; ihre Effizienz muss man jedoch als schlecht evaluiert ansehen.

---

17 Reizvoll, wenn auch spekulativ, ist die Hypothese, dass atypische Neuroleptika die Funktionsweise von NMDA-Rezeptoren, speziell im präfrontalen Kortex, verbessern und so indirekt eine Dämpfung der Dopaminaktivität in limbischen Strukturen bewirken; dies könnte die geringere Beeinflussung der extrapyramidal-motorischen Bahnen bei gleichzeitig stark antipsychotischer Wirkung erklären.

Die Behandlung der Negativsymptome (etwa des sozialen Rückzugs) wurde lange vornehmlich mit den in den 1960er Jahren
beliebten Token-Economy-Programmen vorgenommen, bei denen erwünschtes Verhalten mit materieller Verstärkung belohnt
wurde; der Wert dieser Interventionen wird retrospektiv weniger
in der erfolgreichen operanten Konditionierung des Verhaltens
gesehen als vielmehr in der eingehenderen Beschäftigung mit den
Betroffenen und damit der eventuellen Vermeidung von Hospi-
talismusschäden. Heute kommen mehr und mehr kognitive
Verfahren wie etwa Einübung sozialer Fertigkeiten (social skills
training) zur Anwendung. Teils der Beseitigung der Akutsymptomatik, teils der Rezidivprophylaxe dienen Trainingsprogramme zur Behandlung der erwähnten Basisstörungen, etwa zur
Verbesserung kognitiver Fähigkeiten. Auch kognitive Verhaltenstherapie zur Veränderung bzw. besserer Bewältigung von
Positiv- wie Negativsymptomatik beginnt sich langsam durch-
zusetzen (s. etwa Lincoln, 2014). Wie betont, weigern sich
Patienten mit Schizophrenie und verwandten Störungen oft,
Antipsychotika einzunehmen. Ausschließlich kognitive Therapien zeitigen hier – im Vergleich zu gänzlich Unbehandelten –
signifikante Symptomreduktion (Morrison et al., 2014). Gewisse
Bedeutung unter den psychologischen Interventionsmethoden
hat die *Familientherapie* (allgemeiner: Beeinflussung des sozialen
Umfeldes), deren wesentliches Ziel in der Rückfallprophylaxe
und der Erreichung eines besseren Umgangs mit der Krankheit,
also im sekundär- und tertiärprophylaktischen Bereich, gesehen
wird. Verändert werden sollen speziell die Interaktionsmuster
innerhalb der Familie. Insbesondere wird versucht, »expressed
emotion«, Überfürsorglichkeit und Kritik, zu reduzieren, um eine
insgesamt gelassenere Haltung einzunehmen. Indem gleichzeitig
Patienten wie Angehörigen Information über die Krankheit, zu
beachtende »Frühwarnsymptome« vor Ausbruch der eigentlichen Symptomatik und therapeutische Möglichkeiten vermittelt
wird, besitzen diese Programme auch deutlich *psychoedukativen*
Charakter.

Die *psychoanalytische* Behandlung der Schizophrenie hat sich
seit Freuds skeptischem Urteil über die entsprechenden Möglichkeiten (▶ Kap. 4.2.8) nie wirklich etablieren können. Die wenigen
Evaluationsstudien sind methodisch meist unzulänglich.

4.3   Schizotypie

Schizotypie (schizotype Störung) wurde erst in jüngerer Zeit als
eigenes Störungsbild eingeführt. Patienten mit dieser Diagnose
wäre früher entweder das diagnostische Etikett Schizophrenie
oder schizoide Persönlichkeitsstörung zugekommen, möglicherweise auch das der *Borderline Schizophrenie (Grenzschizophrenie)*,
womit lange ein zwischen neurotischer und psychotischer Symptomatik angesiedeltes Störungsbild bezeichnet wurde.

> Der Begriff Borderline-Persönlichkeit (salopp: »Borderliner«) wird heute
> in anderem Sinne verwendet: Es handelt sich um durch emotiona-
> le Instabilität gekennzeichnete Personen mit Neigung zu intensiven, je-
> doch wenig stabilen Beziehungen; die definitorischen Unterschiede zur
> Schizotypie mit sozialem Rückzug sind augenfällig (▶ Kap. 8.2.2).

Die Schwierigkeit, bei einzelnen Personen zu entscheiden, ob das
gezeigte Verhalten im Rahmen einer Persönlichkeitsstörung interpretiert werden kann oder den Symptomen einer floriden Psychose
entspricht, hat die Einführung dieser Zwischenform in ICD-10 –
nicht in DSM-5, wo eine Schizotype Persönlichkeitsstörung aufgeführt wird – zur Folge gehabt; sie entspricht aber letztlich einer
»Verlegenheitsdiagnose«. ICD-10 (S. 139 f.) definiert die schizotype
Störung als eine »Störung mit exzentrischem Verhalten und Anomalien des Denkens und der Stimmung, die schizophren wirken,
obwohl nie eindeutige und charakteristische schizophrene Symptome aufgetreten sind«. In einer Liste von Symptomen, von denen
kein einziges als »beherrschendes oder typisches Merkmal« aufgefasst wird, sind einige aufgeführt, die eher der schizoiden oder
paranoiden Persönlichkeitsstörung (▶ Kap. 8.2.2) entsprechen, etwa
Kälte und Unnahbarkeit, Tendenz zu sozialem Rückzug, zwang-
haftes Grübeln, Misstrauen und paranoide Ideen; andere, wie
»ungewöhnliche Wahrnehmungserlebnisse mit Körpergefühlsstö-
rungen oder anderen Illusionen, Depersonalisations- oder Dere-
lisationserleben« sowie »gelegentliche vorübergehende quasipsy-
chotische Episoden mit intensiven Illusionen, akustischen oder
anderen Halluzinationen und wahnähnlichen Ideen« haben Beziehung zur Schizophrenie; eine dritte Gruppe, zu der »seltsames,
exzentrisches oder eigentümliches Verhalten und Erscheinung«,
»seltsame Glaubensinhalte und magisches Denken« sowie schließ-

lich Eigenheiten von Denken und Sprache gehören (Vagheit, Um-
ständlichkeit, Gekünsteltheit, dabei aber Fehlen von Zerfahrenheit),
nehmen eine Zwischenstellung ein. Entwicklung und Verlauf der
schizotypen Störung ähneln einer Persönlichkeitsstörung; »gelegentlich« entwickle sich eine »eindeutige Schizophrenie«.

Die Kodierung der schizotypen Störung erfolgt mit F21. Zur
Diagnosestellung müssen »drei oder vier« dieser Merkmale über
einen gewissen Zeitraum vorliegen, ohne dass jedoch die Kriterien
einer Schizophrenie erfüllt sind. Angesichts der schwer präzisierba-
ren Bestimmungsstücke und der Probleme eindeutiger Abgrenzung
von anderen psychischen Störungen – die Autoren nennen hier die
schizoide und die paranoide Persönlichkeitsstörung sowie die
Schizophrenia simplex – ist es verständlich, dass diese diagnostische
Kategorie »nicht zum allgemeinen Gebrauch empfohlen« wird.

Genesetheorien sehen die schizotype Störung als eine nicht
vollständig entwickelte Schizophrenie bei prinzipiell gleichen
biologischen Grundgegebenheiten (Überaktivität mesolimbischer
dopaminerger Bahnen, Minderaktivität des präfrontalen Kortex).
Gut nachgewiesen ist die enge Beziehung zur Schizophrenie, sei es
im Sinne des erwähnten Übergangs in diese Störung, sei es hinsichtlich des gemeinsamen Vorkommens im Verwandtschafts-
kreis.[18] Entsprechend gibt das Vorliegen einer Schizophrenie bei
einem Verwandten ersten Grades der Diagnose Schizotypie »zu-
sätzliches Gewicht«.

4.4   Weitere mit der Schizophrenie verwandte Störungen

Diese, in ICD-10 mit aller Zurückhaltung im Kapitel F2 (Schizophrenie, schizotype und wahnhafte Störungen) aufgeführten
Symptombilder seien nur der Vollständigkeit halber skizziert.

---

18 Mittlerweile wählt man – explizit in DSM-5 (2015, S. 117 ff.) – den Be-
    griff des Schizophrenie-Spektrums: Neben der Schizophrenie und
    anderen psychotischen Störungen ist hier auch die Schizotype Persön-
    lichkeitsstörung angeführt (die der Schizotypen Störung in ICD-10
    entspricht).

Schon lange steht in der Diskussion, ob *Wahn* auch als eigene psychiatrische Erkrankung, also nicht ausschließlich im Rahmen der paranoiden Schizophrenie vorkommt.[19] Störungsbilder, bei denen die Patienten außer einem zumeist gut ausgearbeiteten Wahnsystem keine weiteren psychiatrischen Symptome zeigen (etwa die berühmte, autobiographisch beschriebene Wahnerkrankung des Gerichtspräsidenten Schreber, die von Freud [1911c] unter psychoanalytischen Gesichtspunkten neu interpretiert wurde), legen eine solche Annahme nahe. In ICD-10 (S. 141 ff.) gibt es eine eigene diagnostische Kategorie »anhaltende wahnhafte Störungen« (F22); dort sind Symptombilder einzuordnen, »bei denen ein langandauernder Wahn das einzige oder das auffälligste klinische Charakteristikum ist, und die nicht als organisch, schizophren oder affektiv klassifiziert werden können«. Die schwierige Abgrenzung von der Schizophrenie wird aufgrund des Nichtvorhandenseins von Negativsymptomatik wie Affektverflachung, des Fehlens von akustischen Halluzinationen und aufgrund der spezifischen Wahninhalte vorgenommen: Verfolgungs-, Größen-, Querulanten- und Eifersuchtswahn wären mit der Diagnose vereinbar.

Der Bezug der anhaltenden wahnhaften Störungen zur Schizophrenie ist nicht gesichert. Die einzige elaborierte Genesetheorie ist die Freuds zur Paranoia, die er über eine narzisstische Regression zur Abwehr homosexueller Impulse zu erklären versuchte (s. dazu Köhler, 2014c, S. 527 ff.).

Therapeutisch werden Neuroleptika eingesetzt, wobei die Erfolge als recht gering eingestuft werden. Psychotherapeutische Behandlungen der wahnhaften Störungen sind zu wenig dokumentiert, um klar beurteilt zu werden.

Die »akuten vorübergehenden psychotischen Störungen« (F23), über deren nosologische Einheitlichkeit und Zuordnung zu anderen Störungsbildern Unklarheit herrscht, sind durch akuten Beginn (oft auch rasche Rückbildung), das häufige Vorliegen vorausgegangener Belastungen und schließlich durch zeitlich sehr variable, typisch schizophrene (produktive) Symptome wie Wahn

---

19 Schon Kraepelin hatte in seinem diagnostischen System die Paranoia explizit von der Dementia praecox abgetrennt.

und Halluzinationen gekennzeichnet. Bei der seltenen »induzierten wahnhaften Störung« (F24), übernimmt ein an sich zunächst
unauffälliger Partner im Zusammenleben mit einer anderen,
schizophrenen Person deren Wahnvorstellungen (daher auch die
Bezeichnungen »symbiontischer Wahn« oder »folie à deux«).
Häufig besteht ein Verhältnis der Abhängigkeit gegenüber der
erkrankten Person; das sich den Wahn teilende Paar soll häufig in
einer ungewöhnlich engen Beziehung leben und von anderen
Menschen durch »Sprache, Kultur oder die geographische Situation« isoliert sein. Bei Trennung verschwindet die induzierte
Wahnsymptomatik zumeist (nach ICD-10, S. 150 f.).

Bei den *schizoaffektiven Störungen* (F25), deren nosologische
Zuordnung weitgehend umstritten ist, handelt es sich um »Misch-
psychosen«: Gleichzeitig oder nur durch wenige Tage getrennt
liegen dabei Symptome affektiver Störungen (manische Hochge-
stimmtheit oder depressive Verstimmung) und der Schizophrenie
vor, etwa Wahnvorstellungen, insbesondere Kontrollwahn oder
Gedankenausbreitung. Entsprechend unterscheidet ICD-10 eine
»schizoaffektive Störung, gegenwärtig manisch« (F25.0) von einer
»schizoaffektiven Störung, gegenwärtig depressiv« (F25.1). Bei
den manischen Formen ist der Beginn meistens akut, der Verlauf
im Allg. kurz mit vollständiger Rückbildung. Antrieb und Stimmung sind gesteigert; es kann gereizt-aggressives Verhalten mit
Verfolgungswahn auftreten. Die depressiven Formen der schizoaffektiven Psychosen zeichnen sich durch herabgesetzte Stimmung und Antrieb aus, verbunden mit diversen körperlichen
Symptomen wie Schlaflosigkeit, Appetit- und Gewichtsverlust;
Kontroll- und Verfolgungswahn mit der Vorstellung sich aus-
breitender Gedanken und akustische Halluzinationen entsprechen gleichzeitig den Symptomen der Schizophrenie.[20] Auch hier

---

20 Diese schizoaffektiven Störungen sind wohl häufiger als angenom-
    men: In meiner Monographie *Ruhm und Wahnsinn: Psychische Stö-
    rungen bekannter Persönlichkeiten* (Köhler, 2017) schien es aufgrund
    der beschriebenen Symptomatik sinnvoll, Vincent van Gogh
    und Virginia Woolf, die früher als schizophren bzw. bipolar gestört
    diagnostiziert wurden, besser in die Kategorie »schizoaffektive Stö-
    rungen« einzuordnen.

ist die Prognose insgesamt (etwas) günstiger als bei den schizophrenen Erkrankungen; im Vergleich zu den manischen Formen
ist die depressive schizoaffektive Störung weniger auffällig, nimmt
einen längeren Verlauf, Übergänge in einen schizophrenen
Residualzustand kommen vor, sind aber wohl eher selten.

Die *Genese* ist unklar. Unter Verwandten von Personen mit
schizoaffektiven Störungen sollen sowohl Schizophrenie, affektive
Störungen sowie weitere schizoaffektive Psychosen gehäuft vorkommen.

Die *Therapie* der schizoaffektiven Störungen geschieht in der
Regel mit atypischen Antipsychotika, bei schizomanischen Formen oft in Kombination mit Lithium, bei schizodepressiven
kombiniert mit Antidepressiva (speziell SSRI); die prophylakti-
sche Wirksamkeit von Stimmungsstabilisierern ist umstritten (s.
dazu genauer Benkert & Hippius, 2015, S. 288 f.). Auch Elektrokrampftherapie wird mit Erfolg eingesetzt (Iancu, Pick, Seener-
Lorsh & Dannon, 2015); psychotherapeutische Verfahren spielen
offenbar keine Rolle (Cascade, Kalali & Buckley, 2009).

5 Affektive Störungen

5.1 Allgemeines; historische Vorbemerkungen

Affektive Störungen sind durch Veränderungen insbesondere der Stimmung gekennzeichnet, wobei sowohl eine ungewöhnlich gedrückte (depressive) als auch eine unangemessen gehobene (manische) unter diese Bezeichnung fällt. Andere Veränderungen der Affekte, beispielsweise gesteigerte Angst ohne begleitende depressive Symptomatik, werden nicht zu dieser Störungsgruppe gerechnet.

Auf kaum einem Gebiet der Klinischen Psychologie beziehungsweise Psychiatrie gehen die theoretischen Vorstellungen so weit auseinander wie hier. Die ältere psychiatrische Unterscheidung zwischen endogener, neurotischer und reaktiver Depression wird in ihrer Zweckmäßigkeit angezweifelt, und sowohl in ICD-10 als auch in DSM-5 nicht mehr durchgeführt. Andererseits weisen Kliniker, die mit jenen schweren Fällen zu tun haben, welche üblicherweise in der ambulanten Praxis nicht oder nur kurz gesehen werden, auf die Notwendigkeit hin, bezüglich Art, Schweregrad und Verlauf der Symptomatik depressiver Störungen grundlegende Differenzierungen vorzunehmen. In einigen psychiatrischen Lehrbüchern wird entgegen den Klassifikationsvorschlägen der diagnostischen Systeme die alte Bezeichnung »endogene Depression« beibehalten, sicher aus begründeten Erwägungen. Mit Zusammenfassung möglicherweise qualitativ unterschiedlicher Störungen erhebt sich die Frage, wieweit die bisher gefundenen Zusammenhänge generalisiert werden können, etwa ob biochemische Korrelate, die bei den in der älteren Terminologie »endogen« genannten Depressionen gefunden wurden, als generelles Charakteristikum depressiver Zustände anzusehen sind; umgekehrt ist in Diskussion, ob jene psychogenetischen Theorien, die nicht zuletzt von Psychologen an eher leichteren Fällen entwickelt wurden (etwa die Beck'sche Kognitionstheorie), auch für die schwereren und qualitativ möglicherweise unterschiedlichen, »endogen« genannten, Gültigkeit haben.

Wie oben ausgeführt (▶ Kap. 4.1), hatte Kraepelin in seinem Klassifikationssystem innerhalb der »endogenen Psychosen« zwei große Grundformen unterschieden, die *Dementia praecox* und das *manisch-depressive Irresein*. Als Charakteristik der zweiten Krankheitsgruppe sah er vornehmlich Störungen der Affekte an, entweder im Sinne einer Herabgestimmtheit (Depression) oder einer gehobenen Stimmung (Manie). Da bei vielen Patienten abwechselnd die eine oder andere Stimmungslage zu beobachten war, wählte er die Bezeichnung manisch-depressives Irresein und subsumierte darunter auch Fälle, die nur durch depressive Phasen oder (sehr viel seltener) ausschließlich durch manische Episoden charakterisiert waren. Für die depressive Phase im Rahmen dieser endogenen Psychose wurde die Bezeichnung endogene Depression oder Melancholie gewählt. Spätere Namen für das manisch-depressive Irresein waren manisch-depressive Psychose, affektive Psychose sowie Zyklothymie (nicht zu verwechseln mit der Zyklothymia in ICD-10, s. u.). Von dieser »endogenen Depression« mit letztlich unbekannter Ätiopathogenese wurde schon bald eine *neurotische* unterschieden, für die man ein spezifisches Entstehungsmodell in Gestalt psychosexueller Konflikte annahm. Diese Depressionsform wurde als weniger phasenhaft charakterisiert, insgesamt leichter verlaufend, mit oft besserem Befinden in den Morgenstunden, schließlich durch das weitgehende Fehlen sogenannter Leib- oder Vitalsymptome. Als charakteristisch für die endogene Depression oder Melancholie sollten hingegen neben der stärkeren Beeinträchtigung der eher phasisch begrenzte Verlauf mit nicht selten manischen Nachschwankungen oder zuweilen bald anschließenden manischen Phasen, ein typisches Morgentief sowie Vitalsymptome sein, etwa deutliche Schlafstörungen, Libido- und Potenzverlust, Appetitlosigkeit und Gewichtsabnahme, Kopfschmerzen und diffuse Bauchbeschwerden. Schließlich wurde noch eine *reaktive Depression* als übergroße Reaktion auf ein nachzuweisendes äußeres Ereignis als Kategorie angefügt. Hinzu kamen *organisch begründbare depressive Zustände*, etwa bei Infektionen, endokrinen Erkrankungen oder hirnorganischen Veränderungen.

Aus verschiedenen Gründen wurde in ICD-10 die Unterscheidung zwischen endogener, neurotischer und reaktiver Depression aufgegeben. Wichtiges Argument ist, dass sich diese Trennung in der klinischen Praxis nicht mit hinreichender Zuverlässigkeit

durchführen lässt und zudem damit allzu vorzeitig ätiologische
Festlegungen getroffen werden. Beibehalten wurde lediglich die
Unterscheidung zwischen Depressionen, bei denen sich organische
Ursachen nachweisen lassen (mit F06.3, »organische affektive
Störungen«, zu verschlüsseln) und den anderen, unter F3 einzu-
ordnenden Symptombildern. Immerhin wird die Möglichkeit
angeboten, das von vielen für endogene Depressionen als charakteristisch erachtete »somatische Syndrom« (▶ Kap. 5.2) zusätzlich
zu kodieren.

Die folgende Darstellung hält sich an das Schema von ICD-10
und trennt nicht zwischen endogenen und anderen Depressionen,
wird aber auf diese Unterscheidung und ihre mögliche Zweckmäßigkeit wiederholt hinweisen.

5.2   Depressives und manisches Syndrom

Das *depressive Syndrom* ist im Wesentlichen durch Herabsetzung
von Stimmung, Antrieb und Selbstwertgefühl gekennzeichnet,
weiter nicht selten durch Veränderung im Denken wie Wahnvorstellungen, schließlich in vielen Fällen durch eine Reihe körperlicher
Symptome. Die Psychomotorik kann sowohl reduziert (gehemmte
Depression) als auch gesteigert sein (agitierte Depression).

Die Stimmung ist nur sehr ungenügend mit dem Begriff Traurigkeit umschrieben; charakteristisch ist eher eine innere Ver-
ödung oder die Empfindung des Ausgebranntseins (»Gefühl der
Gefühllosigkeit«). Der Antrieb für größere, einen gewissen inten-
tionalen Bogen erfordernde Pläne ist reduziert. Dem widerspricht
nicht, dass viele der Betroffenen psychomotorisch überaktiv sind,
etwa ängstliche Anspannung zeigen, rastlos umherlaufen und
dabei laut jammern.[21] Diese »unproduktive« motorische Unruhe

---

21 Nicht uninteressant ist die Hypothese, dass es sich bei der »agitierten
    Depression« in Wirklichkeit um eine »gemischte affektive Episode«
    mit manischer Symptomatik einerseits (Antriebssteigerung und
    Ideenflucht), depressiver andererseits (mit gedrückter Stimmung und
    erniedrigtem Selbstwertgefühl) handelt (s. dazu Köhler, 2016a, S. 11
    und die dort angeführte Literatur).

ist jedoch seltener als eine Bewegungsarmut, die im Extremfall die Form eines *depressiven Stupors*, vollkommener Regungslosigkeit, annehmen kann. Die Antriebsstörung zeigt sich in Interesselosigkeit, oft für die bedeutsamsten Angelegenheiten familiärer oder beruflicher Natur. Auffällig sind Konzentrationsschwierigkeiten sowie rasche Ermüdung nach kleinsten körperlichen oder geistigen Tätigkeiten. Das erniedrigte Selbstwertgefühl manifestiert sich häufig in Selbstvorwürfen, oft bezüglich geringfügiger und lange zurückliegender Sachverhalte. In diesem Zusammenhang kann es zu regelrechten Wahnideen kommen, die u. a. persönliche Schuld und Verarmung zum Inhalt haben; auch Halluzinationen können auftreten (psychotische Depression). Suizidgedanken sind häufig, zudem sehr ernst gemeinte und nicht selten erfolgreiche diesbezügliche Versuche. An körperlichen Symptomen sind besonders Schlafstörungen und verminderter Appetit zu nennen.

Bei einer Anzahl der Betroffenen wird das sogenannte somatische Syndrom beobachtet – melancholisches oder endogenomorphes Syndrom wäre eine ähnlich treffende Bezeichnung. Es akzentuiert noch einmal generelle Charakteristika depressiver Zustände, so den Verlust von Interesse und Freude an »normalerweise angenehmen« Tätigkeiten, die Unfähigkeit, auf positive Reize emotional adäquat zu reagieren sowie die psychomotorische Agitiertheit oder Hemmung. Hinzu kommt das von vielen Autoren für die »endogene Depression« charakteristisch angesehene Morgentief und deutliche Verminderung von Libido, Appetit und Gewicht. Das Vorliegen eines somatischen Syndroms kann (aber muss nicht) durch Anfügen einer weiteren Codenummer vermerkt werden (s. u.).

Das manische Syndrom zeichnet sich durch gehobene Stimmung, gesteigerten Antrieb und erhöhtes Selbstwertgefühl aus, stellt somit in vieler Hinsicht das Gegenstück des depressiven Syndroms dar. Die Stimmung ist dabei nicht immer euphorisch; ebenso kann eine »Überdrehtheit« oder aggressive Reizbarkeit auftreten; retrospektiv wird der manische Stimmungszustand keineswegs regelmäßig als angenehm beschrieben. Die Antriebssteigerung macht sich in einer Vielzahl gleichzeitiger Aktivitäten bemerkbar, welche jedoch angesichts wieder neuer Ideen selten zu Ende geführt werden, sodass letztlich ausgesprochene Unproduktivität resultiert. Dem entspricht das ideenflüchtige Sprachverhalten, bei dem die Themen äußerst rasch gewechselt werden. Die Abgrenzung von der zerfahrenen, assoziativ restlos gelockerten Sprache Schizophrener kann in schweren Fällen von Manie nicht einfach sein. Das gesteigerte Selbstwertgefühl zeigt sich insbesondere in einer grenzenlosen Überschätzung der eigenen intellektuellen und oft auch finanziellen Möglichkeiten (bis hin zum regelrechten Größenwahn), die bisweilen zu ruinösen Unternehmungen und sinnlosen Anschaffungen verleitet. Die unrealistische Einschätzung der eigenen sexuellen Attraktivität zusammen mit gesteigertem Antrieb und vermehrter Libido kann zu Distanzlosigkeit mit der Folge ausgesprochenen Fehlverhaltens führen. Körperlich fühlen sich manische Patienten zumeist ausgesprochen wohl; die Schlafdauer ist reduziert, ohne dass dies als unangenehm empfunden wird. Halluzinationen können vorkommen und erschweren bei zusätzlichem Größenwahn die Abgrenzung von der Schizophrenie.

Als *Hypomanie* bezeichnet man eine schwächere Ausprägung der Manie mit anhaltend leicht gehobener Stimmung, gesteigertem Antrieb und einem auffallenden Gefühl von Wohlbefinden und Leistungsfähigkeit. Die affektiven Veränderungen wie vermehrte Geselligkeit und Vertraulichkeit oder Libidosteigerung sind nicht groß genug, um »zu einem Abbruch der Berufstätigkeit oder zu sozialer Ablehnung« zu führen; Wahn und Halluzinationen werden nicht beobachtet (nach ICD-10, S. 160 ff.).

5.3   Vorkommen und Verlauf affektiver Syndrome

Sowohl depressive wie manische Syndrome können im Rahmen *organischer Erkrankungen* auftreten und verschwinden in der Regel mit deren erfolgreicher Behandlung. Als Ursache depressiver Zustände wären etwa Infektionskrankheiten zu erwähnen, degenerative Erkrankungen wie Morbus Parkinson, weiter Anämien und Stoffwechselerkrankungen, bösartige Neubildungen, speziell Hirntumoren, Schlaganfälle (»post-stroke-depression«), besonders aber Störungen im endokrinen System. Von großer Bedeutung dabei ist die Hypothyreose (Unterfunktion der Schilddrüse, sehr häufig eine Folge der Autoimmunkrankheit Thyreoiditis Hashimoto), weitere Störungen im System von Hypothalamus-Hypophyse-Nebennierenrinde[22], Östrogenmangel, insbesondere nach den Wechseljahren, Veränderungen vor und nach einer Geburt (prä-und postpartale Depression; s. dazu Hübner-Liebermann, Hausner & Wittmann, 2012). Manische Syndrome können ebenfalls im Rahmen diverser Erkrankungen auftreten, beispielsweise bei Hyperthyreose.

Klinisch relevant und theoretisch bedeutsam sind zudem depressive und manische Zustände als *Folge von Medikamenteneinnahme* oder *Konsum psychotroper Substanzen*. Insbesondere das blutdrucksenkende Reserpin hat als Nebenwirkung oft ein depressives Syndrom, welches man durch Verminderung von Monoaminmolekülen in den präsynaptischen Zellen erklärt (▶ Kap. 5.7); auch findet sich oft eine Dämpfung von Antrieb und Stimmung, insbesondere nach längerer Gabe von Steroiden wie Cortisol. Ebenso können Steroide und das die Nebennierenrinde stimulierende ACTH aber ein manisches Syndrom hervorrufen. Auffällig ist weiter manische Symptomatik nach Konsum von Amphetaminen und Kokain (▶ Kap. 3.5 und ▶ Kap. 5.8).

Der Großteil der depressiven und manischen Syndrome entwickelt sich nicht im Rahmen nachweisbarer organischer Grundkrankheiten oder infolge von Substanzeinnahme. In vielen Fällen ist bei diesen (augenblicklich) nicht organisch erklärbaren Formen eine *phasenhaft* begrenzte Symptomatik zu finden. Die depressiven und manischen Episoden gehen, in der Regel erst nach Wochen bis Monaten, in einen Zustand normaler Stimmung über, häufig mit einem kleinen, teilweise medikamentös induzierten Stimmungsüberschuss in die andere Richtung, z. B. mit

---

22 Zu nennen ist die Addison-Krankheit bei Ausfall, das Cushing-Syndrom bei verstärkter Aktivität der Nebennierenrinde bzw. bei erhöhter externer Corticoidzufuhr. Das Auftreten depressiver Symptomatik im Rahmen dieser endokrinologischen Erkrankungen hat dazu geführt, bei nicht organisch zu erklärenden affektiven Symptomen Störungen im Bereich einzelner Hormonsysteme anzunehmen.

einer hypomanischen Nachschwankung im Anschluss an eine depressive Episode. Vielfach folgen in mehr oder weniger großen Abständen weitere Phasen. Je nachdem, ob eine oder mehrere Episoden auftreten und ob diese wiederum gleichsinnig sind oder entgegengesetzte Symptomatik aufweisen, ergeben sich unterschiedliche Verläufe (s. u.).

Während sich die Begriffe monophasisch oder multiphasisch unabhängig von ihrer Richtung auf die Zahl der Episoden im Störungsverlauf beziehen, geben die Bezeichnungen unipolar und bipolar Hinweise auf eine einheitliche oder uneinheitliche Richtung von Stimmung und Antrieb im Fall von mehr als einer Episode. Demnach ist eine unipolare (rezidivierende) depressive Störung durch eine Folge von mindestens zwei ausschließlich depressiven Phasen gekennzeichnet; analog wäre eine unipolar manische Störung definiert. Bei einer bipolaren affektiven Störung sind mindestens eine manische und eine depressive Episode zu beobachten. Zudem gibt es Störungen, bei denen innerhalb ein- und derselben Phase gleichzeitig oder im raschen Wechsel depressive und manische Symptomatik zu finden ist; die Bezeichnung dafür lautet »gemischte Episode einer bipolaren affektiven Störung« oder »gemischte affektive Episode«.

Die Dauer der Episoden schwankt beträchtlich: In der Regel sind manische Phasen mit einer mittleren Länge von etwa vier Monaten kürzer als depressive (durchschnittlich etwa sechs Monate); mit zunehmendem Alter werden speziell die depressiven Episoden länger. Die Länge der symptomfreien Intervalle zeigt erhebliche Schwankungen, von wenigen Wochen bis zu mehreren Jahren. Eine Extremvariante stellen die »rapid cyclers« mit mindestens vier Episoden binnen eines Jahres dar sowie die »switchers«, bei denen depressive und manische Phasen ohne symptomfreies Intervall einander ablösen.

Wie erwähnt, gehen die Phasen (eventuell über eine kurze Nachschwankung) in einen Zustand affektiver Normalität über; Residuen wie bei Schizophrenie kommen selten vor. Ist die Prognose der affektiven Störungen zwar somit insgesamt gut, muss doch der oft nicht geringe, zuweilen auch materielle Schaden bedacht werden, den Personen in einer manischen Phase anrichten. Schwerer wiegt noch die hohe Suizidrate; man geht davon aus, dass bis zu 15 % der Personen mit unipolaren Depressionen

Selbstmord begehen; möglicherweise liegen diese Zahlen bei bipolar Gestörten sogar noch darüber (nach der Zusammenstellung von Pompili et al. [2013] 20 bis 30 Mal höher als in der Allgemeinbevölkerung); erwartungsgemäß suizidiert sich der Großteil davon in der depressiven Episode, immerhin aber auch 10–20 % während einer dysphorischen manischen Phase (Rihmer, 2007).

Neben episodenförmig verlaufenden depressiven und manischen Syndromen kommen *anhaltende affektive* Störungen vor, welche zwar in der Intensität über die Zeit schwanken, aber dabei selten schwer genug sind, um die Diagnose einer depressiven oder manischen Episode zu rechtfertigen. Die chronisch depressive Verstimmung wird *Dysthymia* genannt und entspricht ungefähr der früher als »neurotisch« bezeichneten Depression mit leichterem und weniger klar phasenhaft abgegrenztem Verlauf. *Zyklothymia* (nicht zu verwechseln mit dem alten Begriff Zyklothymie als Synonym für manisch-depressive Psychose) bezeichnet eine andauernde Stimmungsinstabilität, bei der sich depressive und hypomanische Schwankungen finden, klinisch auffällig, jedoch nicht stark genug, um eine depressive oder (hypo-)manische Phase zu diagnostizieren.

Merke

▶ Depression ist keine einheitliche Krankheit, sondern ein Syndrom, das auf verschiedene, nicht zuletzt auch organische Ursachen (Hormonstörungen, Tumorerkrankungen, Schlaganfälle) zurückgehen kann. Zu bedenken ist weiter, dass Schizophreniefälle mit vorwiegender Minussymptomatik nicht immer leicht von Depressionen zu unterscheiden sind. Depressionen können kontinuierlich sein und episodenhaft auftreten, dann als einmalige depressive Episoden, bei rezidivierender depressiver Störung und schließlich im Rahmen bipolarer Verläufe. ◀◀

5.4 Diagnostik und Klassifikation

Die Diagnose einer affektiven Störung wird meist im freien Gespräch durch Anamnese und Befunderhebung gestellt. Zunehmend kommen jedoch für Forschungszwecke, beispielsweise zur

Verlaufskontrolle oder für die Zuteilung zu therapeutischen Bedingungen, stärker standardisierte Verfahren zum Einsatz. Bekannt sind hier das *Beck'sche Depressionsinventar* und die *Hamilton Depressionsskala* (für eine Zusammenstellung der Instrumente s. Hautzinger, 2013).

Die (alleinige) Diagnose *manische Episode* mit der Codenummer F30 in ICD-10 erfolgt, wenn die betreffende Person zum ersten Male solche Symptomatik aufweist. Dabei wird nach Intensität und Zusatzsymptomen noch einmal unterteilt: Bei der *Hypomanie* (F30.0) findet sich eine leichtere Ausprägung manischer Symptome ohne Wahn und Halluzinationen, eventuell mit »Beeinträchtigung der Berufstätigkeit oder der sozialen Aktivität«; im Gegensatz zur Manie ist die Symptomatik aber nicht schwer genug, um »zu einem Abbruch der Berufstätigkeit oder zu sozialer Ablehnung« zu führen. Letzteres ist Zeichen der *Manie ohne psychotische Symptome* (F30.1) und der *Manie mit psychotischen Symptomen* (F30.2). Die zweite Form ist schwerer und durch ausgeprägte Wahnideen in Form von Größen-, Verfolgungs- oder religiösem Wahn gekennzeichnet. Die Abgrenzung von der Schizophrenie und schizoaffektiven Störungen kann schwierig sein. Für die Diagnose manische Episode ist erforderlich, dass die Symptome mindestens eine Woche bestehen und eine *Unterbrechung* beruflicher und sozialer Leistungsfähigkeit zur Folge haben.

Hat die betreffende Person vor ihrer Episode mit manischer Symptomatik bereits eine depressive Episode durchgemacht, wird eine *bipolare Störung* (F31) diagnostiziert mit einer augenblicklich manischen Episode; mit einer Zahl an vierter Stelle ist die Art der gegenwärtigen Symptomatik zu beschreiben (F31.0: bipolare affektive Störung, gegenwärtig hypomanische Episode; F31.1: bipolare affektive Störung, gegenwärtig manische Episode ohne psychotische Symptome; F31.2: bipolare affektive Störung, gegenwärtig manische Episode mit psychotischen Symptomen). Gelangt die Person erst später in eine depressive Phase, so müsste rückwirkend die Diagnose korrigiert werden, wäre also z. B. F30.1 (Manie ohne psychotische Symptome) in F31.1 (bipolare affektive Störung, gegenwärtig manische Episode ohne psychotische Symptome) umzuwandeln.

Der Sachverhalt wird dadurch kompliziert, dass auch dann von einer bipolaren affektiven Störung gesprochen wird, wenn bis dahin nur manische Phasen aufgetreten sind. Dahinter steckt die Überlegung, dass Personen mit ausschließlich rezidivierender manischer Symptomatik den Patienten, die daneben depressive Episoden erleben, »in Familienanamnese, prämorbider Persönlichkeit, Krankheitsbeginn und langfristiger Prognose« ähneln (ICD-10, S. 164). Hinzu kommt, dass rein manische Verläufe sehr selten sind, somit auch nach wiederholten manischen Episoden mit großer Wahrscheinlichkeit eine depressive Phase zu erwarten ist. Mittlerweile gibt es in ICD-10 allerdings auch eine (»tentative«) Codenummer für rezidivierende manische Episoden (F31.*82*).

Konnte bei einer Person bis zum Untersuchungszeitpunkt ein bipolarer Verlauf gefunden werden – beziehungsweise waren ausschließlich bis dahin manische Phasen zu beobachten – und zeigt sie dann depressive Symptomatik, müsste die Diagnose *bipolare affektive Störung, gegenwärtig depressive Episode* gestellt werden, wobei eine zusätzliche Unterteilung nach Schweregrad des depressiven Syndroms und möglicher psychotischer Zusatzsymptomatik erfolgt. Es ergeben sich dann folgende Diagnose- und Verschlüsselungsmöglichkeiten: F31.3 (bipolare affektive Störung, gegenwärtig leichte oder mittelgradige depressive Episode), F31.4 (bipolare affektive Störung, gegenwärtig schwere depressive Episode ohne psychotische Symptome) und F31.5 (bipolare affektive Störung, gegenwärtig schwere depressive Episode mit psychotischen Symptomen); zu letzteren wären Wahnideen, Halluzinationen oder depressiver Stupor zu rechnen (ICD-10, S. 175); das Vorhandensein eines somatischen Syndroms im Rahmen der depressiven Episoden könnte mit der fünften Stelle gekennzeichnet werden (s. u.).

Von diesen sich durch eine einmalige manische Episode manifestierenden oder bipolar verlaufenden affektiven Störungen sind die unipolaren depressiven Formen anzugrenzen; dabei kann es sich um eine einzige Phase handeln oder um rezidivierende (rein) depressive Störungen. Eine *depressive Episode* (F32) wird dann diagnostiziert, wenn dies die erste ausgeprägtere affektive Symptomatik der betreffenden Person darstellt; wie beschrieben, ist das Syndrom typischerweise gekennzeichnet durch die drei »Kernsymptome« depressive Stimmung, Verlust von Interesse und Freude sowie erhöhte Ermüdbarkeit (als Zeichen der Antriebsverminderung). Als häufige Symptome werden genannt: eingeschränkte Konzentration und Aufmerksamkeit, vermindertes Selbstwertgefühl und Selbstvertrauen, Schuldgefühle und Gefühle von Wertlosigkeit, pessimistische Zukunftsperspektiven, Suizidgedanken oder Suizidhandlungen, Schlafstörungen und Abnahme des Appetits (verkürzt nach ICD-10, S. 170). Bei den depressiven Episoden lassen sich wiederum leichte (F32.0), mittelgradige (F32.1) sowie schwere depressive ohne (F32.2) und mit psychotischen Symptomen (F32.3) unterscheiden. Für den Schweregrad ausschlaggebend ist das Vorliegen einer bestimmten Anzahl der drei genannten »Kernsymptome« (zwei davon bei den leichten und mittelgradigen depressiven Episoden, alle drei bei den schweren); zudem muss eine gewisse Anzahl der zusätzlich möglichen Symptome zu finden sein. Die Diagnose »schwere depressive Störung mit psychotischen Symptomen« erfolgt dann, wenn Wahnideen (gewöhnlich Ideen der Versündigung, der Verarmung oder einer bevorstehenden Katastrophe, für die sich der Patient verantwortlich fühlen kann), Halluzinationen oder ein depressiver Stupor auftreten. Akustische Halluzinationen »bestehen gewöhnlich aus diffamierenden oder anklagenden Stimmen«, Geruchshalluzinationen »beziehen sich auf Fäulnis oder verwesendes Fleisch«. Um von einer depressiven Episode sprechen zu können, sollten die Symptome in der Regel wenigstens zwei Wochen bestehen; dieses kritische Intervall kann kürzer sein, wenn die Symptome »ungewöhnlich schwer oder schnell aufgetreten« sind.

Tritt eine depressive Episode nicht zum ersten Mal auf und wurden bisher keine manischen Episoden beobachtet, spricht man von einer *rezidivierenden depressiven Störung* (F33), wobei analog zur einmaligen depressiven Episode die augenblickliche Symptomatik durch die vierte Stelle ausgedrückt wird, daher steht F33.0 für eine *rezidivierende depressive Störung, gegenwärtig leichte Episode.*

Liegt eine dauernde Stimmungsstörung vor, bei denen die Symptomatik nicht den Charakter regelrechter depressiver, hypomanischer oder manischer Phasen hat, spricht man von einer *anhaltenden affektiven Störung* (F34) und unterscheidet *Zyklothymia* (F34.0) mit andauernder Instabilität der Stimmung und *Dysthymia* (F34.1) mit chronischer depressiver Verstimmung;

eine Codenummer für anhaltend manische Gestimmtheit existiert nicht.

Fasst man die Klassifikation affektiver Störungen nach ICD-10 zusammen, so wird zunächst zwischen bis dato *einmaligen Episoden* und *rezidivierenden affektiven Störungen* differenziert. Bei den einmaligen Episoden lässt sich zwischen manischen (F30) und depressiven (F32) unterscheiden, wobei weitere Stellen die Symptomatik bezüglich Schweregrad oder Zusatzsymptomen psychotischer Art kennzeichnen. Handelt es sich wenigstens um die zweite Episode, spricht man von einer rezidivierenden depressiven Störung dann, wenn alle Episoden einschließlich der gegenwärtigen depressiver Art waren; neben der allgemeinen Diagnose rezidivierende depressive Störung (F33) muss der Schweregrad sowie die Zusatzsymptomatik (psychotisch oder nicht-psychotisch) der gegenwärtigen Phase angegeben werden. Handelt es sich bei der gegenwärtigen bereits um mindestens die zweite manische Episode oder sind einer depressiven Episode schon manische vorausgegangen, ist die Diagnose *bipolare affektive Störung* (F31) zu stellen und mit der dritten Stelle Art (manisch oder depressiv) sowie Schweregrad und Zusatzsymptomatik der gegenwärtigen Phase zu vermerken. Affektive Störungen, deren Symptome nie so schwer sind, um regelrechte Episoden zu diagnostizieren, bilden eine eigene Gruppe *anhaltende affektive Störungen* (F34) mit den Unterformen Zyklothymia (F34.0) bei Schwankungen in beide Richtungen und Dysthymia (F34.1) bei ausschließlich depressiver Symptomatik.

Vergleicht man diese neuere Klassifikation affektiver Störungen mit den älteren, fällt zunächst auf, dass in ICD-10 ätiologische Kategorien der Art »endogene«, »reaktive« oder »neurotische« Depression vermieden werden. Lediglich gibt es die Möglichkeit (nicht aber die Verpflichtung), das Vorliegen von Symptomen, welche als besonders typisch für die »endogene Depression« erachtet werden (etwa das Morgentief), mit dem zusätzlichen Code für das »somatische Syndrom« zu vermerken. Gleichzeitig wird aber nun genauer nach dem Verlauf differenziert: Sprach man im Sinne des alten Schemas oft von einer affektiven oder manisch-depressiven Psychose bereits dann, wenn eine einzige melancholische Phase beobachtet worden war, so werden heute klar die lediglich einmal aufgetretenen Episoden von den rezidivierenden Verlaufsformen getrennt; innerhalb der letzteren wird noch einmal eine Unterscheidung zwischen den unipolar verlaufenden depressiven und den bipolaren Störungen getroffen, was früher mit der Kategorie »affektive Psychose« nicht genauer getrennt wurde. Da zunehmend Unterschiede zwischen den uni- und den bipolaren affektiven Störungen entdeckt werden, etwa hinsichtlich genetischer Determinanten oder Ansprechen auf Psychopharmaka, scheint diese differenziertere Einteilung nach dem Verlauf durchaus sinnvoll; Ähnliches gilt für die nun noch schärfere Unterscheidung zwischen den in Episoden verlaufenden und eher kontinuierlichen depressiven Syndromen – letztere als Dysthymia weitgehend der früheren »neurotischen« Depression entsprechend.

In DSM-5 ist die Einteilung ähnlich – wobei allerdings organisch und nicht-organisch begründbare affektive Störungen im selben Kapitel abgehandelt werden. Bei den depressiven Störungen kennt man (vereinfacht wiedergegeben) neben der »Persistierenden Depressiven Störung (Dysthymie)« die *Major Depression*, die eine einzelne Episode bildet oder rezidivierend verlaufen kann. Dem werden die *Bipolaren Störungen* gegenüber- gestellt, wobei hier auch rein manische Verläufe eingereiht werden; dabei wird unterteilt in die *Bipolar I Störung* mit regelrechten manischen Episoden und *Bipolar II Störung*, wo nur hypomani- sche Episoden auftreten – auch ICD-10 kennt übrigens mittler- weile diesen Begriff. Die *Zyklothyme Störung* entspricht der Zy- klothymia in ICD-10.

5.5   Erstmanifestationsalter und Epidemiologie

Im Fall organisch bedingter oder durch psychotrope Substanzen und Medikamente hervorgerufener affektiver Störungen ist der Beginn der Symptomatik naturgemäß abhängig vom Beginn der Grunderkrankung oder der Substanzeinnahme.

Die episodenhaft abgegrenzten depressiven Störungen können in jedem Lebensalter einsetzen (auch schon im Kindesalter, wenn auch mit etwas anderer Symptomatik, etwa mit Gereiztheit statt Traurigkeit; s. Lima et al., 2013); ihr Erstmanifestationsalter liegt aber meist zwischen dem 25. und dem 35. Lebensjahr. Bipolare

Störungen setzen durchschnittlich einige Jahre früher als die unipolaren ein.

Anhaltende depressive Störungen (Dysthymia) machen sich typischerweise im frühen Erwachsenenalter bemerkbar und nehmen oft chronischen Verlauf über Jahre bis Jahrzehnte, wenngleich Intensitätsschwankungen zu beobachten sind.

Angaben zur *Häufigkeit affektiver Erkrankungen* differieren beträchtlich, was größtenteils auf die nicht einheitliche Terminologie zurückzuführen ist. Für die bipolaren affektiven Störungen mit mindestens einer regelrechten manischen Episode dürfte die Lebenszeitprävalenz zwischen 0,5 % und 1 % liegen, also ähnlich der für Schizophrenie sein. Unter Einbeziehung hypomanischer Phasen und zyklothymer Persönlichkeitsstörungen – was bei epidemiologischen Angaben aus dem angloamerikanischen Bereich nicht selten der Fall ist – muss das Lebenszeitrisiko mit 6–8 % deutlich höher angesetzt werden. Übereinstimmung besteht darin, dass bei bipolaren Störungen Frauen und Männer ähnlich häufig betroffen sind.

Noch größere Diskrepanz in den Angaben findet sich hinsichtlich der *Häufigkeit depressiver Syndrome*; hier macht sich bemerkbar, dass meist nicht zwischen einmaligen Episoden und rezidivierenden depressiven Störungen unterschieden wird, zudem oft chronische Störungsbilder (Dysthymie) einbezogen werden. Weiter berücksichtigen manche Autoren auch leichte, nicht zur Behandlung führende depressive Zustände. So werden Lebenszeitprävalenzen depressiver Syndrome von zwischen 15 % und 25 % angegeben; jeder Vierte bis Fünfte würde demnach mindestens einmal einen solchen Zustand durchmachen. Etwa 20–30 % der Betroffenen erleben eine einzige Episode, ein ähnlicher Prozentsatz deren zwei oder drei, die Hälfte der Patienten vier oder mehr. (Bei den bipolaren Störungen wird ungefähr eine doppelt so hohe Phasenzahl angenommen.) Übereinstimmung besteht hinsichtlich Geschlechterverteilung: Frauen überwiegen deutlich, etwa im Verhältnis 2:1; bezüglich schwer depressiver Zustände dürfte das Verhältnis noch extremer zu sein. Anders als bei der Schizophrenie sind bezüglich affektiver Störungen die verschiedenen Einkommensschichten weitgehend gleich betroffen (zu Quellenangaben s. Köhler, 2016a, S. 51 ff.).

5.6   Familiäre Häufung und Vererbung

Affektive Störungen treten *familiär gehäuft* auf, wobei dies bei den
bipolaren Formen wesentlich deutlicher ist: So haben Verwandte
von manisch-depressiven Personen eine 5–10fach erhöhte Wahrscheinlichkeit, ebenfalls an dieser Störung zu erkranken; das
Risiko bleibt deutlich erhöht, auch wenn sie von ihren Ursprungs-
familien getrennt lebten (Taylor, Faraone & Tsuang, 2002). Wie
bei vielen anderen Störungen ist eine polygenetische Vererbung
mit Abstand am wahrscheinlichsten. Versuche, für bipolare
Störungen verantwortliche Gene zu lokalisieren, sind mittlerweile
zunehmend erfolgreicher; diese liegen auf verschiedenen Chromosomen, dürften isoliert keine allzu große Penetranz besitzen
und determinieren nicht zuletzt Eigenheiten in den Monoamin-
transmitter-Systemen, zudem den Aufbau von Calciumkanälen
und weitere Membraneigenschaften (Craddock & Sklar, 2013;
Shinozaki & Potash, 2014).

Weniger eindeutig sind die genetischen Verhältnisse bei den
unipolaren depressiven Störungen. Wieder ist die Diskrepanz der
mitgeteilten Daten wohl auf die mehr oder weniger weit gefassten
Definitionen zurückzuführen: je stärker die Beschränkung auf die
schweren depressiven Zustände mit somatischem Syndrom
beziehungsweise endogener Natur, desto eindrucksvoller der
Nachweis genetischer Determiniertheit.

Ähnlich wie bei Schizophrenie und den bipolaren Störungen
lässt sich durch Untersuchungen von *Adoptivkindern* ausschließen, dass die familiäre Häufung allein Folge gemeinsamer
Umweltbedingungen darstellt. Auch hier konnten »Kandidatengene« identifiziert werden; so wurden Varianten des 5HTT-Gens
gefunden, welches die Leistungsfähigkeit von Serotonintranspor-
tern determiniert (Foland-Ross, Hardin & Gotlib, 2013; zum
Zusammenhang dieses Transporters bzw. des ihn determinieren-
den Gens mit der Reaktivität auf psychische Belastung s. Köhler,
2016a, S. 58 f.).

5.7   Biochemische Korrelate affektiver Störungen

Wie oben ausgeführt (▶ Kap. 4.2.7), sind bei psychischen Störungen gefundene biologische Veränderungen nicht als deren letzte Ursache zu betrachten, sondern als Korrelate beziehungsweise zugrunde liegende Prozesse; entsprechend stehen solche Befunde nicht im Widerspruch zu psychogenetischen Ansätzen.

Die *Monoaminhypothese* ist nach wie vor das bekannteste biochemische Modell depressiver Störungen, obwohl sie ausgesprochen vage formuliert ist und im Widerspruch zu einer Anzahl empirischer Befunde steht. Monoamine haben u. a. die Funktion von Neurotransmittern; zu ihnen zählt man üblicherweise Serotonin, Dopamin und Noradrenalin. Serotonin wird aus der Aminosäure Tryptophan gebildet und gehört zur Untergruppe der Indolamine, die Katecholamine Dopamin und Noradrenalin werden aus Tyrosin synthetisiert.

Die Speicherung der Monoamine im präsynaptischen Neuron erfolgt in bläschenförmigen Gebilden (Vesikeln), die ihren Inhalt bei Reizung in den synaptischen Spalt entleeren; nach Diffusion zum postsynaptischen Neuron können sich die Transmitter an Rezeptoren anlagern und zu Veränderung von Membraneigenschaften führen. Nach kurzer Zeit werden die Moleküle wieder aus dem synaptischen Spalt in die präsynaptische Zelle rücktransportiert (Reuptake); sie können dort entweder erneut in Vesikel geschleust oder abgebaut werden. Dieser Abbau findet v. a. bei Transmitterüberangebot statt und geschieht im Wesentlichen (bei den Katecholaminen jedoch nicht ausschließlich) durch das Enzym Monoaminoxydase (MAO). Aus Serotonin entsteht dabei 5-Hydroxyindolessigsäure (englische und in der Literatur gebräuchliche Abkürzung: 5-HIAA = 5-hydroxyindoleacetic acid), aus Dopamin Homovanillinsäure, aus Noradrenalin MHPG (3-Methoxy-4-Hydroxy-Phenylglycol). Die Konzentration dieser Metaboliten im Blutplasma und in der Zerebrospinalflüssigkeit wird (zunehmend umstritten) als Indikator für die Menge der Monoamine im präsynaptischen Neuron und synaptischen Spalt angesehen. Zu ergänzen bleibt, dass an der Membran des präsynaptischen Neurons so genannte Autorezeptoren sitzen, die ebenfalls durch Transmitter besetzt werden können. Der Grad dieser Besetzung gibt somit Hinweis auf die Konzentration der Botenstoffe im Spalt; ist diese hoch, so werden bei den nächsten Impulsen weniger Moleküle aus dem Endknöpfchen freigesetzt.

Die Monoaminhypothese der Depression nimmt eine *Minder-aktivität an monoaminergen Synapsen* an[23] Entsprechend wird gestörte Neurotransmission speziell an noradrenergen und/oder serotonergen Synapsen als biochemisches Korrelat depressiver Zustände angesehen; auch Dopamin ist in den letzten Jahren zunehmend ins Forschungsinteresse gerückt. Ob die biochemischen Veränderungen bei ein- und derselben Person gleichzeitig vorliegen oder ob jeweils nur in einem ihrer Transmittersysteme Störungen zu finden sind oder ob je nach Symptomatik einmal Katecholaminminderaktivität, ein andermal Serotoninminder-aktivität anzunehmen ist – das alles ist nicht präzisiert. Ebenso wenig ist klar, an welchen Bahnen solche eingeschränkte synaptische Aktivität zu finden sein könnte und wie man sich letztere genauer vorzustellen hat: Denkbar wären eine mangelnde Aus-schüttung von Transmittern oder eine veränderte Rezeptorzahl bzw. Empfindlichkeit an der postsynaptischen Nervenzelle. Interessanterweise konzentrieren sich die Forschungen der letzten Jahren zunehmend weniger auf die ohnehin schwer bestimmba-ren Transmitterkonzentrationen, sondern vielmehr auf Rezep-toreigenschaften; so gibt es Hinweise auf verminderte Empfind-lichkeit des $5-HT_{1A}$-Rezeptors (Savitz & Drevets, 2013). Tabelle 5.1 zeigt einige Befunde, welche die Monoaminhypothese stützen sollen (▶ Tab. 5.1).

Ein vergleichsweise direkter Hinweis ist die Tatsache, dass im Liquor cerebrospinalis von Depressiven, insbesondere nach Sui-zid, *erniedrigte Konzentration des Serotoninmetaboliten 5-HIAA* gefunden wurde, was für erniedrigte Konzentration in den End-knöpfchen sprechen könnte. Weniger eindeutig ist die Befundlage zu *MHPG*, dem *Abbauprodukt von Noradrenalin* (s. Köhler, 2005, S. 138 ff.). Von Bedeutung war weiter die Feststellung, dass unter

---

23 Ob sich diese Hypothese noch aufrechterhalten lässt, darf bezweifelt werden. Die eigentlich nur auf Serotonin und Noradrenalin zielenden Antidepressiva scheinen auch andere Transmittersysteme zu beein-flussen, so das glutamaterge und das GABAerge (Mathew et al., 2008), was zu Modifikationen der grundlegenden biochemischen Hypo-thesen führen dürfte. Generell muss man sich von der Vorstellung frei machen, die Wirkweisen der antidepressiven Behandlung annähernd verstanden zu haben (s. dazu auch Benkert & Hippius, 2015, S. 6 f.).

Gabe des Alkaloids *Reserpin* zur Behandlung von Bluthochdruck gehäuft depressive Syndrome auftraten; Reserpin macht die Vesikel porös und führt die Transmitter vermehrtem Abbau durch MAO zu. Auch wurde beobachtet, dass sich tryptophanarme Diät (und damit Erschwerung der Serotoninproduktion) negativ auf den Verlauf depressiver Symptomatik auswirkt.

Weitere Hinweise für die Gültigkeit der Hypothese ergeben sich aus dem Wirkmechanismus zur Depressionsbehandlung eingesetzter Medikamente. Die ursprünglich zur Therapie der Tuberkulose verwendete Substanz Iproniazid führte bei depressiven Patienten zur Stimmungsaufhellung. Da sich die Wirkweise dieser Substanz über eine Blockade der Monoaminoxydase (MAO-Hemmung) und die daraus folgende Erhöhung der Monoaminmenge in den Endknöpfchen erklären ließ, schloss man, depressiven Syndromen liege ein Mangel an diesen Transmitterstoffen zugrunde.

Tab. 5.1: Befunde zur Stützung der Monoaminhypothese der Depression (nach Köhler, 2005)

Stichwort	Befund
Reserpininduzierte Depression	• Gabe des die Monoaminspeicher entleerenden Reserpin führt zu depressiven Verstimmungen
Wirkung von Aminprä-kursoren	• Vorstufen von Noradrenalin u. Serotonin bessern depressive Symptome • tryptophanarme Diät verschlechtert Symptomatik
Effekte von Kokain und Psychostimulanzien	• Dopamin- u. Noradrenalinverfügbarkeit erhöhende Stoffe wirken antriebssteigernd, euphorisierend
Effekte von MAO-Hemmern	• MAO-Hemmer erhöhen Verfügbarkeit von Monoaminen und wirken antidepressiv
Wirkung trizyklischer Antidepressiva	• Stoffe, welche die Monoamin-Wiederaufnahme hemmen, haben antidepressive Wirkung
Konzentrationen von Monoaminen und ihren Metaboliten	• reduzierte Serotoninmengen im Hirnstamm Depressiver • erniedrigte Konzentration von 5-HIAA im Liquor depressiver Patienten • evtl. erniedrigte Konzentration von MHPG im Urin depressiver Patienten

Unterstützt wird die Monoaminhypothese mit gewissen Ein-
schränkungen durch die Wirkweise der Antidepressiva, welche die
Konzentration von Noradrenalin und Serotonin im synaptischen
Spalt durch Störung der Wiederaufnahme in das präsynaptische
Neuron erhöhen. Indem sie mehr oder minder stark gleichzeitig
die präsynaptischen Autorezeptoren blockieren, »täuschen« sie
einen Transmittermangel im Spalt vor und veranlassen die
präsynaptische Nervenzelle zu verstärkter Ausschüttung. Diese
Reuptake-Hemmung betrifft zumeist beide Transmittersysteme.
Bei den zunehmend erfolgreicheren Versuchen, selektive Seroto-
nin- und Noradrenalin-Wiederaufnahme-Hemmer zu entwi-
ckeln, könnte es auf lange Sicht möglich werden, den spezifischen
Transmittermangel noch genauer der Symptomatik bzw. den
Personengruppen zuzuordnen.

> Versuche, durch Vorstufen der Transmitter depressive Syndrome zu
> bessern, sind wenig überzeugend ausgefallen. L-Tryptophan als Aus-
> gangspunkt der Serotoninsynthese war zeitweise als Antidepressivum
> im Handel, hat aber die Erwartungen nicht erfüllt und wird bestenfalls
> noch als Schlafmittel eingesetzt. Umgekehrt ließen sich durch tryp-
> tophanarme Diät depressive Zustände produzieren, ein jedoch nicht
> zweifelsfrei zu replizierender Befund.

Im Kontext der Monoaminhypothese bleiben einige Punkte zu
klären. Wichtigster ist, dass die Erhöhung der Serotonin- und
Noradrenalinmenge im Spalt als Folge der Reuptake-Hemmung
und der Autorezeptor-Blockade rasch einsetzen müsste, während
bis zum Wirkungseintritt der Antidepressiva im Allg. zwei bis vier
Wochen vergehen. So wird diskutiert, ob nicht die eigentliche
Wirkung in einer Veränderung der Rezeptorempfindlichkeit als
Folge permanent erhöhter synaptischer Konzentration besteht; eine
interessante Erweiterung der Monoaminhypothese sind die Un-
gleichgewichtshypothesen, die den Transmitter Acetylcholin einbeziehen und annehmen, dass bei der Manie die Aktivität von
Noradrenalin und Dopamin zu Ungunsten der von Acetylcholin
verstärkt ist, während bei der Depression das cholinerge System
überwiegen soll (van Enkhuizen et al., 2015). Dafür spricht u. a.,
dass Anticholinergika, insbesondere Scopalamin, bemerkenswerte
antidepressive Effekte haben (s. beispielsweise Hasselmann, 2014).
    Nicht zuletzt aufgrund der Beobachtung, dass übermäßige
Aktivität von Hormonen der Nebennierenrinde oder die Einnah-

me von entsprechenden Medikamenten (Cushing-Syndrom,
▶ Kap. 5.3) häufig von affektiver Verstimmung begleitet ist, wird
als Grundlage depressiver Syndrome (auch) eine *Störung* im *Hypo-*
thalamus-Hypophysen-Nebennierenrinden-System angenommen.
Man geht von einer Fehlregulation der Rückkoppelungskreise aus,
bei denen normalerweise die erhöhte Konzentration von Neben-
nierenrindenhormonen (etwa Cortisol) zu einer gedrosselten
ACTH-Ausschüttung aus der Hypophyse führt, was die Hor-
monsekretion der Nebennierenrinde verringert. Ein Beleg für
solche veränderten Regelsysteme bei Depressiven ist der negative
Ausfall des Dexamethason-Suppressionstests: Die Gabe des synthetischen Corticoids Dexamethason unterdrückt bei gesunden
Personen die ACTH-Produktion der Hypophyse und lässt somit
die Cortisolkonzentration sinken, ein Effekt, der bei Depressiven
häufig ausbleibt.

Vor dem Hintergrund dieser Annahmen werden therapeutische
Versuche mit Substanzen gemacht, die auf das hypothalamische
Hormon CRH (CRF, engl. Corticotropin Releasing Factor) wirken,
allerdings bis jetzt mit geringem Erfolg (Joffe, 2011). Veränderungen
anderer Hormonsysteme wurden gleichfalls mit Depression in Verbindung gebracht, so Störungen der Achse Hypothalamus-Hypo-
physe-Schilddrüse; interessanterweise wirkt die Gabe von Schilddrüsenhormonen auch bei Patienten ohne Schilddrüsenunterfunktion
augmentativ, d. h. den Effekt von Antidepressiva verstärkend (Köhler,
2016a, S. 119). In jüngster Zeit hat sich die Forschung, angeregt durch
die typischen Tagesschwankungen bei vielen depressiven Patienten
und den oft positiven Effekt von Lichtexposition, auf das Melatonin
konzentriert, das Hormon der Zirbeldrüse (Epiphyse). In Zeiten vermehrter Dunkelheit wird mehr davon ausgeschieden; es kommt zu
Verlangsamung biologischer Funktionen, als deren pathologische
Steigerung man die Depression ansehen könnte. Dies würde die
saisonalen Stimmungstiefs erklären. Insofern erscheint der therapeutische Einsatz von Melatoninagonisten wie Agomelatin (Valdoxan[®])
auf den ersten Blick widersinnig; möglicherweise handelt es sich um
eine langfristige Stabilisierung des Systems.

Noch unklarer ist, welche biochemischen Veränderungen der
Manie zugrunde liegen. Da nach Einnahme der noradrenalin-
agonistischen Amphetamine und des Kokains eine manische
Symptomatik mit Aktivitätssteigerung, mangelndem Schlafbe-
dürfnis, gehobener Stimmung und Selbstüberschätzung auftreten

kann, liegt eine Beteiligung von Noradrenalin nahe. Auch ist
möglicherweise bei diesen Patienten der MHPG-Spiegel im Liquor
cerebrospinalis vermehrt, womit an den Synapsen mehr Norad-
renalinmoleküle zur Verfügung stehen. Allerdings wurde der 5-
HIAA-Spiegel im Liquor erniedrigt gefunden und bei trypto-
phanreicher Kost soll sich auch manische Symptomatik bessern.
Man hat daher die interessante, aber bis jetzt weder widerlegte
noch ausreichend gestützte Annahme vertreten, dass aufgrund
des niedrigen Serotoninspiegels die Noradrenalinkonzentration
überhaupt erst die Schwankungen zeigt, durch die es zu depressiven und manischen Zuständen kommt (»permissive«-Hypo-
these; s. Köhler, 2016a, S. 91).

5.8   Erklärungsansätze

Biologische Erklärungsansätze gehen im Wesentlichen von der
bedeutsamen *genetischen Komponente* bei der Entstehung von
affektiven Störungen aus, speziell bei bipolaren Verläufen. Externe, das Erkrankungsrisiko erhöhende Faktoren wie Komplikationen oder frühkindliche Infektionen wurden – anders als bei der
Schizophrenie – nicht konsistent gefunden.

Erklärungen unipolarer Formen dürften eher für die schwereren endogenen zutreffen und basieren auf der erblichen Determiniertheit in Form gewisser Abnormitäten im noradrenergen
und serotonergen System. Selten dürften diese Faktoren allein das
Auftreten sicher begründen, sodass auch psychologischen Erklä-
rungsansätzen eine gewisse Bedeutung zukommt.

Mittlerweile gibt es eine Anzahl weiterer Thesen zur Ätiopathogenese unipolarer Depressionen (für Belege s. Köhler, 2016a,
S. 61 ff. sowie S. 94 ff.). Eine geht von funktionellen Abnormitäten
kreisförmig verbundener Hirnstrukturen aus; dieser hypotheti-
sche »Depressionskreis« (depression circuit) umfasst den präfrontalen Kortex, Teile des Gyrus cinguli, Amygdala und Striatum.
Andere Modelle vermuten, dass es sich primär um eine hormonelle Dysregulation v. a. des Systems Hypothalamus-Hypophyse-
Nebennierenrinde handelt oder dass die depressive Symptomatik
sekundär die Folge gestörter Biorhythmen ist. Weitere Thesen, die
auch den phasenhaften Verlauf mit symptomfreien Intervallen

erklären könnten, sind die einer intermittierend gestörten Neuronenbildung (speziell im Hippocampus) sowie die Annahme, dass es sich um chronischen, zwischendurch akut aufflammenden Entzündungsprozess handelt (Zytokinhypothese der Depression; s. dazu ausführlich Felger & Lotrich, 2013).

Biologische Modelle zur Entstehung der Manie beziehungsweise der bipolaren Störungen sind kaum explizit formuliert. Anregend ist die Hypothese, dass es sich letztlich um eine genetisch determinierte Instabilität der Neuronenmembranen mit ihren Ionenkanälen handelt.

Psychologische Erklärungsansätze: Das erste bekanntere psychologische Modell der Depression wurde von Freud in »Trauer und Melancholie« (Freud, 1916-17g) entwickelt, dies jedoch in aller Zurückhaltung und mit der Einschränkung, hiermit nur Zusammenhänge für eine »kleinere Gruppe« gefunden zu haben. Die schwierigen Gedankengänge können hier nur schematisch wiedergegeben werden (für eine genauere Darstellung s. Köhler, 2014c, S. 539 ff.). Freud hebt die Ähnlichkeit zwischen Trauer und Depression hervor (gedrückte Stimmung, Verlust von Interesse an der Außenwelt); beides stelle eine Reaktion auf Verlust dar, welcher bei der Trauer bewusst sei, bei der Melancholie häufig unbewusst. Im ersten Falle werde nach gewisser Zeit (nach Ableistung der »Trauerarbeit«) die libidinöse Beziehung zum verlorenen Objekt gelöst, bei der Melancholie hingegen dieses introjiziert. Die depressive Person identifiziert sich nach Freud mit dem Objekt, die Selbstvorwürfe gelten nicht der eigenen Person, sondern stellen Vorwürfe gegenüber dem Verlorenen dar: »So hat man denn den Schlüssel des Krankheitsbildes in der Hand, indem man die Selbstvorwürfe als Vorwürfe gegen ein Liebesobjekt erkennt, die von diesem weg auf das eigene Ich gewälzt sind« (Freud, 1916-17g, S. 434). Der psychodynamische Mechanismus ist kompliziert: Da die Introjektion eine *narzisstische Regression* darstellt, rechnet Freud die Melancholie zu den *narzisstischen Neurosen*, vermisst dort die Übertragung und folglich die psychotherapeutische Zugänglichkeit (► Kap. 4.2.8). Die Regression gehe hier jedoch nicht so weit, wie bei der Schizophrenie, sondern in ein Stadium zwischen der Ichliebe und ersten libidinösen Besetzungen der Außenwelt. In diesem Stadium werden die Objekte gewissermaßen einverleibt, bilden Teil des eigenen Ichs und werden im Rahmen der Ichliebe ebenfalls geliebt. Dieses Einverleiben stelle ein Charakteristikum der oralen Phase der Libidoentwicklung dar: »Dürfen wir eine Übereinstimmung der Beobachtung mit unseren Ableitungen annehmen, so würden wir nicht zögern, die Regression von der Objektbesetzung auf die noch dem Narzissmus angehörige orale Libidophase in die Charakteristik der Melancholie aufzunehmen« (Freud, 1916-17g, S. 436). Zu den Bedingungen einer solchen Regression äußert sich Freud entgegen vielen Darstellungen nicht; bei der Theorie, dass in der oralen Phase eine Frustration vorgefallen sei, welche die Depressionsentwicklung begünstige, handelt es sich um eine Zutat späterer Analytiker.

In seiner Theoriebildung ist Freud sehr zurückhaltend: »An diese Erörterungen schließt die Frage an, ob nicht Ichverlust ohne Rücksicht auf das Objekt (rein narzisstische Ich-Kränkung) hinreicht, das Bild der Melancholie zu erzeugen, und ob nicht direkt toxische Verarmung an Ichlibido gewisse Formen der Affektion ergeben kann« (ebd., S. 440). Diese Überlegungen sind v. a. im metapsychologischen Rahmen von Bedeutung und stellen eher beiläufige Bemerkungen über ein spezielles Krankheitsmodell dar, keineswegs eine allgemeine psychoanalytische Theorie der Depression; trotzdem haben sie umfangreiche Forschung angeregt. Speziell die Annahme eines Verlustes als Auslöser der Depression, analog zum Vorgang bei der Trauer, wurde mehrfach, auch in einigen interessanten Tierexperimenten, überprüft (für eine Darstellung s. Comer, 2008, S. 223 ff.). Hinweise für die Gültigkeit gibt es; der Bezug zur psychoanalytischen Theorie bliebe zu diskutieren.

Freud versucht auch (vorsichtig) eine Erklärung der Manie, die er Jubel und Freude gleichsetzt, bei denen ein psychischer Aufwand überflüssig werde und nun eine beliebige Abfuhr erfahren könne: »In der Manie muss das Ich den Verlust des Objekts [...] überwunden haben, und nun ist der ganze Betrag von Gegenbesetzung, den das schmerzhafte Leiden der Melancholie aus dem Ich an sich gezogen und gebunden hatte, verfügbar geworden.« Der Manische, setzt sich die Argumentation fort, »demonstriert auch unverkennbar seine Befreiung von dem Objekt, an dem er gelitten hatte, indem er wie ein Heißhungriger auf neue Objektbesetzungen ausgeht« (ebd., S. 442).

Ein *lerntheoretisches* Entstehungsmodell der Depression ist die *Theorie des Verstärkerverlusts*. Sie geht auf Lewinsohn (Lewin-

sohn, Antonuccio, Steinmetz & Teri, 1984) zurück und war früher
deutlich populärer als heute. Zentrale Annahme ist, dass aus
verschiedenen Gründen die gewohnten Verstärkungen für die
üblichen Verhaltensweisen entfallen und entsprechend das
Aktivitätsniveau der Betroffenen sinkt, bis hin zur depressiven
Verstimmung und Interesselosigkeit. Lewinsohn und seine Mit-
arbeiter konnten diese Annahme auch in einer Anzahl von
Untersuchungen bestätigen, allerdings zumeist aufgrund von
Selbsteinschätzungen der depressiven Versuchspersonen; dies
belegt zunächst jedoch lediglich die bekannte Tatsache, dass in
diesem Zustand eine bevorzugt negative Sichtweise objektiv
unveränderter Sachverhalte vorliegt. Zudem verhalten sich Depressive häufig abweisend und ziehen sich zurück, sodass positive
Verstärker zwangsläufig seltener werden.

Bekannter und deutlich interessanter ist die Theorie der
gelernten Hilflosigkeit, welche nicht nur auf klinischen Beobachtungen, sondern auch auf tierexperimentellen Untersuchungen
basiert und somit die bei Humanstudien oft schwer zu klärende
Ursache-Wirkungs-Beziehung eindeutiger herausarbeitet. Diese
von Seligman in den 1970er Jahren entwickelte Theorie (Seligman, 1979) ist genauer (inklusive ihrer späteren attributionstheoretischen Modifikationen) bei Comer (2008, S. 225 ff.) und
Davison et al. (2007, S. 319 ff.) herausgearbeitet, denen diese
Darstellung weitgehend folgt. In einem sehr beachteten Versuch
wurden zwei Gruppen von Hunden mit angekündigten Elektroschocks konfrontiert, die leicht durch Wechsel von einer Abtei-
lung der Versuchsbox in die andere zu vermeiden waren. Der
einen Gruppe der Versuchstiere, den »naiven« Hunden, die keine
Vorerfahrung hatten, gelang dies leicht. Die andere Gruppe war
zuvor mit unvermeidbaren Elektroschocks konfrontiert worden
und zeigte keine Fluchtreaktionen; die Tiere legten sich hin und
ließen die aversiven Reize winselnd über sich ergehen. Hunde,
die länger mit unvermeidbaren Schocks konfrontiert worden
waren, fraßen schließlich weniger, nahmen ab und verloren auch
sexuelle und sonstige soziale Interessen. Diese Versuche wurden
verschiedentlich wiederholt; dabei ergab sich bei Ratten der
interessante Befund, dass nach gewisser Zeit die Aktivität von
Noradrenalin im Gehirn abnahm. Ähnliche, wenn auch kürzere
und weniger aversive Versuche wurden bei Menschen durchge-

führt. So nutzten Probanden, die längere Zeit mit einem unangenehmen, nicht kontrollierbaren akustischen Reiz konfrontiert worden waren, später nicht die Gelegenheit, Geräusche abzustellen, auch als es schließlich mittels eines einfachen Hebeldrucks möglich war.

Seligman vertrat die Auffassung, Menschen würden depressiv, wenn sie glaubten, keine Kontrolle mehr über die Verstärkungen in ihrem Leben haben und sich für diesen hilflosen Zustand selbst verantwortlich hielten. Die erste Hypothese lässt sich bedingt aus den Experimenten ableiten, die zweite ist v. a. Resultat klinischer Beobachtungen, wobei möglicherweise als Ursache der Depression angesehen wird (Eigenverantwortlichkeit für Unglück), was nach anderer Auffassung lediglich ein typisch wahnhaftes Symptom darstellt (▶ Kap. 5.2 u. ▶ Kap. 5.4). Unbelegt ist, dass alle Symptome der Depression aus der Wahrnehmung von Hilflosigkeit und Selbstbeschuldigung erwachsen. Bestenfalls gezeigt wurde in den Tierstudien, dass Resignation, Appetit- und Libidoverlust durch induzierten (massiven) Kontrollverlust hervorgerufen werden können; ob dies auch beim Menschen gilt, ob andere Symptome der Depression (erniedrigtes Selbstwertgefühl, Wahnideen) so erzeugt werden können und schließlich v. a., ob es nicht andere Wege der Entstehung gibt, bleibt offen.[24]

Später wurde die Theorie unter *kognitionspsychologischen* und *attributionstheoretischen Gesichtspunkten* umformuliert. Zunächst musste sie dahingehend geändert werden, dass nicht der Kontrollverlust an sich, sondern die *Empfindung* des Kontrollverlustes (die nicht den tatsächlichen Gegebenheiten entsprechen muss) die

---

24 Auf die schwer zu interpretierenden Befunde der Stress- bzw. Life-Event-Forschung kann hier nicht eingegangen werden. Tatsächlich finden sich vor Ausbruch depressiver Episoden gehäuft aversive Vorkommnisse, welche jedoch bei anderen Personen keine solch gravierende Symptomatik hervorrufen würden. Daher wurde die Hypothese vertreten, dass genetisch festgelegte Besonderheiten im Monoaminstoffwechsel, speziell die Serotonintransporter betreffend, die Verarbeitung von Stresssituationen erschweren könnten. Durchaus anregend ist auch die Überlegung, dass »Stress« entzündliche Vorgänge fördert, welche zunehmend als pathogenetisch bedeutsam bei zumindest einigen Formen von Depression angesehen werden (Slavich & Irwin, 2014).

depressive Symptomatik hervorruft. Weiter wurde herausgearbeitet, dass es die Attributionen, die Arten der Zuschreibung sind,
welche die Ausbildung der Depression begünstigt: Speziell anfällig
sollen Personen sein, die *internal*, *global* und *stabil* attribuieren, also
insbesondere negative Ereignisse sich selbst zuschreiben und sie für
allgemeine, nicht situationsabhängige Vorkommnisse halten. Diese
Revision hat eine Anzahl von Untersuchungen angeregt, deren
Ergebnisse höchst konträr beurteilt werden. Hingewiesen sei nur
darauf, dass die meisten dieser Studien offenbar nicht an »endogen«
Depressiven, sondern an Probanden mit reaktiven oder neurotischen Depressionen durchgeführt wurden, nicht selten sogar mit
klinisch unauffälligen Personen, die lediglich in Depressionsinven-
taren erhöhte Scores aufwiesen. Wesentliche Frage bleibt jedoch,
warum Personen aus psychischem Wohlbefinden und Stabilität
heraus eine zum Teil schwer depressive Symptomatik entwickeln
und ob dies durch von außen herbeigeführten Kontrollverlust oder
durch Änderungen des Attributionsstils hervorgerufen werden
kann. Nur Längsschnittstudien, die angesichts der Phasenhäufig-
keit bei rezivierenden depressiven Störungen nicht allzu aufwendig
scheinen, könnten über den tatsächlichen Erklärungswert der
»Hilflosigkeitstheorie« entscheiden.

Am bekanntesten, weil auch häufig therapeutischen Interventionen als rationale Begründung unterliegend, ist die von Beck 1967
entwickelte *kognitive Theorie* der Depression (s. dazu Beck, Rush,
Shaw & Emery, 2010). Diese betrachtet Depression als Folge
fehlangepasster Einstellungen, einer bestimmten Betrachtungsweise (der so genannten kognitiven Triade), gewisser Denkfehler und
schließlich automatischer Gedanken. Wie diese vier Bestimmungsstücke logisch und genetisch zusammenhängen, bleibt offen; sie
seien hier ohne Erörterung skizziert. Fehlangepasste Einstellungen
haben nach Beck ihren Ursprung bereits in der Kindheit und stellen
inadäquate Schemata dar, sich in Relation zur übrigen Welt zu
beurteilen. Sie bilden die kognitive Grundlage für bestimmte
Formen des Denkens, die im Fall von Belastungen manifest werden,
eben die kognitive Triade: negative Interpretation eigener Erfahrungen, des eigenen Ichs und der eigenen Zukunft. Im Rahmen
dieser kognitiven Triade zeigen sich *typische Denkfehler*: Beim
willkürlichen Schlussfolgern leiten die Betroffenen in logisch
unzulässiger Weise aus zufälligen Gegebenheiten Aussagen (typi-

scherweise negativer Natur) über sich selbst ab. Bei der *selektiven Abstraktion* wird ein negatives Ereignis besonders beachtet, während andere neutrale oder positive ignoriert werden; *Übergeneralisierung* zeigt sich darin, dass aus einem einzigen (in der Tat negativen Sachverhalt) der eigene Wert generell in Frage gestellt wird; bei der *Maximierung* wird die Bedeutung negativer Ereignisse überschätzt, bei der *Minimierung* die positiver Vorkommnisse unterschätzt; bei der *Personalisierung* wird der eigenen Person Schuld für nicht beeinflussbare Ereignisse zugeschrieben (nach Comer, 2008, S. 228 ff.; dort auch Beispiele für solche Denkfehler). Ein weiteres, bei Depressiven nicht fehlendes Moment sind *automatische,* immer wiederkehrende und schwer zu abzustellende *Gedanken,* die sich vornehmlich um die eigene Wertlosigkeit drehen. Im Sinne eines Rückkoppelungssystems führen die negativen Kognitionen zur Depression, und die depressiven Symptome verstärken weiter die pathogenen Denkfehler.

Becks kognitive Theorie der Depression hat zahlreiche Untersuchungen stimuliert, die vielfach auch die Beziehung zwischen Depressivität und den erwähnten negativen Denkschemata bestätigen konnten. Die Schwierigkeit ist zum einen wiederum die Auswahl der Probanden, oft Normalpersonen mit erhöhten Depressivitätsscores in Fragebogen, selten aber im klinischen Sinne depressiv gestörte Patienten. Zum anderen drängt sich die Frage auf, ob der gefundene kognitive Stil tatsächlich die Ursache der Depression ist und nicht nur eine Umschreibung der in den ICD-10-Kriterien gewissermaßen als Definition depressiver Symptomatik eingeführten negativen Sichtweisen. Ob diese Denkfehler der depressiven Phase vorausgehen und deshalb vielleicht als ihre Ursache aufgefasst werden können, wird kontrovers diskutiert.

Bei allen erwähnten Theorien ist zudem nicht genauer spezifiziert, auf welche Art depressiver Syndrome sie sich beziehen, ob auf die eher chronisch verlaufenden Formen im Sinne von Dysthymia oder die episodenhaft abgegrenzten Störungen; bei letzteren scheint es unerlässlich zu unterscheiden zwischen depressiven Zuständen bei Personen, die in gewissen Abständen ausschließlich diese erleiden, und anderen, bei denen oft genau die gegenteilige Stimmungsschwankung erfolgt, die also eine bipolare Störung aufweisen. Dass beispielsweise in der Kindheit erworbene negativistische Denkstile wiederholt depressive Zustände begüns-

tigen können, wirkt plausibel; dass dieselben Personen plötzlich
konträre Einschätzungen ihrer Person und der Realität zeigen, ist
schwer mit einer solchen Sicht vereinbar. Überhaupt ist auffällig,
wie sehr die Manie – von jenen wenigen Bemerkungen Freuds
abgesehen (s. o.) – als Forschungsgegenstand von der Psychologie
und biologischen Psychiatrie ignoriert wurde, obgleich sie ein
besser definiertes und interessanteres Störungsbild bietet.

5.9 Therapie

5.9.1 Pharmakologische Behandlung

Die Behandlung episodenhaft depressiver Zustände, insbesondere
der schweren, geschieht in aller Regel medikamentös, oft begleitend
zu psychotherapeutischen Maßnahmen. Bevorzugt kommen hier
Antidepressiva zum Einsatz, Medikamente, die speziell auf die
Besserung der Stimmung und Veränderung des Antriebs zielen.
Daneben haben die viele »Antidepressiva« andere Indikationen wie
Angstsyndrome, Zwangsverhalten, Essstörungen, Impulskontroll-
störungen, Entzugssymptomatik und Schmerzzustände; insofern ist
die Bezeichnung etwas unglücklich. Didaktisch am zweckmäßigsten
scheint die Unterteilung in trizyklische Antidepressiva, MAO-
Hemmer, selektive Serotonin-Rückaufnahmehemmer (Reuptake-
Hemmer) sowie eine (sehr heterogene) Restgruppe.

> Die Kategorisierung der Antidepressiva, die in der Literatur teils nach
> der Struktur (etwa trizyklisch und tetrazyklisch), teils nach dem Wirk-
> prinzip (beispielsweise Serotonin-Reuptake-Hemmer, MAO-Hemmer),
> teils nach historischen Gesichtspunkten (Antidepressiva der ersten und
> der zweiten Generation) erfolgt, ist nicht befriedigend gelöst. Aus
> Gründen der Übersichtlichkeit schien es sinnvoll, eine Art Restklasse
> einzuführen, in die alle anderen Antidepressiva als die trizyklischen, die
> MAO-Hemmer und die SSRI eingeordnet werden.

Die am längsten im Einsatz befindlichen Antidepressiva sind die
trizyklischen (TZA), welche (wie die Neuroleptika der Phenothi-
azingruppe) durch ein Gerüst mit drei Ringen gekennzeichnet
sind; neben Imipramin, dessen stimmungsaufhellender Effekt
bereits 1957 entdeckt wurde und das unter dem Namen Tofranil®
und in Form zahlreicher Generika im Handel ist, gehören dazu

u. a. Desipramin (in Deutschland nicht mehr im Handel), Clomipramin (z. B. Anafranil®), Amitriptylin (z. B. Saroten®), Do-
xepin (z. B. Aponal®) oder Trimipramin (z. B. Stangyl®). Der
stimmungsaufhellende Effekt ist bei allen prinzipiell gleich; bedeutsamer sind die Unterschiede in der Wirkung auf den Antrieb,
indem Desipramin antriebssteigernden Effekt hat, Amitriptylin
und Trimipramin hingegen einen sedierenden, während Imipramin sich weitgehend antriebsneutral verhält. Diese Wirkunter-
schiede basieren wesentlich darauf, wie stark die Substanz auch
Histaminrezeptoren blockiert – je stärker, desto größer die Sedierung – und sind unbedingt zu berücksichtigen, etwa bei der
Therapie agitiert depressiver Patienten.

Der therapeutische Effekt der TZA tritt (wie der anderer
Antidepressiva) in der Regel erst nach zwei bis vier Wochen ein,
sodass nur nach längerem Ausbleiben des Therapieerfolgs Wechsel auf ein anderes Präparat indiziert ist. Da der antriebssteigernde
Effekt typischerweise vor dem stimmungsaufhellenden einsetzt,
gilt in dieser kritischen Übergangsphase die Selbstmordgefahr als
besonders groß (»Suizidermöglichung«).

Der Wirkmechanismus besteht in der Wiederaufnahmehem-
mung für Monoamine, gleichzeitig in der Blockade präsynapti-
scher Autorezeptoren. Aufgrund der langen Dauer bis zum
Wirkungseintritt setzt sich die Auffassung durch, der eigentliche
therapeutische Effekt beruhe nicht auf einer erhöhten Verfügbarkeit der Transmitter im synaptischen Spalt, sondern auf Veränderung der postsynaptischen Rezeptoren als Anpassung an das
vergrößerte Angebot.[25] Die trizyklischen Antidepressiva wirken
nicht selektiv auf Serotonin- und Noradrenalin; Amitriptylin
beeinflusst beide Systeme etwa gleich, während insbesondere
Trimipramin stärker die Wiederaufnahme von Noradrenalin
hemmt, Clomipramin fast ausschließlich die von Serotonin.

Daneben werden weitere Transmittersysteme beeinflusst, wobei durch
Blockade von Acetylcholinrezeptoren zahlreiche vegetative Neben-

---

25 Wie genau diese Veränderung aussehen könnte, wird in der Literatur
    wenig präzisiert. Von der alten These der »down-regulation«, der
    Reduktion der Zahl oder der Sensitivität der Bindungsstellen, ist man
    offenbar abgekommen.

wirkungen auftreten können, welche bei Anwendung bedacht werden
müssen; diese »anticholinergen« Effekte erklären sich weitgehend
durch Hemmung der Parasympathikusaktivität und umfassen Symptome wie Mundtrockenheit, Akkommodationsstörungen, Obstipation (mit der möglichen Folge einer Darmlähmung [paralytischer
Ileus]) und Schwierigkeiten beim Wasserlassen (bis hin zum kom-
pletten Harnverhalt). Nicht anticholinerge Nebenwirkungen sind
Überleitungsstörungen am Herzen und teilweise starke Gewichtszunahme; aus diesen Gründen verbietet sich zuweilen der Einsatz der
TZA, speziell bei älteren Personen.

Die so genannten *Antidepressiva der zweiten Generation* sind
diesbezüglich meist besser verträglich; hierzu rechnet man die
tetrazyklischen Antidepressiva, beispielsweise Maprotilin (Ludio-
mil®) oder Mianserin sowie andere, die nicht oder nur bedingt in
das oben eingeführte Schema passen, etwa Trazodon, Mirtazepin
(z. B. Remergil®), Venlafaxin (z. B. Trevilor retard®), Duloxetin
(Cymbalta®), Reboxetin (Edronax®, Solvex®), Bupropion (Elon-
tril®) oder Agomelatin (Valdoxan®). Wieweit diese weniger mit
Nebenwirkungen behafteten Medikamente hinsichtlich ihres antidepressiven Effektes mit den trizyklischen Substanzen vergleichbar
sind, steht in Diskussion. Auch Extrakte aus Johanniskraut (Hy-
pericum) sind mittlerweile in Apotheken gegen Rezept erhältlich
und erstattungsfähig. Die Wirksamkeit dieser Präparate – zumindest bei leichten bis mittelschweren depressiven Zuständen – gilt als
erwiesen. Die Wirkmechanismen bleiben jedoch vorläufig unklar,
und die Nebenwirkungen sind nicht zu vernachlässigen (insbesondere die nicht selten beschriebenen Schwangerschaften, wenn
Kontrazeptiva und Johanniskraut-Extrakte eingenommen werden;
zu dieser und weiteren Nebenwirkungen s. Izzo, 2012).

Gut etablierte Medikamente, nicht nur als Antidepressiva, sind
die selektiven Serotonin-Wiederaufnahmehemmer (SSRI) wie
Citalopram (z. B. Cipramil®), Escitalopram (Cipralex®), Fluoxetin
(z. B. Fluctin®), Fluvoxamin (z. B. Fevarin®), Paroxetin (z. B.
Seroxat®) oder Sertralin (z. B. Zoloft®).[26] Sie blockieren keine
Histaminbindungsstellen (sind daher oft stark antriebssteigernd),

---

26 Das sehr nebenwirkungsarme Vortioxetin (Brintellix®) ist in Deutsch-
    land nicht mehr im Handel, wohl als Folge des ausgesprochen hohen
    Ladenpreises.

zudem keine muskarinergen Acetylcholinrezeptoren (was das weitgehende Fehlen vegetativer Nebenwirkungen erklärt); auch werden weder größere Gewichtszunahme noch – mit gewissen Einschränkungen – Überleitungsleitungsstörungen beobachtet; allerdings wirken sie nicht selten stark hemmend auf Sexualfunktionen und Libido.

Eine interessante Gruppe bilden die *MAO-Hemmer*, deren antidepressive Wirksamkeit ebenfalls 1957 – mehr oder weniger zufällig – entdeckt wurde. Sie verhindern den Abbau u. a. von Noradrenalin und Serotonin in der präsynaptischen Zelle und erhöhen damit deren Verfügbarkeit für die synaptische Übertragung. MAO baut auch andere Stoffe ab, beispielsweise das mit der Nahrung aufgenommene Tyramin (welches speziell in Käse reichlich vorhanden ist), sodass eine Hemmung dieses Enzyms zur Anhäufung von Tyramin mit der ernsten Gefahr von Blutdruckkrisen führen kann. Neuere selektive MAO-A-Hemmer, die den Tyraminabbau nicht wesentlich stören, wie Moclobemid (z. B. Aurorix®), werden zunehmend häufiger eingesetzt, nachdem MAO-Hemmer in Deutschland über viele Jahre so gut wie nicht verordnet wurden. Die nicht selektiven MAO-Hemmer wir Tranylcypromin (Jatrosom®) gelten als die stärksten Antidepressiva, werden aber selten verordnet, nicht zuletzt, weil strenge diätetische Einschränkungen erforderlich sind (etwa so gut wie vollständiger Verzicht auf Käse).

Antidepressiva werden üblicherweise auch nach Ende der depressiven Episoden für einige Monate verabreicht und dann ausschleichend abgesetzt.[27]. Bei rezidivierenden depressiven Zuständen werden sie länger zur Prophylaxe eingenommen. Bedeutsam bei der Phasenprophylaxe speziell bipolarer Störungen

---

27 Angemerkt sei, dass man keineswegs immer eine ausreichende antidepressive Wirkung beobachtet. Augmentation mit Lithiumsalzen, Schilddrüsenhormonen oder atypischen Neuroleptika kann oft doch noch den gewünschten Effekt bringen. Bei therapieresistenten Depressionen zeitigen Infusionen mit dem dissoziativ wirkenden Analgetikum Ketamin rasch einsetzende und oft bemerkenswerte (wenn auch nicht anhaltende) Wirkungen. Auch in Form von Nasenspray kann die Substanz mit Erfolg eingesetzt werden (Ritter, Bauer & Pilhatsch, 2014). Als rasch wirksames Antidepressivum gilt zudem das Anticholinergikum Scopolamin (Wohleb et al., 2016).

sind *Lithiumpräparate*, da Antidepressiva manische Phasen nicht
verhindern, sie sogar provozieren können. Lithium liegt in den
Medikamenten als Salz vor, beispielsweise als Lithiumaspartat,
Lithiumcarbonat (Hypnorex retard®, Quilonum retard®) oder
Lithiumsulfat (Lithiofor®); als einwertiges Ion entspricht es
Kalium und Natrium. Die phasenreduzierende Wirkung ist
nachgewiesen, allerdings erst nach mehrmonatiger Einnahme,
wobei sowohl bipolare affektive Störungen als auch unipolare
rezidivierende depressive Syndrome ansprechen. Der Wirkmechanismus ist nur bedingt geklärt: Es wird angenommen, dass
nachgeschaltete Signaltransduktionsprozesse (»second-messenger-Prozesse«) stabilisierend beeinflusst werden; auch Anregung
des Neuronenwachstums wird vermutet (zur Literatur s. Köhler,
2016a, S. 122). Da Lithiumionen in höheren Konzentrationen sehr
toxisch sind, sind sorgfältige Dosierung und regelmäßige Kontrolle des Spiegels im Serum unerlässlich. Bei Überdosierung
(beispielsweise bei Niereninsuffizienz) kommt es u. a. zu neurologischen Symptomen wie Artikulations- und Gangstörungen,
epileptischen Anfällen, Verwirrtheit sowie Bewusstseinstrübung
bis hin zum zuweilen tödlichen Koma. Auch in normaler
Dosierung wird Lithium von vielen Personen nicht vertragen
(Tremor, Übelkeit, kardiale Nebenwirkungen), sodass die Therapie in etwa einem Drittel der Fälle schließlich abgebrochen wird;
hierbei ist ein Ausschleichen unerlässlich, da sonst leicht manische Phasen provoziert werden. Häufig wechselt man auf die
ebenfalls phasenprophylaktischen Antikonvulsiva Carbamazepin
(z. B. Tegretal®, Timonil®) oder Valproinsäure (z. B. Ergenyl®,
Orfiril®), die ähnliche Angriffspunkte wie Lithium besitzen
dürften. Alle genannten Stimmungsstabilisierer wirken auch
therapeutisch bei manischen Phasen, bei depressiven hauptsächlich durch Verstärkung der Wirkung von Antidepressiva.[28]

---

28 Bipolare Störungen mit vornehmlich depressiven Phasen können gut
mit Lamotrigin (Lamictal®) behandelt werden. Problematisch ist die
Phasenprophylaxe bei »rapid cyclern«, wo Lithiumsalze wenig wirksam sind; effektiver sind hier Lamotrigin sowie einige atypische Antipsychotika, beispielsweise Quetiapin und Olanzapin (s. dazu Benkert
& Hippius, 2015, S. 223).

Manische Phasen werden üblicherweise mit *Neuroleptika*, zuweilen auch Benzodiazepinen, behandelt, oft zusätzlich mit Lithiumsalzen oder Antikonvulsiva, besonders, wenn anschließende Prophylaxe geplant ist; alleinige Gabe dieser Medikamente reicht in manchen Fällen aus.

Bei der Dysthymia war man mit der Gabe von Antidepressiva lange eher zurückhaltend, heute weniger; zusätzliche Psychotherapie ist hier äußerst sinnvoll.

5.9.2 Weitere biologische und somatische Verfahren

Die mittlerweile zunehmend wieder in das therapeutische Inventar aufgenommene *Elektrokonvulsivbehandlung* oder *Elektrokrampftherapie (EKT)* wird im Wesentlichen zur Behandlung therapieresistenter depressiver Syndrome eingesetzt; dabei sind die Response-Raten auch bei jenen Patienten erstaunlich hoch, die auf Antidepressiva nicht angesprochen haben. Die Wirkmechanismen sind unklar; diskutiert wird u. a. Erhöhung der neuronalen Plastizität, Unterdrückung von entzündlicher Reaktionen, Verstärkung monoaminerger Übertragung sowie Normalisierung veränderter neuroendokriner Systeme (zur Literatur s. Köhler, 2016a, S. 124 f.).

Eine einfache und oft rasch wirksame Maßnahme bei depressiven Zuständen diverser Genese stellt der *Schlafentzug* dar (auch »Wachtherapie« oder »Nachttherapie« genannt); beim totalen Schlafentzug werden die Patienten für eine Nacht wach gehalten, worauf sich häufig am folgenden Tag eine Besserung einstellt, die aber oft schon nach einem Sekundenschlaf wieder verschwindet. Deshalb werden mehrere partielle Schlafentzüge pro Woche durchgeführt, mit Wecken vorzugsweise in der zweiten Nachthälfte; zu vermeiden ist, dass der Patient danach vor den Abendstunden einschläft. Die Wirkungsweise dieser zweifellos effizienten, zumeist mit antidepressiver Medikation kombinierten Therapie ist wenig geklärt (s. dazu Köhler, 2016a, S. 126; für eine ausführlichere Darstellung der möglichen Wirkmodelle s. Dallaspezia & Benedetti, 2015).

Die *Lichttherapie* wird hauptsächlich bei Patienten mit saisonal abhängigen Depressionsformen eingesetzt und hat hier auch deutliche Erfolge. Die Patienten werden dabei täglich, vorzugsweise morgens, künstlichem Licht ausgesetzt. Die Mechanismen der Wirkung sind nicht geklärt; diskutiert wird Beeinflussung der »Zeitgeber«, die den circadianen Rhythmus kontrollieren.

Neuere Verfahren sind die der *Hirnstimulation*, welche noch nicht endgültig beurteilt werden können, aber viel versprechende Ansätze darstellen. So konnte etwa für die transkranielle Magnetfeldstimulation Wirksamkeit bei depressiver Symptomatik gezeigt werden (Janicak & Dokucu, 2015); Ähnliches gilt für die (elektrische) Gleichfeldstimulation (für Literaturangaben s. Köhler 2016a, S. 128). Ein weiteres Verfahren ist die Vagusnervstimulation durch Einsetzen eines Schrittmachers, der über Aktivierung von afferenten Fasern dieses Hirnnerven indirekt die Aktivität von Hirnarealen beeinflusst; mittlerweile ist es möglich, den Vagusnerven vom außen (transkutan) zu stimulieren (Fang et al., 2016). Bei therapieresisten Depressionen kommt auch zuweilen die »tiefe Hirnstimulation« durch implantierte Elektroden zur Anwendung (Narang, Retzlaff, Brar & Lippmann, 2016). Und als ultima ratio sind psychochirurgische Eingriffe weiterhin nicht ganz unüblich (Hurwitz et al., 2012).

5.9.3   Psychotherapeutische Verfahren

Psychoanalytische (allgemeiner: *psychodynamische*) Therapien depressiver Zustände werden nicht selten durchgeführt, sind aber nicht in größeren Therapiestudien evaluiert worden. Unklar ist in den Falldarstellungen, ob es sich bei den Patients eher um chronisch Depressive oder um solche mit episodenhaft verlaufenden depressiven Zuständen handelte. Ersteres dürfte häufiger der Fall sein, da die Kürze depressiver Episoden (im Schnitt etwa sechs Monate) und die folgende typische Beschwerdefreiheit oder gar manische Symptomatik klassischen psychoanalytischen Behandlungen große Schwierigkeiten entgegensetzt. Zudem hatte erwähntermaßen Freud die Melancholie zu den *narzisstischen Neurosen* gerechnet, also das für die psychoanalytische Behandlung seines Erachtens entscheidende Moment der Übertragung bei diesen Patienten vermisst. Die Therapien basieren im Großen und Ganzen auf der Annahme, dass Depressionen ein Verlusterlebnis (oft unbewusster Natur) zugrunde liegt, und versuchen, dies dem Bewusstsein zugänglich zu machen und zu bearbeiten.

Der Wert klassischer, sich über lange Zeit erstreckender psychoanalytischer Therapien bei der Depressionsbehandlung wird im
Allg. eher gering geschätzt, wobei in schwer depressiven Zuständen auch die Behandlung intellektuell zu anstrengend sein dürfte.
Die therapeutische Hoffnung liegt zunehmend auf Kurztherapien.

Verhaltenstherapeutische Interventionen im engeren Sinne,
also nach den älteren Modellen der Umkonditionierung durch
alleinige Veränderung von Stimuli und Konsequenzen konzipiert,
basieren auf der von Lewinsohn vertretenen Annahme, dass
depressiven Zuständen ein Verlust von verstärkenden Reizen
zugrunde liegt. Entsprechend wird versucht, alte vor Beginn der
Störung effektive Verstärker zu finden (beispielsweise gern ver-
richtete Tätigkeiten) und bei den Betroffenen zu reaktivieren;
weiter soll depressives Verhalten wie Weinen oder Jammern
ignoriert, erwünschte Verhaltensweisen hingegen belohnt werden; hinzu kommt Training sozialer Fertigkeiten, damit die
Patienten durch intensivere Kontakte wieder mehr in den Genuss
von Verstärkungen aus sozialen Beziehungen kommen. Nicht
überraschend sprechen diese Therapieverfahren bei leichten und
mittelschweren Depressionen besser an als bei schweren.

Gängiger sind *kognitiv-verhaltenstherapeutische* Verfahren,
welche die klassischen verhaltenstherapeutischen Techniken mit
Elementen einsichtsorientierter Behandlungsverfahren verknüpfen. Die ersteren zielen auf direkte Verhaltensbeeinflussung und
Abbau von defizitären Verhaltensweisen, wozu Methoden zur
Hebung des Aktivitätsniveaus (Planung des Tagesablaufes, Her-
beiführen von verstärkenden Bedingungen und Vermeidung
unangenehmer Stimuli) und Verbesserung der sozialen Kontaktfreudigkeit (Kompetenztrainings und Rollenspiele) gehören. Die
kognitiven Methoden setzen im Wesentlichen an dem von Beck
(▶ Kap. 5.8) als pathogen betrachteten negativen Denk- und
Bewertungsstil und den automatischen Gedanken an. Techniken
sind dabei zunächst eine genaue Selbstbeobachtung mit Protokollierung negativer und automatischer Gedanken hinsichtlich
Auslösesituationen und dabei auftretender Empfindungen, deren
Überprüfung hinsichtlich ihrer Angemessenheit, was zu einer
Veränderung und schließlich zur Entwicklung alternativer Über-
zeugungen führt (für Einzelheiten s. Hautzinger, 2013). Eine von
Cuijpers et al. (2013) veröffentliche Metaanalyse zeigt, dass diese

kognitiv-verhaltenstherapeutischen Verfahren medikamentöser Therapie (ausgenommen wohl bei schweren Depressionsformen) ebenbürtig sind.

Eine neue, sich besonders in den letzten Jahren zunehmend verbreitende Interventionsmethode bei Depressiven ist die *Interpersonelle Psychotherapie*. Es handelt sich um ein weitgehend ekklektizistisches Verfahren, welches Methoden der Konfliktbearbeitung im analytischen Sinne, direktiver verhaltenstherapeutischer Interventionen und einsichtsorientierter Therapien kombiniert und nicht zuletzt durch seine Kürze (etwa 15–20 Sitzungen, die im Laufe von drei bis vier Monaten durchgeführt werden) sowie seine starke Strukturiertheit besticht. Ziel ist insbesondere die Bearbeitung aktueller interpersoneller und sozialer Probleme, welche im Zusammenhang mit der Entwicklung der depressiven Störung gesehen werden; dabei werden auch Bewältigungsstrategien und soziale Fertigkeiten geübt sowie versucht, die eigenen Einstellungen zu ändern. Nach einigen bei Köhler (2016a, S. 132 f.) zitierten Studien ist diese Therapieform den kognitiv-verhaltenstherapeutischen Interventionen eher überlegen und medikamentöser Behandlung nicht unterlegen – wobei man wahrscheinlich auch hier die ganz schweren Störungsbilder herausnehmen muss.

Gleichwohl haben diese psychologischen Depressionstherapien bei vielen Psychiatern noch immer nicht die gebührende Anerkennung erfahren. Jedoch besteht wenigstens insoweit Konsens, dass Pharmako- und Psychotherapie nicht als unvereinbare Alternativen angesehen werden, sondern in vielen Fällen eine Kombination als sinnvoll betrachtet wird. Augenblicklich zu wenig beachtet als Indikation wird die Rückfallprophylaxe rezidivierender depressiver Störungen; gerade im Intervall, wo die eigentliche Symptomatik fehlt und das Interesse der Betroffenen nicht bindet wie in der floriden Phase, sollte es am sinnvollsten sein, pathogene Denkstrukturen zu verändern und Rezidive begünstigende Situationen aus der Welt zu schaffen.

Wenig findet sich zur Psychotherapie der Manie. Schwierigkeiten bereiten hier die mangelnde Krankheitseinsicht und der fehlende Leidensdruck der Betroffenen, deren oft große Impulsivität und Aggressivität, weiter die geringe Bereitschaft, sich länger mit ein und derselben Tätigkeit abzugeben. Die wenigen

Therapiestudien beziehen sich im Wesentlichen auf das symptomfreie Intervall, wo die Betroffenen u. a. zur korrekten Durchführung der Lithiumeinnahme und generell zu einem strukturierten Tagesablauf angehalten werden sowie psychoedukative, aufklärende Maßnahmen, welche Betroffene und Angehörige mit der Krankheit und Bewältigungsmöglichkeiten vertraut machen sollen (s. z. B. Hautzinger & Meyer, 2011). Wichtig wäre zudem, die Patienten in den symptomfreien Intervallen so zu schulen, dass sie die ersten Anzeichen von manischer Stimmung erkennen können, um sich rechtzeitig, bei noch vorhandener Krankheitseinsicht, in Behandlung zu begeben.

6 Neurotische, Belastungs- und somatoforme Störungen

6.1 Allgemeines; historische Vorbemerkungen

Die große ICD-Kategorie »Neurotische, Belastungs- und somatoforme Störungen« (F4) umschließt eine Anzahl äußerlich verschiedener Syndrome, deren Zusammenfassung sich vornehmlich *historisch* begründen lässt. Dabei handelt es sich im Wesentlichen um Symptombilder, die den *Übertragungsneurosen (Zwangsneurose, Angst-* und *Konversionshysterie)* in Freuds Einteilung entsprachen und deren Genese in der Verdrängung psychosexueller Konflikte unter Symptombildung gesehen wurde. Obwohl dieses psychoanalytische Modell der Ätiopathogenese nie unumstritten war, blieb diese Gruppe als diagnostische Kategorie auch in der betont deskriptiven ICD-10 erhalten. Zudem wurden einige Symptombilder darunter subsumiert, die nach Freud anders einzuordnen wären; dies sind die *generalisierte Angststörung* und die *Neurasthenie* (von Freud als Aktualneurosen aufgefasst, s. u.), die *Belastungsstörungen* (der klassifikatorisch unklaren traumatischen Neurose entsprechend) und die *somatoformen Störungen*, die als wesentlich vegetative Syndrome in der Freud'schen Klassifikation keinen rechten Platz gefunden hatten. Versucht man darüber hinaus, die klinisch-phänomenologischen Gemeinsamkeiten der mit F40-F48 kodierten Syndrome herauszuarbeiten, so ist im Gegensatz zu den organischen psychischen Störungen der fehlende Nachweis von Organveränderungen und in Abgrenzung zu den Störungen durch psychotrope Substanzen der nicht feststellbare Zusammenhang mit Substanzkonsum anzuführen. In Abhebung von Schizophrenie und wahnhaften Störungen wäre der nicht gestörte Bezug zur Realität zu nennen. Am schwierigsten stellt sich die Abgrenzung von den affektiven Störungen dar; Kriterium muss eher ein Quantitatives sein, nämlich, dass affektive Symptome bei den Störungen der Kategorie F4 nicht in entscheidender Weise das klinische Bild prägen – eine für manche Phobien nicht unproblematische Aussage.

Wie angedeutet, herrschte gegen Ende des 19. Jahrhunderts bezüglich der Einteilung psychischer Störungen eine erhebliche terminologische Verwirrung und Willkür, indem unter diversen Begriffen
wie Psychosen, Neurosen, Psychasthenie und Neurasthenie, teils
auch unter Hysterie, unterschiedliche Bilder zusammengefasst
wurden. Erst Freud schuf hier eine gewisse Ordnung; von ihm
geprägte Begriffe wie Zwangsneurose oder Angstneurose haben sich
lange gehalten und werden erst in den letzten Jahren aufgrund allzu
eindeutiger ätiologischer Implikationen der Namensgebung verlassen. Freud, der selbst für einige Zeit Neuropsychose und Psycho-
neurose mehr oder weniger austauschbar verwendete und zu dieser
Kategorie neben Hysterie und Zwangsneurose auch Fälle von
halluzinatorischen Psychosen zählte, unterschied ab etwa 1898 die
Aktualneurosen (Angstneurose und Neurasthenie) von den *Psychoneurosen*. Die Störungen der ersten Gruppe waren seiner Auffassung nach dadurch gekennzeichnet, dass sie letztlich keine psychische Ableitung zuließen, also nicht über die komplizierten Prozesse
der Verdrängung und Ersatzbildung erklärt werden konnten,
sondern sich als direkte, zumeist körperliche Manifestationen von
Sexualstau und Sexualerschöpfung präsentierten. Die Psychoneurosen gehen hingegen nach Freud auf die Kindheit zurück und stellen
in komplizierter Art die Lösung intrapsychischer Konflikte dar; die
Symptome als deren verdeckter Ausdruck gestatten eine sprachlich-
symbolische Ableitung, die nach Aufhebung der Verdrängung
möglich wird. Später, etwa ab 1914, unterteilte Freud noch einmal
die Psychoneurosen in die *narzisstischen Neurosen* (im Wesentlichen Schizophrenie, Paranoia, Melancholie und Manie), bei deren
Behandlung sich keine Übertragung einstellte und die *Übertragungsneurosen*, wo dieses Moment in der Therapie rasch zu Tage
trat und – trotz darin begründeter Schwierigkeiten – die Aufdeckung und Bearbeitung unbewusster Konflikte überhaupt erst
ermöglichte. Zu den Übertragungsneurosen rechnete Freud zum
einen die Hysterie mit den Unterformen Konversionshysterie (heute
teils den somatoformen, teils den dissoziativen sensorischen und
motorischen Störungen zugeordnet), Dissoziationshysterie (etwa
den dissoziativen Amnesien entsprechend) und Angsthysterie (in
erster Näherung mit Phobien gleichzusetzen); die zweite große
Übertragungsneurose stellte die Zwangsneurose dar. Diese Einteilung wurde in der späteren psychoanalytischen Krankheitslehre im

Wesentlichen beibehalten, wobei allerdings das Konzept der Aktualneurosen sehr an Bedeutung verloren hat und auch die Scheidung
zwischen den Übertragungsneurosen und den nach Freud therapeutisch schlecht zugänglichen narzisstischen Neurosen weniger
streng durchgeführt wird.

Im Rahmen der zunehmenden Entwicklung *alternativer Gene-
sekonzepte*, etwa der *verhaltenstheoretischen*, welche die genannten
psychischen Störungen nicht mehr als Ausdruck eines durch
Verdrängung partiell unschädlich gemachten Konfliktes frühkindlichen Ursprungs sehen, sondern als oft spät erworbenes Fehlverhalten, wurde der Neurosebegriff zunehmend kritischer reflektiert.
Hinzu kommt, dass auch hier pharmakologische Therapie angewendet wird; die alte pragmatische Unterscheidung von vornehmlich medikamentös zu behandelnden *Psychosen* einerseits und
Neurosen mit eindeutiger Indikation für Psychotherapie andererseits wird dadurch immer problematischer. Insofern ist es nicht
unwahrscheinlich, dass in späteren Revisionen von ICD Störungen
der Kategorie F4 Zuordnungen zu anderen Störungskategorien
erfahren oder neue diagnostische Subgruppen bilden werden. In
DSM-5 werden unter der großen Rubrik »Angststörungen« u. a.
Agoraphobie, Panikstörung, spezifische Phobie, soziale Phobie, und
generalisierte Angststörung aufgeführt, während Zwangsstörung,
somatoforme und dissoziative Störungen eigene Kategorien bilden,
die posttraumatische Belastungsstörung in der Kategorie »Trauma
und belastungsbezogene Störungen« zu finden ist.

Die anschließende Darstellung der »neurotischen, Belastungs-
und somatoformen Störungen« folgt den Subkategorien von ICD-10
und stellt für jede einzelne – unter gewissen Auslassungen, etwa der
Neurasthenie – Symptomatik, Genesemodelle und Therapiemöglichkeiten zusammen. Brüche sowie Redundanzen bei den Darstellungen der verschiedenen Subkategorien sind unvermeidlich, da die
ICD-10-Klassifikation im Wesentlichen phänomenologisch erfolgt.

6.2   Phobische Störungen

6.2.1   Symptomatik, Klassifikation, Epidemiologie

Phobien sind nach ICD-10 (S. 190 ff.) durch Angst vor im Allg.
ungefährlichen Situationen und Objekten gekennzeichnet. Defini-

tionsgemäß müssen diese außerhalb der betroffenen Person liegen; nicht gerechtfertigte Angst vor Krankheit wäre als hypochondrische Neurose (▶ Kap. 6.7) zu klassifizieren. ICD-10 nennt drei Untergruppen phobischer Störungen, nämlich *Agoraphobie, soziale Phobien* und die Sammelkategorie der *spezifischen (isolierten) Phobien*, welche durch Angst vor sehr umschriebenen Situationen oder Objekten gekennzeichnet sind.

Die *Agoraphobie*, früher in der eingeschränkten Bedeutung als Angst vor offenen Plätzen gebraucht (griech. agora = Marktplatz), wird hier im weiteren Sinne verwendet: als Angst, die eigene schützende Wohnung zu verlassen und sich auf Plätze, in Menschenmengen oder Geschäfte zu begeben oder allein in Zügen, Bussen oder im Flugzeug zu reisen. Das Gemeinsame der Angst auslösenden Situationen ist das Fehlen einer sofortigen Rückzugsmöglichkeit (Gefühl, »in der Falle zu sitzen«); insofern entspricht die Agoraphobie in etwa der früheren Bezeichnung »Klaustrophobie« (Angst vor Eingeschlossensein). Auslösende Vorstellung für die Patienten ist »zu kollabieren und hilflos in der Öffentlichkeit liegen zu bleiben«; infolge dessen verlassen viele ihre Wohnung selten oder gar nicht.

Bereits Freud wies darauf hin, dass bei einer Phobie aufgrund der Vermeidungsmaßnahmen die Angst kaum noch bewusst ist. Eine ähnliche Anmerkung findet sich in ICD-10 (S. 193), nämlich, dass »manche Agoraphobiker wenig Angst erleben, da es ihnen ständig gelingt, phobische Situationen zu vermeiden«.

Agoraphobien beginnen meist später als andere phobische Störungen, hauptsächlich im 3. Lebensjahrzehnt, und nehmen oft chronischen Verlauf. Kompliziert wird dieser dadurch, dass chronischer Alkoholismus und Medikamentenabusus (möglicherweise als Selbsttherapie) häufig ist; zudem leiden Personen mit Agoraphobien nicht selten unter Panikattacken (s. u.).

Die Diagnose Agoraphobie (F40.0) wird gestellt, wenn 1) die Symptome »primäre Manifestationen der Angst« sind und »nicht auf anderen Symptomen wie Wahn- oder Zwangsgedanken beruhen«, 2) die Angst in mindestens zwei der folgenden Situationen auftritt: »in Menschenmengen, auf öffentlichen Plätzen, bei Reisen mit weiter Entfernung von Zuhause oder bei Reisen alleine« und 3) Vermeidung der phobischen Situation stattfindet (vereinfacht nach ICD-10, S. 192 f.). Bei einem Wahnkranken, der aus Angst vor Verfolgung nicht seine Wohnung verlässt, wäre also nicht diese Diagnose zu stellen; auch Personen, welche die geschilderten Ängste haben und sich trotzdem in die genannten Situationen begeben, würden nicht als Agoraphobiker bezeichnet werden. Hingewiesen wird auf den Sachverhalt, dass phobische Ängste, so auch Agoraphobien, häufig gleichzeitig mit Depressionen auftreten, wobei die Hauptdiagnose nach der beherrschenden Symptomatik gestellt wird. Tritt in den gefürchteten Situationen eine Panikattacke auf, so kann dies in der Diagnose vermerkt werden (F40.00 = Agoraphobie ohne Panikstörung, F40.01 = Agoraphobie mit Panikstörung); die Panikstörung bildet hingegen eine eigene Kategorie, wenn sie unabhängig von den erwähnten Stimuli in Erscheinung tritt.

Soziale Phobien (in DSM-5 mittlerweile »soziale Angststörung« genannt) zentrieren sich »um die Furcht vor prüfender Betrachtung durch andere Menschen in verhältnismäßig kleinen Gruppen (nicht dagegen in Menschenmengen)«; folglich werden soziale Situationen vermieden. Sie beginnen zumeist zwischen 15. und 20. Lebensjahr und verlaufen wie andere Phobien vornehmlich chronisch; wiederum liegt oft gleichzeitig Substanzmissbrauch vor. Die diagnostischen Leitlinien für die Einordnung in die Kategorie soziale Phobien (F40.1) sind analog denen für die Agoraphobie (Symptome als primäre Manifestationen der Angst, Vermeidung der betreffenden Situationen), wobei die Angst »auf bestimmte« soziale Situationen beschränkt sein muss«.

Spezifische (isolierte) Phobien (F40.2) beziehen sich auf sehr eingegrenzte Situationen; als Beispiele werden angegeben: Nähe bestimmter Tiere, Höhen, Donner, Dunkelheit, geschlossene Räume, »Urinieren oder Defäzieren auf öffentlichen Toiletten«, »Verzehr bestimmter Speisen«, Zahnarztbesuch oder die Furcht, bestimmten Krankheiten ausgesetzt zu sein. Der Beginn ist im Allg. früher als bei sozialen und Agoraphobien; im Vergleich zu letzteren Störungen gelten spezifische Phobien als weniger einschränkend auf die Lebensgestaltung.

Agoraphobien sind ausgesprochen verbreitet; allerdings differieren die mitgeteilten Zahlen erheblich (Folge unterschiedlicher diagnostischer Kriterien). Es ist sicher realistisch anzunehmen, dass jede zehnte Person im Laufe ihres Lebens gewisse agoraphobische Züge zeigt, wenn auch nicht immer mit extremem Vermeidungsverhalten. Konsens besteht darin, dass Frauen circa zwei- bis dreimal häufiger erkranken. Soziale Phobien dürften häufiger als Agoraphobien sein; Frauen sind wiederum öfter betroffen.

Familiäre Häufung ist gut belegt: So weisen Verwandte ersten Grades von Personen mit Phobien im Vergleich zur Normalbevölkerung ein etwa zwei- bis viermal höheres Erkrankungsrisiko auf; obwohl zweifellos Modellernen bei der Entstehung eine wesentliche Rolle spielt, dürften genetische Zusammenhänge bestehen.

6.2.2 Erklärungsansätze

Phobien liegt eine gewisse angeborene Angstbereitschaft zugrunde; diese könnte in gesteigerter Reaktionsfähigkeit des Autonomen Nervensystems, erhöhter Aktivität im Bereich des Locus coeruleus oder in erniedrigter Dichte von Benzodiazepinrezeptoren begründet sein. Auch wird Überaktivität in jenen Hirnregionen angenommen, die für die Einschätzung von Angststimuli zuständig sind, speziell Amygdala und anteriorem Gyrus cinguli.

Psychoanalytische Erklärungen der Phobien sind wesentlich komplizierter als gemeinhin dargestellt. Die Agoraphobie rechnet Freud in seinen frühen Schriften zu den Angstneurosen, stellt sie also pathogenetisch in die Nähe der situationsungebundenen frei flottierenden Ängste (▶ Kap. 6.3); später, so in den *Vorlesungen zur Einführung in die Psychoanalyse* (1916–17a, S. 278 f.), ordnet er sie den Psychoneurosen zu und sieht hier dieselben Bildungsmechanismen wie bei den spezifischen Phobien, etwa den Tierphobien. Der wesentliche dabei angenommene psychodynamische Prozess ist die *Verschiebung*, die Ersetzung durch eine assoziativ verbundene andere Vorstellung: Das ursprüngliche Angstobjekt wird gegen ein anderes vertauscht, wie in der berühmten Pferdephobie des »kleinen Hans« der Vater durch ein Pferd; die Ersetzung ist nicht willkürlich, sondern begründet sich teils durch äußere Gemeinsamkeiten, teils durch Erlebnisse, die Hans mit Pferden in Gesellschaft des Vaters hatte; hinzu kam ein angedeutetes traumatisches Erlebnis mit Pferden, welches diesen eine weitere Eignung als phobisches Objekt verlieh (Freud, 1909b). Die Zwischenglieder zwischen zu Ersetzendem und Ersatz sind zahlreich und die assoziativen Wege so verschlungen, dass das ursprüngliche Angstobjekt nicht mehr als solches erkannt wird;

um das neue wird nun das System von Vermeidungsmaßnahmen errichtet, welches, wenn auch unter Einschränkung der Lebensqualität, weitgehend Angstfreiheit gestattet. Die Angst vor dem ursprünglichen Objekt ist im Zusammenhang mit dem Sexualleben zu sehen und kommt weitgehend aus der Verdrängung libidinöser Impulse, welche in Form von Angst wieder auftauchen.

Lerntheoretische Erklärungen von Phobien basieren teils auf Vorstellungen einer klassischen Konditionierung mit anschließendem Vermeidungsverhalten, teils auf den Konzepten des Modelllernens und schließlich zunehmend auf der Annahme einer phylogenetischen Erbschaft situationsgebundener Ängste (preparedness). Seit den berühmten Versuchen von Watson und Rayner (1920) mit dem kleinen Albert, dem durch Paarung mit aversiven Stimuli Angst vor einer Ratte ankonditioniert worden war, wurde das Zusammentreffen eines unangenehmen Eindrucks mit einem neutralen Reiz vielfach als Genesemodell einer Phobie angesehen.[29] Eine mit Annahme der klassischen Konditionierung verbundene Schwierigkeit ist die Frage, warum die konditionierte Reaktion nicht bei fehlender Paarung mit dem aversiven Stimulus im Weiteren gelöscht wird; diese kann durch das Zwei-Faktoren-Modell von Miller und Mowrer (Mowrer, 1939) als befriedigend beantwortet angesehen werden: Demnach löst ein Stimulus S_1, der mit dem ursprünglich neutralen, jetzt aber angstauslösenden konditionierten CS verbunden ist (also eine Situation, in der CS auftreten könnte), ebenfalls (geringere) Angst aus und wird deshalb

---

29 Dieser Versuch war übrigens keineswegs so gelungen, wie meist dargestellt: Zunächst mussten Watson und Rayner ein lautes Geräusch (Schlag auf eine Eisenstange direkt hinter dem Kind) nicht weniger als siebenmal mit der Präsentation einer Ratte paaren, bis der Knabe bereits beim Anblick des Tieres zu schreien begann; schon nach zehn Tagen wurde die Löschung der konditionierten Reaktion festgestellt, sodass sich die Autoren zu einer Auffrischung entschlossen. Wieder einen Monat später war die Reaktion deutlich schwächer, und nachdem die Mutter den Knaben zu diesem Zeitpunkt aus dem Krankenhaus nahm, ist der weitere Verlauf der Phobie nie verfolgt worden. Dass Albert durch Gegenkonditionierung von den Experimentatoren wieder von seiner gelernten Phobie befreit wurde, ist ein frommes wissenschaftliches Märchen (s. dazu auch Köhler, 2016c, S. 187).

gemieden; Folge ist Reduktion der durch S_1 hervorgerufenen Angst (negative Verstärkung) und damit zunehmende Vermeidung von S_1 (in Folge auch von immer weiter entfernten Stimuli); das betreffende Individuum bringt sich durch diese präventiven Fluchtmaßnahmen um die Möglichkeit, die einmal festgestellte Assoziation von CS mit dem aversiven UCS erneut zu prüfen.

Lässt sich zwar auf diese Weise das Problem der Löschungs-resistenz konditionierter Angstreaktionen erklären, so bleibt doch eine Anzahl weiterer Schwierigkeiten bestehen, welche den Erklärungswert dieses Genesemodells deutlich herabsetzen. Zu-nächst ist anzumerken, dass in den Pawlow'schen Versuchen CS und UCS mehrfach gleichzeitig präsentiert werden mussten, um eine erfolgreiche Konditionierung hervorzurufen, und dass auch in den Versuchen von Watson und Rayner eine wiederholte Paarung von aversivem und neutralem Reiz durchgeführt worden war. Insofern wäre die Wahrscheinlichkeit einer solchen Ent-wicklung schon aus statistischen Überlegungen nicht allzu groß. (Tatsächlich entstehen traumatische Phobien oft nach nur einem einzigen eindrucksvollen Erlebnis, beispielsweise nach einem schweren Autounfall; fraglich ist allerdings, ob dies durch eine klassische Konditionierung erklärt werden kann und muss.) Hinzu kommt, dass dieses ohnehin nur mäßig gelungene Expe-riment nie mehr an Menschen repliziert werden konnte und dass ein Großteil der Betroffenen keine begründenden aversiven Erlebnisse mit dem phobischen Objekt angibt, sodass dieses Modell (Erwerb durch klassische Konditionierung, Aufrecht-erhaltung durch operante Konditionierung im Sinne antizipato-rischer Fluchtreaktionen) bestenfalls einen kleinen Teil der zahlreichen Phobien erklären könnte. Zunehmend hat man daher als eine weitere Möglichkeit des Erwerbs Lernen am Modell ins Auge gefasst und diese Annahme an Tierversuchen auch ein-drucksvoll bestätigen können. So entwickeln domestizierte Affen, die noch nie mit einer Schlange konfrontiert waren, Angst davor, wenn sie wilde Artgenossen beobachten, die angesichts von Schlangen Furcht zeigen (s. die bei Comer, 2008, S. 125 f. darge-stellten Versuche).

Eine weitere Schwierigkeit lerntheoretischer Genesevorstel-lungen resultiert aus der Tatsache, dass verschiedene Objekte (eher seltene Tiere wie Spinnen oder Schlangen) häufig Gegenstände von Phobien sind, andere, sehr viel verbreitetere wie technische Instrumente, hingegen selten, obwohl doch gerade die Verknüpfung mit aversiven Eindrücken öfter vorkommen sollte. Das von Seligman (1971) entwickelte Konzept der »preparedness« (etwa: Bereitschaft) trägt diesem Befund Rechnung, indem es angesichts von Objekten, welche in der Stammesgeschichte für das Überleben eine besondere Rolle spielten, eine leichtere Angstentwicklung annimmt; so wäre also eine Schlangenphobie unter evolutionsbiologischen Erwägungen für Tiere und Menschen früherer Zeiten durchaus ein Vorteil gewesen, während es sich heute nur noch um eine hinderliche Einschränkung ohne wirkliche Schutzfunktion handelte.

6.2.3 Therapie

Die *medikamentöse* Therapie phobischer Störungen ist mittlerweile zwar etwas in den Hintergrund gerückt, hat aber weiterhin große Bedeutung. Mittel der Wahl waren für viele Jahre die *Benzodiazepine*, also Substanzen aus der Gruppe der Sedativa (▶ Kap. 3.4), welche die GABAerge Hemmung im Zentralnervensystem verstärken. Ihre kurzfristige angstreduzierende Wirkung ist unumstritten, der Effekt hält jedoch im Allg. nach Absetzen nicht an, sofern nicht gleichzeitig psychotherapeutische Verfahren zum Einsatz kommen. Angesichts des hohen Abhängigkeitspotentials dieser Medikamente sowie ihrer negativen Wirkung auf Wachheit und Konzentration kommen (speziell bei der sozialen Phobie) zuweilen *Betarezeptorenblocker* zur Anwendung – meines Wissens nach wie vor off-label –, die bereits in niedrigen Dosen durch Dämpfung sympathischer Reaktionen (wie Senkung der Pulsfrequenz) die vegetativen Begleiterscheinungen der Angst vermindern und somit den Circulus vitiosus von Symptomwahrnehmung und Angststeigerung unterbrechen. Ebenso werden *trizyklische Antidepressiva* (speziell Clomipramin) und SSRI bei Angststörungen, so auch Phobien, eingesetzt und einige davon sind – wie auch das nicht in dieses Schema passende Antidepressivum Venlafaxin –, für diese Indikationen zugelassen, wobei ihr Wirkmechanismus hierbei letztlich nicht bekannt ist; zur Behandlung der sozialen Phobie besteht Zulassung auch für den MAO-A-Hemmer Moclobemid.

Psychoanalytische Therapie bei Phobien zielt, hält man sich das oben gegebene Entstehungsmodell vor Augen, auf Rückgängigmachen der Verschiebungen und Aufarbeitung der pathogenen Konfliktsituationen. In einzelnen Fallberichten wurde Wirksamkeit festgestellt; allerdings fehlen größere Evaluationsstudien mit Vergleich zu unbehandelten Kontrollgruppen.

Verhaltenstherapeutische Interventionen werden von vielen bei Phobien als Behandlung der Wahl angesehen und sind auch am besten evaluiert. Lange Zeit war die *systematische Desensibilisierung* am gebräuchlichsten; hierbei stellen die Patienten eine Hierarchie von angstauslösenden Situationen auf, setzen sich in Gedanken oder in Realität diesen Situationen aus, beginnend mit der am wenigsten die Angst induzierenden, und praktizieren gleichzeitig angst-antagonistische Verfahren, bevorzugt Progressive Muskelentspannung. Obwohl die Erfolge der systematischen Desensibilisierung bei Phobien nicht prinzipiell in Frage gestellt werden, bevorzugen Verhaltenstherapeuten zunehmend direktere Konfrontationsverfahren, insbesondere die *Exposition mit Reaktionsverhinderung.* Hier setzen sich die Patienten, typischerweise in Begleitung des als Modell dienenden Therapeuten, den Angst auslösenden Situationen (wenn möglich in der Realität) aus und werden angehalten, kein Vermeidungsverhalten zu praktizieren. Dieser vornehmlich auf Verhaltensebene angreifenden Intervention werden gleichzeitig noch *kognitive* Elemente angefügt, indem die Betroffenen über die Rolle von Vermeidungsstrategien bei der Aufrechterhaltung der Phobien aufgeklärt werden; auch eine realistische Einschätzung der angstauslösenden Situation soll erreicht werden (für genauere Darstellung der Verfahren und Einschätzungen ihrer Wirksamkeit bei den verschiedenen Phobieformen s. Wade, 2010).

6.3   Panikstörung und generalisierte Angststörung

6.3.1   Symptomatik, Klassifikation, Epidemiologie

Die *Panikstörung,* auch als »episodisch paroxysmale« (anfallartige) Angst bezeichnet, ist durch wiederkehrende schwere Angstattacken charakterisiert, die meist einige Minuten, bei manchen auch länger dauern. Typischerweise beginnen sie plötzlich mit Herz-klopfen, Brustschmerz, Erstickungsängsten und Schwindel; Ent-fremdungsgefühle, beispielsweise der Empfindung der Unwirk-lichkeit und der Fremdheit des eigenen Körpers, kommen hinzu, weiter Todesangst oder die Furcht, verrückt zu werden. Der Patient flieht aus der Situation, in der die Attacke auftritt, beispielsweise aus einer Menschenmenge, und vermeidet entsprechende Situa-tionen in Zukunft; die unvorhersehbaren Panikattacken können Angst vor dem Alleinsein hervorrufen; Furcht vor einem neuen Angstanfall beherrscht das Denken (nach ICD-10, S. 196 ff.). Das Paniksyndrom kommt häufig assoziiert mit der Agoraphobie auf, ist aber als eigenständiges Störungsbild zu betrachten. Es setzt typischerweise im frühen Erwachsenenalter ein, das erste Auftre-ten passiert meist unvermittelt. Der Verlauf ist im Allg. chronisch, Spontanremissionen sind eher selten.

Die *generalisierte Angststörung* ist durch eine nicht an Objekte gebundene Angst gekennzeichnet; die Beschwerden ähneln denen der Panikattacke, sind aber weniger ausgeprägt, dafür länger anhaltend: Nervosität, Benommenheit, Schwindelgefühle, Herz-klopfen, Muskelanspannung, um nur einige zu nennen. Die Pa-tienten berichten über eine Anzahl relativ unspezifischer Sorgen und Vorahnungen; nicht selten werden Befürchtungen geäußert, der erkrankten Person selbst oder ihren Angehörigen werde etwas (nicht näher Bestimmtes) zustoßen. Die ersten Symptome treten typischerweise im dritten Lebensjahrzehnt auf, die Störung nimmt in der Regel einen chronischen Verlauf.

Die Symptomatik der Panikstörung und der generalisierten Angststörung entspricht zusammengenommen im Wesentlichen der von Freud (1895b) eingeführten Angstneurose, welche sich durch nicht oder bestenfalls sehr variabel an Objekte gebundene, als »frei flottierend« bezeichnete Angst charakterisieren lässt; daneben finden sich in Freuds Beschreibung (objektlose) Angst-anfälle mit Arrhythmien, Schwindel und Schweißausbrüchen.

Panikstörung und generalisierte Angststörungen werden unter der Bezeichnung »sonstige Angststörungen« (F41) zusammenge-fasst, welche sich von den »phobischen Störungen« (F40) dadurch unterscheiden, dass die das Bild beherrschende Angst nicht auf »bestimmte Umgebungssituationen« begrenzt ist. Panikstörung wird dann diagnostiziert und mit F41.0 verschlüsselt, wenn die

geschilderte anfallartig begrenzte psychische und körperliche
Symptomatik mehrfach binnen eines Monats aufgetreten ist und
zwar in objektiv gefahrlosen Situationen, die als Auslöser nicht
vorhersagbar und nicht bekannt sind. Treten die Panikattacken
jedoch bei bekannter Phobie auf, sind sie also auf die mehr oder
weniger scharf bestimmten und vorhersagbaren angstauslösenden
Situationen, insbesondere die des »Gefangenseins«, beschränkt, so
wäre primär Phobie als Diagnose zu stellen, in diesem Fall
Agoraphobie mit Panikstörung (F40.01). Eine generalisierte Angststörung (F41.1) wird dann diagnostiziert, wenn die oben geschilderten Symptome während eines mindestens mehrwöchigen
Zeitraums an den meisten Tagen aufgetreten sind und aufgrund
der Symptomatik und der Auslösesituationen nicht anderweitig zu
klassifizieren sind (verkürzt nach ICD-10, S. 196 ff.).

Panikstörungen sind vergleichsweise häufig; die Lebenszeitprävalenz wird nach einer Zusammenstellung von Bandelow &
Michaelis (2015) mit 1,6-5,2 % angegeben, wobei Frauen etwa
doppelt so häufig betroffen sind; zudem liegt eine hohe Komorbidität mit anderen psychischen Störungen wie Depressionen
sowie mit Alkohol- und Medikamentenabusus vor. Für das generalisierte Angstsyndrom schwanken die angesichts der wenig ver-
bindlichen Diagnosekriterien Häufigkeitsangaben beträchtlich;
die Lebenszeitprävalenz wird auf 3-6 % geschätzt, in DSM-5 sogar
mit 9 % angegeben; auch hier haben Frauen ein doppelt so hohes
Erkrankungsrisiko.

Familiäre Häufung der Panikstörung ist gut belegt, und einiges
spricht für eine deutliche Erbkomponente: Möglicherweise spielt
eine Veränderung auf dem Gen für Catechol-O-Methyltransferase
eine Rolle, einem Enzym, welches für den Dopamin- und Norad-
renalinabbau zuständig ist (Maron, Hettema & Shlik, 2010). Für
die generalisierte Angststörung nimmt man an, dass sie zu etwa
zwei Drittel auf Umwelteinflüsse zurückgeht, zu einem Drittel auf
(wenig zu präzisierende) genetische Faktoren (Dellava, Kendler &
Neale, 2011).

6.3.2   Erklärungsansätze

Biologische Modelle der Panikstörung gehen davon aus, dass die
Bereitschaft zur Entwicklung des Symptombildes in gewissem

Grade genetisch determiniert ist und zum Tragen kommt, wenn entsprechende Bedingungen vorliegen. Als ein Beleg für diese Annahme wird angeführt, dass klinisch unauffällige Verwandte von Personen mit Panikstörungen in Provokationsversuchen (Natriumlaktatinfusionen oder Atmen von Luft mit erhöhter CO_2-Konzentration) überdurchschnittlich häufig Angstattacken entwickeln. Als Grundlage dieser Bereitschaft wird eine Überaktivität gewisser Hirnregionen diskutiert, etwa Teilen des Temporallappens, speziell aber des Locus coeruleus im Hirnstamm, dessen Stimulation bei Tieren, mutmaßlich durch Aktivierung noradrenerger Bahnen, Panikattacken auslöst. Dieselben Strukturen werden mit der Ausbildung generalisierter Angststörungen in Verbindung gebracht, wobei speziell die Rolle des Überträgerstoffs GABA und der Benzodiazepinrezeptoren betont wird. (Hinweise auf die Bedeutung auch des serotonergen Systems ergeben sich aus der Wirksamkeit von Medikamenten, die speziell auf dieses einwirken, insbesondere der SSRI und von Buspiron.)

Wie bereits ausgeführt (▶ Kap. 3.4), ist GABA ein hemmender Transmitter, dessen Wirkung durch Benzodiazepine verstärkt werden kann. Nach einer (etwas groben) Modellannahme befinden sich in funktioneller Nähe der GABA-Rezeptoren Bindungsstellen für Benzodiazepine, bei deren Besetzung die GABA-Rezeptoren ihre Empfindlichkeit erhöhen. Als Grundlage vermehrter Ängstlichkeit (und damit auch erhöhter Wahrscheinlichkeit, eine klinisch relevante Angststörung zu entwickeln) wäre eine reduzierte Dichte oder Ansprechbarkeit der $GABA_A$-Benzodiazepinrezeptor-Komplexe zu vermuten, welche nicht zuletzt in großer Häufigkeit in der Amygdala zu finden sind (Nuss, 2015).

Psychoanalytische Erklärungen von Panik- und generalisierter Angststörung entsprechen im Wesentlichen denen der Angstneurose. Wie ausgeführt, nahm Freud für die Angstneurose eine aktualneurotische Genese an, sah also die verursachenden Faktoren nicht in der Kindheit, sondern in Störungen des aktuellen Sexuallebens. Er ging davon aus, dass aufgestaute Sexualerregung sich in körperlichen und psychische Angstsymptomen Bahn schaffe, vertrat somit letztlich die These einer toxischen Entstehung; Ursache sollte eine Erregung ohne adäquate Abfuhr sein, so bei Frauen etwa unbefriedigendes Sexualleben bei Impotenz des Mannes, bei Männern beispielsweise Koitus interruptus als Praxis der Empfängnisverhütung, bei unverheirateten Paaren sexuelle

Stimulierung ohne folgenden Geschlechtsverkehr. Die Theorie hat letztlich wenig Anerkennung gefunden und wird auch in der psychoanalytischen Literatur kaum erwähnt, während Freud selbst nie explizit von ihr abrückte.

Lerntheoretische Modelle der *Panikstörungen* (im streng behavioristischen Sinn) existieren nicht; *verhaltenstheoretische Erklärungsansätze* beziehen sowohl kognitive als auch biologische Faktoren ein und werden am besten mit der Bezeichnung »psychophysiologische Modelle« belegt. Verkürzt formuliert beinhalten sie, dass kleine körperliche Veränderungen als bedrohlich wahrgenommen werden können (wie etwa eine leichte Erhöhung der Herzfrequenz als erstes Anzeichen einer schweren kardiovaskulären Störung, im schlimmsten Fall als Vorboten oder Symptom eines Herzinfarkts interpretiert wird), wobei die so induzierte Angst zu weiteren körperlichen Veränderungen führt. Ein wichtiger pathogenetischer Mechanismus ist möglicherweise die *Hyperventilation*, die übermäßige Abatmung von CO_2 mit der Folge von pH-Verschiebungen im Blut (respiratorische Alkalose) und Veränderungen des Calciumspiegels (s. Meuret & Ritz, 2010); dies führt u. a. zu Schwindel, Missempfindungen und muskulären Verkrampfungen (Hyperventilationstetanie), verstärkt also noch die körperlichen Beschwerden und die Angstsymptome. Ebenso könnte dieser Prozess der positiven Rückkoppelung, also der Selbstverstärkung der körperlichen und psychischen Angstsymptomatik, mit einem kognitiven Stimulus beginnen, etwa mit der Erinnerung an einen ähnlichen Anfall in denselben oder vergleichbaren Räumlichkeiten, was wiederum körperliche Reaktionen, erst schwacher und schließlich immer intensiverer Natur hervorruft. Demnach wären Personen mit einem Paniksyndrom dadurch gekennzeichnet, dass sie körperliche Reaktionen als besonders bedrohlich wahrnehmen und dass der beschriebenen Aufschaukelung hier nicht negative Rückkoppelungsprozesse wie Gewöhnung oder Ermüdung entgegenwirken; erstere Annahme wird gut belegt durch die Beobachtung, dass die gleiche Induktion körperlicher Veränderungen bei Panikpatienten größere Angstzustände auslöst als bei klinisch unauffälligen Personen. Dieses Modell, nützlich insofern, als sich auf diesen Annahmen rationale Therapien aufbauen lassen, bezieht sich allerdings mehr auf die Pathogenese als auf die Ätiologie des Paniksyndroms, lässt insbesondere die Frage offen, bei welchen Personen diese gestörte Wahrnehmung und Bewertung körperlicher Vorgänge auftritt; auch hier diskutiert man Dispositionen nicht zuletzt biologischer Natur.

Lerntheoretische Genesemodelle der *generalisierten Angststörung* im engeren Sinne existieren ebenfalls nicht oder haben nie besondere Beachtung erfahren; im weiteren Sinne *verhaltenstheoretische* Entstehungshypothesen, die auch biologische und kognitive Faktoren berücksichtigen, sind zu ungenügend ausgearbeitet, um hier genauere Darstellung zu rechtfertigen. Angedeutet sei lediglich, dass bei den Betroffenen ein erhöhtes generelles Angstniveau angenommen wird sowie eine gesteigerte Aufmerksamkeit (Hypervigilanz), die sich jedoch vornehmlich auf irrelevante und speziell auf bedrohliche Sachverhalte konzentrieren soll.

6.3.3   Therapie

Medikamentös wird das akute Paniksyndrom häufig mit den anxiolytisch wirksamen Benzodiazepinen behandelt, speziell um den Circulus vitiosus zwischen Symptomwahrnehmung, sich dabei steigernder Angst und Ausbildung weiterer Symptome zu unterbrechen; zur Therapie der »Angst vor der Angst«, der Erwartung eines Anfalls, dürfte prinzipiell Dauertherapie mit Benzodiazepinen erfolgreich sein: angesichts ihres erheblichen Suchtpotentials nimmt man jedoch möglichst davon Abstand. Zur Behandlung von Panikstörungen sind diverse auf das serotonerge System wirkende Antidepressiva zugelassen, neben Clomipramin (z. B. Anafranil®) einige SSRI (etwa Citalopram und Escitilopram; s. dazu genauer Benkert & Hippius, 2015, S. 47 f.). Die häufig im Rahmen des Paniksyndroms auftretende Hyperventilationstetanie lässt sich über CO_2-Rückatmung beeinflussen, beispielsweise mittels einer Plastiktüte, sodass der pH-Wert des Blutes gesenkt und die Ionenverschiebungen rückgängig gemacht werden. Medikamentöse Therapie der generalisierten Angststörung kann mit SSRI geschehen, daneben mit dem ebenfalls (in komplizierter Weise) das serotonerge System beeinflussenden Buspiron (Busp®, Anxut®), schließlich mit dem GABA-Agonisten Pregabalin (Lyrica®), welche Substanz allerdings ein nicht geringes Abhängigkeitspotential besitzt.

Psychoanalytische Therapie bei Panik- und generalisierter Angststörung dürfte selten zur Anwendung zu kommen. Freud selbst
sah die Angstneurose nicht als Indikation für die Psychoanalyse
an, da es bei diesem Störungsbild seiner Auffassung nach nicht um
die Aufhebung von Verdrängungen ging. Die von ihm vorgeschlagene Behandlung bestand vornehmlich im Auffinden und
Aufzeigen der Zusammenhänge zwischen Libidostau und Angstsymptomatik sowie in Anleitung zu einer diesbezüglich weniger
pathogenen Lebensweise.

Wie bei den Phobien, so gilt auch bei Panik- und generalisierter
Angststörung *Verhaltenstherapie unter Einbeziehung kognitiver Verfahren* augenblicklich als psychotherapeutische Methode der Wahl. Dabei werden den Patienten Informationen über
die Entstehung von Angstanfällen und insbesondere die Bedeutung des Circulus vitiosus bei der Ausbildung der Symptome
gegeben, auf die Rolle von Fehlinterpretationen körperlicher
Anzeichen hingewiesen und Bewältigungsstrategien vermittelt;
hinzu kommt die Konfrontation mit auslösenden Situationen und
mit körperlichen Symptomen, die beispielsweise über Hyperventilation provoziert werden. Erfolg dieser Verfahren wurde in
mehreren Studien belegt (s. dazu ausführlich Becker & Margraf,
2016).[30]

---

30 Eine Abschätzung der Wirksamkeit von Therapieverfahren bei Angststörungen (Phobien, Panik- und generalisierte Angststörung) findet sich
bei Bandelow et al. (2015): Medikamentöse Therapien zeigten generell
größere Effektstärken, die diversen Psychotherapien unterschieden sich
diesbezüglich in beträchtlichem Ausmaße, wobei die kognitiven Ver-
haltenstherapien im oberen Bereich zu finden waren, die so genannte
interpersonelle Therapie am schwächsten war. Erwartungsgemäß lagen
die Effektstärken kombinierter Therapien höher als die reiner psycho-
therapeutischer Verfahren, waren aber nicht wesentlich verschieden
von jenen bei rein pharmakologischer Behandlung. Interessanterweise
werden einige nicht-medikamentöse Verfahren, die in Kapitel 5 genauer
beschrieben sind (EKT, Vagusnerv-Stimulation, transkranielle Mag-
netstimulation, sogar Psychochirurgie), auch bei Ängsten eingesetzt;
anders als bei Zwangsstörungen ist ihre Wirksamkeit hier eher gering
(Bystritsky, Khalsa, Cameron & Schiffman, 2013).

6.4 Zwangsstörungen

6.4.1 Symptomatik, Klassifikation, Epidemiologie

Die Zwangsstörung (im Englischen obsessive-compulsive disorder = OCD) ist charakterisiert durch wiederkehrende Zwangsgedanken und -handlungen. Zwangsgedanken können verschiedene Gestalt annehmen, nämlich die von Zwangsvorstellungen (sich immer wieder aufdrängenden, zumeist unangenehm empfundenen Bildern, beispielsweise obszöner oder blasphemischer Natur), von Zwangsimpulsen (einem inneren Drang, bestimmte, häufig aggressive oder sexuelle Handlungen auszuführen) oder von Zwangsgrübeln (hartnäckigem Sich-Beschäftigen-Müssen mit nebensächlichen Problemen). Diese Gedanken sind im Allg. quälend, die betroffene Person versucht, dagegen (zumeist erfolglos) Widerstand zu leisten; charakteristisch und nützlich in Abgrenzung von auftauchenden Vorstellungen im Rahmen schizophrener Erkrankungen ist, dass Zwangsgestörte ihre Gedanken als unsinnig ansehen und dabei doch als ihr eigenes Produkt betrachten, nicht als Einwirkung äußerer Mächte.

Zwangshandlungen, zuweilen besser als *Zwangsrituale* charakterisiert, sind zumeist *stereotype Handlungen*, die ständig wiederholt werden, obwohl sie der betroffenen Person sinnlos erscheinen und ihre Ausführung kein Vergnügen bereitet, oft sogar als ausgesprochen unangenehm empfunden wird; ihrer Ausübung wird wenigstens zu Beginn noch versucht, Widerstand entgegenzusetzen. Häufig ist nach Abschluss der Handlung kurzfristige Erleichterung zu bemerken, bis sich der Zwang erneut einstellt und der Leidensdruck zu erneuter Aktion führt. Im Fall schwerer Zwangshandlungen sind die Betroffenen zu wenig sonstigen Leistungen fähig, können bei Kontrollzwang kaum mehr das Haus verlassen, weil sie immer auf's Neue überprüfen müssen, ob der Herd abgedreht oder die Wohnungstür verschlossen ist. Bei ausgeprägtem Waschzwang reinigen sich manche Personen über hundertmal täglich die Hände, oft mit scharfen Mitteln, sodass schwere Hautschäden resultieren. Oft werden die Zwangshandlungen als Vorbeugung gegen Unheil für die eigene Person angesehen, zuweilen dienen sie im Denken der Zwangskranken auch der Abwendung von Schäden, die sie selbst anderen

Personen zufügen könnten. Die meisten Zwangshandlungen beziehen sich auf Reinlichkeit (besonders Händewaschen), auf Ordnung und auf Kontrollen, mit denen eine gefährliche Situation verhindert werden soll. Die Ausführung dieser Rituale nimmt lange Zeit in Anspruch; damit einher geht oft ausgeprägte Entschlusslosigkeit und Langsamkeit (nach ICD-10, S. 201 ff.).

Eine *Zwangsstörung* (F42) wird dann diagnostiziert, wenn für wenigstens zwei Wochen an den meisten Tagen Symptome (Zwangsgedanken und/oder Zwangshandlungen) nachweisbar sind, die entweder als quälend empfunden werden oder die normalen Aktivitäten stören. Sie müssen darüber hinaus vier charakteristische Merkmale besitzen, nämlich als »eigene Gedanken oder Impulse für den Patienten erkennbar« sein, die Gedanken oder die Handlungsausführung dürfen »nicht an sich angenehm sein«, müssen sich zudem »in unangenehmer Weise wiederholen«. Hinzu kommt, dass wenigstens anfangs einem Gedanken oder einer Handlung, wenn auch erfolglos, noch Widerstand geleistet wird. Charakteristisch für Zwangssymptome ist also ihr wiederholtes Auftreten, wobei sie nicht als angenehm empfunden werden und deshalb Widerstand erfahren; letztere Eigenschaften würden sie von schlichten Angewohnheiten unterscheiden; insofern ist es auch höchst missverständlich, von zwanghaftem Spielen oder Trinken zu sprechen, denn in aller Regel leiden die Betroffenen nicht unter der Ausführung (bestenfalls an ihren Folgen).[31] Obwohl ich-fremd und sinnlos, werden sie als *eigene psychische Produkte* angesehen, was sie von den Vorstellungen und Handlungen Schizophrener unterscheidet, welche den Betroffenen als von außen eingegeben erscheinen (Eindruck des »Gemachten«).

Liegen vorwiegend *Zwangsgedanken* oder *Grübelzwang* vor, ist dies mit F42.0 zu verschlüsseln, beim Vorherrschen von *Zwangshandlungen* (Zwangsritualen) wäre F42.1 einzusetzen; wenn, wie

---

31 Problematisch ist es, wenn in DSM-5 »Pathologisches Horten« oder »Trichotillomanie (Pathologisches Haareausreißen)« in die Kategorie »Zwangsstörung und verwandte Störungen« eingeordnet wird; hierbei wird die Handlung nicht als unangenehm eingeschätzt. Vieles von dem, was heute als »Zwangsstörung« kategorisiert wird, entspricht nicht mehr der Freud'schen Zwangsneurose.

häufig der Fall, Zwangshandlungen und Zwangsdenken in ungefähr gleicher Weise das Symptombild prägen, soll die Unterkategorie F42.2 (Zwangsgedanken und -handlungen, gemischt) verwendet werden. Nachdrücklich weisen die Autoren von ICD-10 darauf hin, dass Zwangssymptome und Depression häufig vergesellschaftet vorkommen, wobei die Diagnose aufgrund der vorherrschenden oder zuerst aufgetretenen Symptomatik gestellt wird.

Der Beginn liegt typischerweise im dritten Lebensjahrzehnt. Anders als lange gedacht, haben Zwangsstörungen jedoch bereits im Kindes- und Jugendalter durchaus klinische Bedeutung (DSM-5, S. 325). Bis es, wenn überhaupt, zur Therapie kommt, vergeht fast ein Jahrzehnt; unbehandelt nimmt die Störung in der Regel einen chronischen Verlauf. Häufig zeigen sich prämorbid zwanghafte Persönlichkeitszüge.

Lebenszeitprävalenzen schwerer Zwangssymptome wurden früher als niedrig angegeben, heute hingegen mit 2-3 % eher hoch (Ruscio, Stein, Chiu & Kessler, 2010). Frauen und Männer sind nach übereinstimmenden Angaben ungefähr gleich häufig betroffen; Frauen leiden jedoch häufiger an Waschzwängen, bei Kontrollzwängen sind Männer überrepräsentiert.

Mittlerweile gibt es zweifelsfreie Belege für eine genetische Komponente bei Zwangsstörungen; eineiige Zwillinge haben diesbezüglich eine deutlich höhere Konkordanzrate als zweieiige. Die Erblichkeit wird auf etwa 50 % geschätzt; besonders ausgeprägt ist die familiäre Häufung bei Zwangsstörungen, die bereits in der Kindheit einsetzen. Die möglicherweise dabei veränderten Gene bestimmen die Ausbildung von Carrierproteinen und Rezeptoren des serotonergen Systems (Browne, Gair, Scharf & Grice, 2014).

6.4.2 Erklärungsansätze

Zur Erklärung der Zwangssymptomatik gibt es verschiedenste Ansätze, insofern nicht erstaunlich, als Zwangsstörungen höchst unterschiedliche Gestalt annehmen können, von der reichen, phantasievollen Symptomatik psychoanalytischer Fallgeschichten (etwa der des »Rattenmanns«; Freud, 1909d) bis hin zu den stereotypen Kontrollzwängen und Zwangsverlangsamung.

Biologische Erklärungsmodelle basieren zum einen auf der häufigen Vergesellschaftung von Depression und Zwangsstörungen sowie auf der therapeutischen Wirkung bestimmter Antidepressiva auch bei den letzteren, zum anderen auf Ergebnissen der »Psychochirurgie« und auf Zufallsbefunden nach Hirnverletzungen. Dass Stoffe, welche die Wiederaufnahme von Serotonin hemmen, wie Clomipramin (etwa Anafranil®) oder SSRI, Zwangssymptome bessern, hat das Augenmerk speziell auf diesen Transmitter gelenkt. Da die Wirkungsweise der Substanzen nicht in einer Erhöhung der synaptischen Verfügbarkeit des Transmitters, sondern in einer langfristigen Veränderung von Rezeptoreigenschaften gesehen wird, geht man von einer besonderen Empfindlichkeit bestimmter Rezeptortypen aus. Hierzu würde passen, dass die therapeutische Wirkung von Clomipramin und SSRI bei Zwangsstörungen noch stärker verzögert einsetzt als bei Depression. Auch weisen Studien darauf hin, dass Stimulation von Serotoninrezeptoren im Tierversuch Symptome hervorruft, die in gewisser Hinsicht dem Verhalten Zwangsgestörter entsprechen (Ho et al., 2016).

Diskutiert wird, ob bei Zwangskranken eine Überaktivität in jenen (vorwiegend serotonergen) Strukturen vorliegt, die im Sinne eines geschlossenen Kreises tiefer gelegene Hirnteile wie Basalganglien und Thalamus mit der Orbitalhirnregion im Stirnlappen sowie dem Gyrus cinguli verbinden und (vereinfacht ausgedrückt) für die Bewertung von Eindrücken und Aktivierung von Impulsen verantwortlich sind (so genannte Basalganglienhypothese). Die Wirksamkeit der – im Sinne einer ultima ratio – bei Zwangsgestörten zuweilen vorgenommenen anterioren Cingulotomie, der Zerstörung von Gewebe im Gyrus cinguli, ist gut mit diesem Modell vereinbar. Neuere Studien mit bildgebenden Verfahren weisen auf eine Überaktivität dieser Regionen (bzw. der sie verbindenden Bahnen) bei Zwangsgestörten hin (Beucke et al., 2013; Pujol et al., 2016). Interessanterweise findet man bei Personen mit dieser Störung vermehrt Antikörper gegen Basalganglien, sodass man mittlerweile die Hypothese einer Autoimmunerkrankung vertritt, eventuell als Spätfolge einer Streptokokkeninfektion (Pearlman, Vora, Marquis, Najjar & Dudley., 2014; Teixeira, Rodrigues, Marques, Miguel & Fontenelle, 2014). Tatsächlich werden nach Infektionen des Zentralnervensystems auftretende Zwangssymptome beschrieben, was aber nicht die große Verbreitung des Störungsbildes erklären kann.

Psychoanalytische Modelle von Zwangsstörungen sind kompliziert und tragen der komplexen Symptomatik der Fallgeschichten Rechnung. Freud, der die Zwangsneurose als nosologische Entität einführte, hatte in seiner frühen Abwehr- und Verführungstheorie der Psychoneurosen (▶ Kap. 6.6) Zwangsvorstellungen als entstellte Wiederkehr frühkindlicher (aktiver) Sexualerlebnisse aufgefasst; die Zwangshandlungen betrachtete er als Versuche, die unangenehmen Zwangsvorstellungen zu bekämpfen. Im Rahmen seiner späteren triebthereotischen Neuformulierung der Neurosenlehre ist der Sachverhalt wesentlich komplizierter: Die frühkindliche Bedingung der Zwangsneurose sei danach eine anal-sadistische Fixierung, teils als Folge besonderer anatomischer Gegebenheiten (»Sexualkonstitution«), teils auf Erlebnisse in jener Zeit zurückzuführen, häufig auf übertriebene Reinlichkeitserziehung. Begünstigt durch die anale Fixierung kann im Erwachsenenalter eine anal-sadistische Regression stattfinden, etwa dann, wenn die genitale Sexualbetätigung behindert wird (s. dazu die grundlegende Schrift »Die Disposition zur Zwangsneurose«; Freud, 1913i). Die zwangsneurotische Symptomatik dient der Abwehr der anal-sadistischen Impulse, wobei Reaktionsbildung, die Mobilisierung gegensinniger Antriebe, den wichtigsten Abwehrmechanismus darstellt. So wird, vereinfacht ausgedrückt, ein Waschzwang als Versuch aufgefasst, durch gesteigerte Reinlichkeit die exzessiven Verschmutzungstendenzen zu bekämpfen und sich ihre Existenz nicht einzugestehen. Zwangsvorstellungen entstehen wenigstens teilweise durch den bereits bei der Phobie eingeführten Abwehrmechanismus der Verschiebung (▶ Kap. 6.2): Der Affekt wird einer aus dem Bewusstsein zu tilgenden Vorstellung entrissen und auf eine andere, zwar unangenehme, aber doch tolerablere transponiert, die dann als Zwangsvorstellung das Denken beherrscht. Die Abwehr dieser Zwangsvorstellung wird wiederum mit einer Zwangshandlung versucht, eine Praxis, die ihre Wurzel im archaischen magischen Denken hat.

Zwangshandlungen können also zweierlei Funktionen haben: Einige dienen direkt der Abwehr des verdrängten Impulses (Beispiel: Waschzwang); andere sollen eine unangenehme Zwangsvorstellung, die bereits ein Abkömmling des Verdrängten ist (also Produkt einer Abwehr darstellt), aus dem augenblicklichen geistigen Blickfeld verscheuchen. Auf die Beziehungen zwischen magischen Praktiken, religiös-zeremoniellen Ritualen und Zwangssymptomen wies Freud wiederholt in äußerst lesenswerten Abhandlungen hin, so in »Zwangshandlungen und Religionsübungen« (1907b) und insbesondere in *Totem und Tabu* (1912–13a).

Die unangenehmen Symptome der Zwangsneurose haben nach Freud folglich auch einen positiven Effekt für die erkrankte Person, nämlich die Unterdrückung von Inhalten, die sie (möglicherweise fälschlich) als noch weniger erträglich ansieht (primärer Krankheitsgewinn). Bekanntermaßen ist diese Theorie, welche die Aufrechterhaltung der neurotischen Symptomatik gut erklären kann, nicht in befriedigendem Maße empirisch abgesichert. Immerhin stimmt sie mit Auffassungen anderer Theoretiker überein (genauer gesagt: nimmt diese vorweg), dass Zwangshandlungen wenigstens teilweise zur Bekämpfung der Zwangsvorstellungen dienen. Zudem trägt die Theorie durch die Annahme der disponierenden analen Fixierung (Stichwort: analer Charakter) der Beobachtung Rechnung, dass sich zwangsneurotische Symptomatik bevorzugt bei gewisser prämorbider Persönlichkeitsstruktur entwickelt (▶ Kap. 8.2). Schließlich liefert das Freud'sche Konzept der Abwehrmechanismen (wie Reaktionsbildung, Verschiebung, Ungeschehenmachen) nützliche Begriffe zur Beschreibung der psychischen Prozesse bei Zwangssymptomen und erleichtert den Vergleich mit magisch-animistischem Denken und daraus resultierenden Praktiken.

Ältere *lerntheoretische Erklärungsansätze* von Zwangshandlungen basieren im Wesentlichen auf dem Zwei-Faktoren-Modell von Mowrer, nehmen also eine Entstehung und Aufrechterhaltung wie bei den Phobien an (▶ Kap. 6.2). So könnte die Angst vor Schmutz über klassische Konditionierung erworben werden; das Waschen der Hände beseitigt kurzfristig die mit der Verschmutzung verbundene Angst (negative Verstärkung) und würde entsprechend häufiger eingesetzt; statt oder neben der Fluchtreaktion vor Schmutz reduziert das Waschen die Angst. Dieses an sich plausible Modell hat allerdings die Schwierigkeit entsprechender Genesetheorien von Phobien, nämlich, dass der Erwerb über klassische Konditionierung nur selten nachgewiesen werden kann; daneben wäre zu erklären, warum die aversiven Reize der durch das Waschen hervorgerufenen Schädigung und der Einschränkung des Aktionsradius nicht auf lange Sicht die kurzfristig bewirkte Angstreduktion als Konsequenzen bedeutungsmäßig übersteigen. Komplizierter ist die Erklärung von Zwangshandlungen, die nicht in sofort nachvollziehbarer Weise einen aversiven Stimulus entfernen, zum Beispiel von magischen Ritualen. Hier geht man davon aus, dass das vage Befürchtete, beispielsweise ein unwahrscheinliches Unglück, nach Ausführung des Rituals immer wieder ausgeblieben ist, sodass diese Handlung als effektiver Verhinderungsmechanismus dem Verhaltensrepertoire eingegliedert wurde. Da die Ausführung der Zwangshandlung nicht unterbleibt, kann sich die betroffene Person niemals davon überzeugen, ob das Befürchtete auch sonst nicht eingetreten wäre. Das Verhalten erinnert an das der abergläubischen Tauben Skinners, die eine bizarre Bewegung immer wieder ausführen, weil zufällig einmal in zeitlichem Zusammenhang damit ein Futterkorn präsentiert wurde. Die Herleitung der Zwangsbefürchtungen, wie überhaupt das Auftauchen der Zwangsvorstellungen, die ja einen starken aversiven Stimulus darstellen, können mit diesem Modell der instrumentellen Konditionierung nur schwer erklärt werden.

Neuere verhaltenstheoretische Erklärungsansätze beziehen auch biologische Gegebenheiten (beispielsweise im Sinne erhöhter neurophysiologischer Reaktivität) oder kognitive Faktoren ein. Ein verbreitetes auf Rachman zurückgehendes Modell (s. Davison et al., 2007, S. 184) impliziert, dass negative Vorstellungen durchaus etwas Normales seien und von den meisten ohne Probleme akzeptiert und kaum beachtet würden; bei zwangsgestörten Personen komme es hingegen zu einem vergeblichen Versuch, diese zu unterdrücken und in Folge zu einer zunehmend schuldbewussten Auseinandersetzung mit den aufdringlichen Gedanken. Der Versuch, diese mit Ritualen zu »neutralisieren«, führe zu weiterer Steigerung des Aktivitätsniveaus und Verstärkung des beschriebenen Prozesses. Dieses Modell steht im Einklang mit experimentellen Befunden, etwa dass der Versuch der Unterdrückung von Vorstellungen diese erst recht ins Bewusstsein hebt. Auch hier fehlt jedoch die Erklärung, warum es bei diesen Personen zur ungewöhnlichen Beachtung jener negativen Gedanken kommt; zudem sind die Zwangsvorstellungen – betrachtet man etwa die Freud'-

schen Kasuistiken von Zwangsneurosen – oft so fern von den üblichen negativen Alltagsgedanken, dass man ihr Zustandekommen ohne Annahme ausgiebiger, in dem Modell nicht berücksichtigter Entstellungsprozesse über Verschiebungen und Symboldarstellungen kaum erklären könnte.

6.4.3   Therapie

Die erfolgreiche *medikamentöse* Behandlung mittels vornehmlich die Serotonin-Wiederaufnahme hemmender Antidepressiva wie Clomipramin, Escitalopram, Fluoxetin, Fluvoxamin, Paroxetin oder Sertralin wurde schon erwähnt. Dabei ist der Wirkmechanismus wohl nicht die Erhöhung des Serotoninspiegels im synaptischen Spalt, sondern die Herabsetzung der Empfindlichkeit von Serotoninrezeptoren als Folge eines Transmitterüberangebots; dass die Wirkung spät eintritt, deutlich später als bei der Therapie von Depressionen, steht mit dieser Annahme in Einklang. Benzodiazepine, die früher zur Erreichung einer affektiven Distanzierung von den Zwangsvorstellungen verordnet wurden, dürfen heute bei dieser Indikation selten eingesetzt werden (eher atypische Antipsychotika).

Zumindest in den USA nicht ganz selten kommt die Psychochirurgie zum Einsatz, etwa Zerstörungen im Gyrus cinguli (für weitere Techniken s. Bystritsky et al., 2013). Die Eingriffe basieren auf der Annahme einer Überaktivität des im Rahmen der Basalganglienhypothese beschriebenen zentralnervösen Funktionskreises.

Die *psychoanalytische Therapie* besteht üblicherweise in Aufhebung von Verdrängungen und Bearbeitung des so ins Bewusstsein kommenden Materials. Umfangreichere Therapievergleichsstudien liegen nicht vor; allzu großer Optimismus dürfte nicht angebracht sein.

Wie bei Phobien und anderen Angststörungen sind die bei Zwängen augenblicklich am häufigsten zum Einsatz kommenden Verfahren *kognitiv-verhaltenstherapeutische*, deren Wirksamkeit kaum bezweifelt wird (McKay et al., 2015). Die insbesondere bei den Zwangshandlungen eingesetzten Techniken gleichen den bei Phobien angewandten; die Ähnlichkeit der Verfahren bei beiden Störungen basiert auf der Annahme, dass Zwangsgedanken als angstinduzierende Reize den phobischen Stimuli entsprechen und

Zwangshandlungen dem Vermeidungsverhalten analog zu sehen sind. Die zu behandelnde Person wird dabei Situationen ausgesetzt, in denen üblicherweise die Zwangshandlungen auftreten, und angehalten, diese nun zu unterlassen (Exposition mit Reaktionsverhinderung). Reine Zwangsgedanken werden mit Habituation therapiert, indem die Patienten ihre störenden Gedanken auf Tonband sprechen und immer wieder abhören.

6.5 Akute Belastungsreaktion und posttraumatische Belastungsstörung

6.5.1 Symptomatik, Klassifikation, Epidemiologie

Die *akute Belastungsreaktion* wird als vorübergehende psychische Störung in Form einer Reaktion auf eine außergewöhnliche körperliche oder seelische Belastung eingeführt, welche zuweilen innerhalb von Minuten, längstens aber nach Stunden oder Tagen abklingt. Als charakteristisches Symptom wird eine Art von »Betäubung« beschrieben, eine »Bewusstseinseinengung« und die Unfähigkeit, Reize zu verarbeiten. Es kann ein (geistiges) Sichzurückziehen aus der traumatischen Situation erfolgen, die eventuell bis zur Reaktionslosigkeit (»dissoziativem Stupor«) reicht; stattdessen können auch Unruhe und (körperliche) Fluchtreaktion auftreten, hinzukommen meist starke vegetative Reaktionen »panischer« Angst. Nach Abklingen der Erscheinungen tritt zuweilen partielle oder vollständige Amnesie für die Episode auf (verkürzt nach ICD-10, S. 205 f.).

Diagnostiziert wird eine akute Belastungsreaktion (F43.0), wenn im direkten Anschluss an ein belastendes Ereignis, höchstens einige Minuten danach, die genannten Symptome, insbesondere der Zustand von Betäubung, auftreten und sich nach der Entfernung aus der traumatisierenden Umgebung rasch zurückbilden; auch bei Weiterbestehen der Belastung sollte nach etwa 24 Stunden die Rückbildung beginnen und nach drei Tagen weitgehend abgeschlossen sein.

Die *posttraumatische Belastungsstörung* (PTBS; engl.: PTSD) wurde zwar spätestens seit dem Ersten Weltkrieg unter der Bezeichnung »Kriegsneurose« als psychiatrisches Leiden anerkannt, erfuhr aber erst in den letzten Jahrzehnten größere Beachtung und wurde unter der neuen, weiter gefassten Bezeichnung schließlich als eigene Kategorie in die diagnostischen Systeme aufgenommen. Dies ist nicht zuletzt auf die Auswirkungen des Vietnamkrieges zurückzuführen, dessen Heimkehrer noch viele Jahre später zu einem auffällig hohen Prozentsatz unter psychischen Störungen litten, was sich u. a. durch hohe Delinquenz-, Suizid- und Scheidungsraten manifestierte. Durch den Afghanistankrieg ist dieses Symptombild in den vergangenen Jahren auch hier ins öffentliche Interesse gerückt. Weiterhin hat der zunehmend geschärfte Blick für die Folgen sexueller Gewalt zu stärkerer Beachtung dieser Krankheitsbilder beigetragen und die Erkenntnis geliefert, dass sie keineswegs allein auf extreme Erfahrungen in Kriegssituationen zurückzuführen sind.

Bei der posttraumatischen Belastungsstörung handelt es sich um eine verzögerte Reaktion auf ein belastendes Ereignis oder eine Situation »außergewöhnlicher Bedrohung oder katastrophenartigen Ausmaßes«, die »bei fast jedem eine tiefe Verzweiflung« hervorrufen würde. Dazu, präzisieren die Autoren, gehören »eine durch Naturereignisse oder von Menschen verursachte Katastrophe, eine Kampfhandlung oder ein schwerer Unfall oder Zeuge des gewaltsamen Todes anderer oder selbst Opfer von Folterung, Terrorismus, Vergewaltigung oder anderen Verbrechen zu sein«. Die Kriterien für ein solches »traumatisierendes Ereignis von außergewöhnlicher Schwere« sind also sehr eng gefasst; danach würde das akute Scheitern einer partnerschaftlichen Verbindung ebenso wenig dazu gehören wie der plötzliche natürliche Tod einer nahestehenden Person.

Von den charakteristischen Merkmalen der Störung wird an erster Stelle genannt das »wiederholte Erleben des Traumas in sich aufdrängenden Erinnerungen (Nachhallerinnerungen, Flashbacks) oder in Träumen«, welches sich auf dem Hintergrund eines »andauernden Gefühls von Betäubtsein und emotionaler Stumpfheit«, einer Gleichgültigkeit anderen Menschen und Dingen gegenüber abspielt. Aktivitäten und Situationen, die an das Trauma erinnern, werden vermieden; ebenso gefürchtet werden Stichworte, welche die Erinnerungen aufleben lassen können. Die Betroffenen sind typischerweise vegetativ übererregt, weisen eine gesteigerte Vigilanz auf und neigen zu Angst und Depression; oft kommen Drogeneinnahme und Alkoholabusus hinzu.

Die scheinbare Unvereinbarkeit von erhöhtem Erregungsniveau einerseits und der allgemeinen Stumpfheit und Interessenlosigkeit andererseits wird in ICD-10 nicht weiter thematisiert. Die akute Steigerung der Aktivität dürfte sich auf die Konfrontation mit dem Trauma in der Erinnerung beziehen, Stumpfheit ein generelles Charakteristikum, insbesondere in Zeiten ohne Konfrontation, darstellen.

Im Unterschied zur akuten Belastungsreaktion erfolgt die Diagnose einer posttraumatischen Belastungsstörung (F43.1) im Regelfall innerhalb von sechs Monaten nach einem »traumatisierenden Ereignis von außerordentlicher Schwere«, wenn wiederholte Erinnerungen an das Trauma weiterbestehen. Emotionaler Rückzug sowie Vermeidung von Situationen und sonstigen Reizen, die an das Ereignis erinnern könnten, sind für die Diagnosestellung nicht unbedingt erforderlich, ebenso wenig vegetative Störungen und Beeinträchtigungen der Stimmung (nach ICD-10, S. 207 f.).

Nachdem die posttraumatische Belastungsstörung erst in den letzten Jahrzehnten stärkere Beachtung erfahren hat, liegen zu ihrem Verlauf kaum verlässliche Angaben vor; er dürfte vornehmlich chronisch sein und wird durch den erwähnten Drogen- und Alkoholabusus kompliziert; Spontanremissionen stellen eher die Ausnahme dar. Dagegen ist die akute Belastungsreaktion definitionsgemäß durch eine sehr rasche Rückbildung der Symptome gekennzeichnet.

Für die posttraumatische Belastungsstörung wird eine Lebenszeitprävalenz von 1,5–3 % angenommen; in einigen Regionen liegt diese deutlich höher (etwa in Nordirland bei fast 9 %; s. Atwoli, Stein, Koenen & McLaughlin, 2015). Frauen sind etwa doppelt so häufig betroffen; dies ist insofern wenig erstaunlich, als letztere öfter in Form von sexueller oder häuslicher Gewalt mit pathogenen Situationen konfrontiert sind. Familiäre Häufung ist sicher gegeben, allein schon, weil sich traumatisierende Bedingungen in ein- und derselben Familie finden; auch gewisse genetische Determinierung ist nachgewiesen (s. u.).

6.5.2 Erklärungsansätze

Definitionsgemäß ist das Trauma die Ätiologie – ohne dieses keine Belastungsstörungen –, andererseits aber nicht hinreichend, da viele ein Trauma weitgehend folgenlos durchleben. Die Forschung konzentriert sich deshalb auf disponierende und protektive Faktoren, daneben auf Aspekte der Ereignisse, die diesen ihren besonders traumatisierenden Charakter verleihen. Zudem studiert man physiologische und biochemische Begleiterscheinungen der Reaktionen.

Diese Forschung ist noch weitgehend in den Anfängen, und der Großteil der ohnehin spärlichen Befunde erwartet Replikationen. Allgemein wird das höhere Erregungsniveau auf eine gesteigerte Sympathikusaktivität zurückgeführt. Andere Theorien gehen von genetisch bedingten Besonderheiten im Hypothalamus-Hypophysen-Nebennierenrinden-System aus; auch Polymorphismen im Serotonin-Transporter-Gen, welches die Stressverarbeitung reguliert (dazu ▶ Kap. 5.6) könnten ein gewisse Rolle spielen (Ramikie & Ressler, 2016; Sareen, 2014).

Frühe Trennung von den Eltern, Kindheitstraumen, Substanzabhängigkeit[32] sowie gehäufte psychische Erkrankungen in der Familie werden als disponierende Faktoren angesehen. Bevorzugt scheinen belastende Ereignisse im häuslich-familiären Rahmen eine PTBS hervorzurufen, insofern plausibel, als für diese die Gefahr der Wiederholung besteht und zudem die Erinnerung auslösenden Stimuli weiter präsentiert sind.

> Die Kriegsneurosen hatten auch das Interesse Freuds und anderer Psychoanalytiker gefunden, da sie während des Ersten Weltkriegs und danach gehäuft zu beobachten waren und gegen die psychoanalytische Theorie von der sexuellen Ätiologie der Neurosen angeführt wurden. Freud selbst war sich nicht über die nosologische Einordnung der Störung klar – zuweilen rechnete er sie zu den Aktualneurosen, zuweilen zu den Psychoneurosen, auch machte er Unterschiede zwischen den eigentlichen Kriegsneurosen und den traumatischen Neurosen der Friedenszeiten. Ebensowenig vertrat er eine eindeutige Auffassung zu ihrer Psychodynamik; die Wiederholung des Traumas sah er als Versuch an, die mit ihm verbundenen Reizenergien unter psychische Kontrolle zu bringen.

---

32 Der unbestrittene korrelative Zusammenhang zwischen Substanzmissbrauch und PTBS kann verschieden interpretiert werden; meist liegt erst die Belastungsstörung vor, sodass der Drogen- und Alkoholkonsum als Versuch der Selbstmedikation aufzufassen wäre. Nicht auszuschließen ist aber auch, dass beide Störungen eine gemeinsame genetische Grundlage haben.

6.5.3 Therapie

Medikamentöse Behandlung: Angesichts des gesteigerten Alkoholkonsums und Drogenabusus bei den Betroffenen – der oft per se behandelt werden muss – ist man mit der Gabe von Sedativa der Benzodiazepingruppe sehr zurückhaltend. Die Wirksamkeit von SSRI bei diesem Störungsbild ist gut belegt; Paroxetin und Sertralin sind für diese Indikation zugelassen. Keine diesbezügliche Zulassung besteht hingegen für das Antikonvulsivum Topiramat, welches nach der Meta-Analyse von Watts et al. (2013) von allen Medikamenten hier das wirksamste ist.

Psychologischen Behandlungsverfahren, gleich welcher Schule, ist gemeinsam, dass sie die Patienten zur Auseinandersetzung mit dem traumatisierenden Erlebnis bringen; da dieses in aller Regel bewusst ist, setzen auch *psychodynamische Therapien* weniger an der Aufhebung von Verdrängungen an, sondern haben direktiven, stützenden Charakter und versuchen, Bewältigungstechniken zu vermitteln. *Kognitiv-verhaltenstherapeutische Interventionen* zielen auf Konfrontation mit dem Trauma ab, etwa in Gesprächen, Vorstellungsübungen und Abhören von selbst gesprochenen Tonbandberichten über das traumatisierende Erlebnis; auch Expositionsverfahren kommen zur Anwendung. Spezifisch zur Behandlung der PTBS ist das Eye Movement Desensitization and Reprocessing-Verfahren (EMDR) entwickelt worden, welches die geistige Fokussierung auf das Trauma mit bestimmten Augenbewegungen verbindet und bei dieser Indikation nachweislich wirksam ist (Schulz et al., 2015). Generell dürften psychotherapeutische Verfahren wie kognitive Therapie, Exposition und die erwähnte EMDR einer reinen Pharmakotherapie überlegen sein (Watts et al., 2013; Sareen, 2014); sie werden auch von der WHO als Therapie der 1. Wahl eingestuft (Benkert & Hippius, 2015, S. 58).

6.6   Dissoziative Störungen

6.6.1   Symptomatik, Klassifikation, Epidemiologie

Dissoziative Störungen sind gekennzeichnet durch Störungen der Erinnerung (Amnesien), des Identitätsbewusstseins (Persönlichkeitsspaltung), des Empfindens und der Kontrolle über die Will-

kürmotorik (beispielsweise dissoziative Sensibilitäts- und Bewe-
gungsstörungen). Hier seien – in Anlehnung an ICD-10 (S. 212 ff.)
– einige interessante Symptombilder herausgegriffen.

Bei der *dissoziativen Amnesie* besteht ein partieller oder vollständiger Erinnerungsverlust für kurz zurückliegende Ereignisse
oft traumatischer Natur (Unfälle, unerwartete Trauerfälle), der
nicht durch Vergesslichkeit oder Ermüdung zu erklären ist und
sich auch nicht auf organische Ursachen (wie Alzheimer-Krankheit, Gehirnerschütterung) oder auf toxische Schädigungen (etwa
Blackouts nach Alkoholkonsum) zurückführen lässt.

Bei der *dissoziativen Fugue* (französisch: Flucht) findet sich eine
»zielgerichtete Ortsveränderung« weg von der gewohnten Umgebung, wobei in einigen Fällen auch eine neue Identität angenommen wird; das ganze Geschehen dauert im Allg. nur wenige Tage.
Der Patient verhält sich geordnet und kann auf Außenstehende
völlig normal wirken; für die Zeit des Vorfalls besteht Amnesie.

Die *dissoziativen Störungen der Bewegung und Sinnesempfin-
dung* bilden zusammen mit den dissoziativen Krampfanfällen im
Wesentlichen die Symptome, welche als Hysterie die Nervenärzte
des 19. Jahrhunderts beschäftigt und Freud zur Entwicklung der
Psychoanalyse veranlasst haben. Bei den *dissoziativen Bewegungs-
störungen* liegt vollständiger oder partieller Verlust der Bewegungsfähigkeit bzw. eine Bewegungsstörung vor, was nicht auf
organische Ursachen zurückzuführen ist. Die (früher hysterisch
genannten) *dissoziativen Krampfanfälle* ähneln epileptischen
Anfällen, unterscheiden sich jedoch typischerweise durch Ausbleiben von Verletzungen (etwa Zungenbiss) und Fehlen von
Bewusstlosigkeit (stattdessen Auftreten von Stupor oder trance-
ähnlichen Zuständen). Bei den *Sensibilitätsstörungen* finden sich
Einschränkungen der Empfindlichkeit (Anästhesien) oder Missempfindungen (Parästhesien) im Hautbereich, die wie andere
»hysterische« Symptome eher im Einklang mit den naiven Kör-
pervorstellungen der Patienten stehen als mit pathologisch-
anatomischen Gegebenheiten; so sind dissoziative Sensibilitäts-
ausfälle im Handbereich häufig handschuhförmig begrenzt,
während bei organischen Störungen die Einschränkungen den
kompliziert angeordneten Versorgungsarealen einzelner Nerven
entsprechen. Andere Empfindungsstörungen sind beispielsweise
Gesichtsfeldausfälle, die ebenfalls wenig zu den anatomischen

Tatsachen passen und nicht zu den erwarteten Behinderungen der Motorik oder gar Verletzungen führen; Simulation ist in einzelnen Fällen schwer auszuschließen. Eine (seltene und kontrovers diskutierte) dissoziative Störung ist die *multiple Persönlichkeitsstörung*, bei der zwei oder mehr verschiedene Persönlichkeiten in ein und demselben Individuum existieren, welche zu verschiedenen Zeitpunkten in Erscheinung treten und in der Regel keine Kenntnis voneinander haben, nur teilweise einen gemeinsamen Erinnerungsspeicher zu besitzen scheinen.

> Als Beispiel werden immer die beiden Persönlichkeiten von Dr. Jekyll und Mr. Hyde in der Stevenson'schen Erzählung angeführt, die auf einem tatsächlichen Fall basiert. Auch Anna O., Breuers berühmte Patientin, ist insofern als »double personalité« anzusehen, als sie in einem somnolenten, autohypnotischen Zustand Erinnerungen produzierte, die ihr im Wachbewusstsein verschlossen waren, u. a. an die Ursprünge ihrer hysterischen Symptome. Erwähntermaßen hat diese »Persönlichkeitsspaltung« nichts mit der bei der Schizophrenie beschriebenen, gänzlich anders zu verstehenden Spaltung zu tun (▶ Kap. 4.1).

Die *Diagnose* dissoziativer Störungen und Kodierung mit einer der Nummern F44.0–F44.8 soll nur dann erfolgen, wenn keine körperliche Erkrankung als Erklärung für die Symptome festgestellt werden kann und zudem ein »Beleg für eine psychische Verursachung« zu finden ist, sich also ein »zeitlicher Zusammenhang mit Belastungen, Problemen oder gestörten Beziehungen« nachweisen lässt. Die dissoziative Amnesie (F44.0) muss von Amnesien anderer Ursache abgegrenzt werden; dies geschieht aufgrund der sonstigen Symptomatik (Fehlen anderer Gedächtnisstörungen, wie im Fall des amnestischen Syndroms sowie Fehlen der für das Delir typischen Bewusstseinstrübung und Desorientiertheit), durch Ausschluss organischer Ursachen (z. B. Epilepsie), teils durch Erfassung der Begleitumstände (fehlender Alkoholabusus, kein Hinweis auf Unfall mit schwerem Schädel-Hirn-Trauma); am schwierigsten ist die Unterscheidung zwischen dissoziativer Amnesie und bewusster Simulation. Die dissoziative Fugue (F44.1) ist von ähnlicher Symptomatik im Rahmen von Temporallappenepilepsien abzugrenzen, die dissoziativen Krampfanfälle (F44.5) von epileptischen Anfällen, was aufgrund der Symptomatik (fehlende Selbstverletzungen, keine Bewusstlosigkeit) und anhand von EEG-Aufzeichnungen im Anfall geschieht. Dissoziative Bewegungs- (F44.4) sowie Sensibilitäts- und

Empfindungsstörungen (F44.6) sind nur dann zu diagnostizieren, wenn neurologische Erkrankungen, insbesondere Multiple Sklerose, sicher ausgeschlossen werden können; multiple und »schlecht definierte körperliche« Beschwerden, speziell unklare vegetative Beschwerden oder Schmerzzustände, wären nicht unter »dissoziative«, sondern unter »somatoforme« Störungen (▶ Kap. 6.7) oder unter Neurasthenie (F48.0) einzuordnen. Die multiple Persönlichkeitsstörung ist in die Restkategorie »sonstige dissoziative Störungen« (F44.8) einzureihen und mit F44.81 zu kodieren.

Dissoziative Störungen sind selten, viel seltener etwa als affektive oder Angststörungen. Insofern liegen kaum aussagekräftige epidemiologische Daten vor; unbestritten ist nur, dass dissoziative Bewegungs- und Empfindungsstörungen (»Hysterien«) um 1900 häufiger waren, wobei Frauen deutlich überwogen.[33]

6.6.2   Erklärungsansätze

Die Krankheitsbilder sind zu selten, um über Einzelfallhypothesen hinauszugehen. Von *Psychoanalytikern* wird dissoziative Amnesie, die sich durch Erinnerungslücken für große zusammenhängende Partien kennzeichnet, als extreme Form von Verdrängung aufgefasst, als deren Resultat auch Fugue oder Ausbildung von multipler Persönlichkeit entstehen könnten; *lerntheoretisch* kann man die Syndrome als besonders ausgeprägtes Vermeidungsverhalten ansehen. Alle Theorien dissoziativer Störungen haben in Rechnung zu setzen, dass die Symptome weit überzufällig häufig nach großen psychischen Belastungen auftreten.

Obwohl dissoziative Bewegungs- und Empfindungsstörungen heute selten sind, lohnt es sich, die von Freud konzipierten Entstehungsmodelle genauer darzustellen, da an ihnen die *Psychoanalyse entwickelt* wurde. Beiträge zu diesen, damals mit dem Begriff Hysterie belegten Störungen stammen von einer Anzahl früherer Forscher, auf deren Befunden Freud teilweise aufbauen konnte. Hier ist zunächst J. M. Charcot zu nennen, der erstmals eine klare Symptombeschrei-

---

33 Hysterie kommt bekanntlich von griechisch hystera = Gebärmutter; wie der Name schon zeigt, betrachtete man sie als eine Frauenkrankheit und brachte ihre Genese mit Störungen sexueller Funktionen in Zusammenhang.

bung leistete, hysterische Symptome mittels Hypnose hervorrief und
auch wieder zum Verschwinden brachte sowie auf die pathogenetische
Bedeutung psychischer Traumen hinwies. Sein Schüler P. Janet ver-
tiefte diese Erkenntnisse; ihm gelang es in einigen Fällen, mittels
Hypnose die ersten, in der Regel scheinbar vergessenen Anlässe der
Symptombildung herauszufinden; weiter konnte er durch hypnotische
Suggestion die Symptome zum Verschwinden bringen und zwar dadurch, dass er die pathogene Situation in der Erinnerung der Erkrankten kognitiv umstrukturierte. Als Grundlage der hysterischen
Symptomatik nahm er eine wenig klar definierte »Einengung des
Bewusstseinsfeldes« an, eine permanente Einschränkung der Aufmerksamkeit, welche zur Vernachlässigung von Vorstellungskom-
plexen führen sollte; diese kognitive Minderleistung wurde als Zeichen
einer allgemeinen, weitgehend erblich bedingten »zerebralen Er-
schöpfung« aufgefasst (s. dazu Köhler, 2014c, S. 150 ff.).[34]
  Mehr noch konnte Freud auf Beobachtungen aufbauen, die sein
älterer Kollege Josef Breuer um 1880 (lange vor den Publikationen
Janets) an seiner Patientin Anna O. machte; diese zeigte eine Vielzahl
motorischer und sensorischer Symptome, welche von ihm, in Übereinstimmung mit renommierten Kollegen, als nichtorganischer Natur
angesehen wurden. Breuers Therapie bestand nun – und dies
unterscheidet sie wesentlich von den Suggestivbehandlungen jener
Zeit – darin, dass die Patientin in Hypnose über die ersten, im
Wachbewusstsein nicht erinnerbaren Anlässe der Symptombildung
berichtete, diese Situationen noch einmal »durcharbeitete« und die
seinerzeit unterdrückten affektiven Reaktionen nachholte. Damit
verschwanden die meisten Symptome – wenn auch nicht so dauerhaft
wie berichtet. Breuers »kathartisches« Verfahren wandelte Freud
insofern ab, als er die Ausforschung der pathogenen Situationen im
Wachbewusstsein mittels Psychoanalyse vornahm. Der dabei zu
beobachtende Widerstand führte ihn zur Annahme, dass die Erinnerungen zur Vermeidung von Unlust vom Bewusstsein ausgeschlossen
(verdrängt) worden waren, und – verkürzt ausgedrückt – sich die

34 Janet selbst behauptete später, er habe die Verdrängungstheorie der
Neurosen vor Freud entwickelt, und diese These wurde auch von
einigen Wissenschaftshistorikern und in der »Anti-Freud-Literatur«
vertreten; tatsächlich aber haben Janets Einengung des Bewusstseinsfeldes und das Freud'sche Verdrängungskonzept nichts gemeinsam, wie bei Köhler (2016c, S. 112 ff.) durch Textvergleich ausführlich belegt. Im Übrigen hatte Freud Janets Vorarbeiten, so die
Rückführung hysterischer Symptome auf unbewusste Gedanken,
wiederholt nachdrücklich anerkannt und diesbezüglich nie eine
Priorität reklamiert.

zugehörige affektive Energie in körperliche Symptome »umgesetzt«
hatte (Konversion). Als unerlässliche Bedingung für eine zu hysterischen Symptomen führende Verdrängung sah Freud einen *sexuellen
Missbrauch im frühen Kindesalter* an; aufgrund dieses belastenden
Eindrucks mussten spätere sexuelle Eindrücke besonders nachdrücklich aus dem Bewusstsein verbannt werden, um nicht die Erinnerung
an das frühkindliche Trauma zu wecken. Diese *Verführungstheorie*,
wie sie in der Schrift »Zur Ätiologie der Hysterie« (Freud, 1896c)
entwickelt wurde, gab Freud jedoch sehr bald auf, was wiederholt
falsch verstanden oder inkorrekt dargestellt worden ist. Freud leugnete
auch später keineswegs den sexuellen Missbrauch von Kindern und
dessen pathogene Rolle, sondern nahm nur insofern eine Einschränkung vor, als er die Entstehung von Hysterie auch ohne solche
Erlebnisse für möglich hielt und letztlich in den meisten Fällen als
wahrscheinlicher ansah. Später präsentierte er eine *triebtheoretische
Neuformulierung*, der zufolge die Symptome nicht mehr typischerweise der Verdrängung frühkindlicher Sexualtraumen, sondern der
Abwehr von Triebregungen infantilen Ursprungs dienen sollten (s.
dazu Köhler, 2007, S. 128 ff.). Prinzipiell hat sich die heutige psychoanalytische Ansicht nicht allzu sehr davon entfernt, wobei allerdings
die ausschließliche Herleitung der Neurose aus Triebkonflikten
sexueller Natur kaum mehr versucht wird.

Lerntheoretische Erklärungsansätze haben kaum Verbreitung gefunden; sie gehen – wenig überzeugend – von einem operant
aufrechterhaltenen gelernten Verhalten aus.

6.6.3   Therapie

Die *psychoanalytische Therapie dissoziativer Amnesien* sollte sich
nicht wesentlich von den Verfahren zur Aufhebung jener Amnesien unterscheiden, die Freuds Theorie nach allen neurotischen
Störungen zugrunde liegen: Überwindung der Verdrängungswi-
derstände im Wachbewusstsein. Neuere Therapien, auch von
Analytikern, scheinen bei der dissoziativen Amnesie jedoch
wieder die von Freud verworfene Hypnose anzuwenden, teilweise
sogar mittels medikamentöser Induktion. Überzeugende Doku-
mentationen der Wirksamkeit stehen ebenso aus wie die von
therapeutischen Bemühungen, bei multipler Persönlichkeitsstörung eine Integration der verschiedenen Persönlichkeiten zu
leisten. *Psychoanalytische Therapie* der *Konversionsstörungen*
entspricht im Wesentlichen der bereits von Freud praktizierten.
Verhaltenstherapeutisch wird versucht, durch Nicht-Verstärkung

des Krankheitsverhaltens und Belohnung damit unvereinbarer
anderer Verhaltensformen die Symptome zum Verschwinden zu
bringen (zu weiteren verhaltenstherapeutischen Methoden bei
körperlichen Symptomen ▸ Kap. 6.7).

6.7   Somatoforme Störungen

6.7.1 Symptomatik, Klassifikation, Epidemiologie

Die somatoformen (wörtlich übersetzt: körperliche Gestalt an-
nehmenden) Störungen werden in ICD-10 (S. 224 ff.) charakterisiert durch »die wiederholte Darbietung körperlicher Symptome
in Verbindung mit hartnäckigen Forderungen nach medizini-
schen Untersuchungen trotz wiederholter negativer Ergebnisse«.
Sind tatsächlich körperliche Befunde vorhanden, so erklären sie
»nicht die Art und das Ausmaß der Symptome oder das Leiden
und die innerliche Beteiligung des Patienten«; letzterer widersetzt
sich in der Regel den Versuchen, »die Möglichkeit einer psychischen Ursache zu diskutieren«. Diese Störungen, die etwa der
Hypochondrie der Umgangssprache entsprechen, werden in
verschiedene Unterformen eingeteilt. Die *Somatisierungsstörung*
ist gekennzeichnet durch »multiple, wiederholt auftretende und
häufig wechselnde körperliche Beschwerden«, etwa im Magen-
Darm-System (Schmerz, Erbrechen, Übelkeit) oder im Bereich
der Haut (Jucken, Brennen, Taubheitsgefühl); auch sexuelle und
menstruelle Störungen sind häufig. Der Verlauf der Symptomatik
wird als »chronisch fluktuierend« beschrieben; die Beschwerden
haben meist schon einige Jahre bestanden. Für die Diagnosestellung wird eine Dauer der Symptome von mindestens zwei Jahren
gefordert. Sind weniger Symptome vorhanden und ist der Verlauf
kürzer, ist die Diagnose *undifferenzierte Somatisierungsstörung* zu
stellen. Nicht einfach davon unterscheiden lässt sich die *hypochondrische Störung*, deren »vorherrschendes Kennzeichen« die
»beharrliche Beschäftigung mit der Möglichkeit« ist, »an einer
oder mehreren schweren und fortschreitenden körperlichen
Krankheiten zu leiden, manifestiert durch anhaltende körperliche
Beschwerden oder ständige Beschäftigung mit der eigenen körperlichen Erscheinung«. Die Betroffenen interpretieren dabei

normale Erscheinungen oft als abnorm und belastend, richten
zudem (anders als bei der Somatisierungsstörung) ihre Aufmerksamkeit meist nur auf ein oder zwei Organe oder Organsysteme.
Der »Verlauf der Symptome sowie der Behinderung« ist im Allg.
»chronisch und wechselhaft«. Die *somatoforme autonome Funktionsstörung* unterscheidet sich von der Somatisierungsstörung im
Wesentlichen dadurch, dass deutliche vegetative Symptome vorhanden sind und das Störungsbild bestimmen, etwa Herzklopfen,
Schwitzen, Erröten, Zittern; hinzu kommen eher subjektive
Beschwerden wie Schmerzen, Brennen oder Engegefühl; auch
hier wird von den Patienten die Möglichkeit einer Erkrankung des
betreffenden Organsystems intensiv und in quälerischer Weise
erwogen. Bei der *anhaltenden somatoformen Schmerzstörung* ist
die »vorherrschende Beschwerde« ein »andauernder, schwerer
und quälender Schmerz, der durch einen physiologischen Prozess
oder eine körperliche Störung nicht vollständig erklärt werden
kann«; er tritt »in Verbindung mit emotionalen Konflikten und
psychosozialen Problemen« auf.

Das Gemeinsame der somatoformen Störungen (F45) ist also das
Vorliegen von Beschwerden, die teilweise gar nicht objektivierbar und
auch nicht auf einen körperlichen Prozess zurückzuführen sind, teil-
weise zwar tatsächliche körperliche Symptome darstellen (wie Herz-
klopfen, Blähungen, vermehrter Harndrang), jedoch nicht das subjektive Leiden und die qualvolle Beschäftigung mit ihnen rechtfertigen.
Hinzu kommt, dass die Betroffenen diese Symptome Ärzten mit
Nachdruck präsentieren und sich nicht mit dem Hinweis auf deren
Harmlosigkeit zufrieden geben. Die Unterscheidung der einzelnen
Unterformen der somatoformen Störung ist zuweilen recht schwierig.
Grob kann man so zusammenfassen, dass es sich bei der Somatisierungsstörung (F45.0) und ihrer rudimentären Form, der undifferen-
zierten somatoformen Störung (F45.1) um *häufig* das Organsystem
wechselnde, schlecht objektivierbare Beschwerden handelt, während bei
der somatoformen autonomen Funktionsstörung (F45.3) die Betonung
auf *einem* bestimmten vegetativ innervierten Organsystem liegt, in
dessen Bereich (in ihrer Bedeutung überschätzte) Symptome auftreten.
Bei letzterer Störung findet sich auch quälende Beschäftigung mit der
Möglichkeit, dass eine ernsthafte Erkrankung vorliegt, was bei Somati-
sierungsstörungen keine wesentliche Rolle spielt. Bei der hypochondri-
schen Störung (F45.2) tritt die Beschäftigung mit der bedrohlichen
Krankheit ganz in den Vordergrund, nicht die mit den Symptomen
selbst. Auch die pathologische Angst vor einer bestimmten Erkrankung
(Nosophobie) wäre unter Hypochondrie zu klassifizieren, nicht in die

Kategorie phobische Störungen (▶ Kap. 6.2) einzuordnen; bei der anhaltenden somatoformen Schmerzstörung (F45.4) steht der zeitlich und lokalisatorisch weitgehend konstante Schmerz, nicht die vegetative Symptomatik im Vordergrund; anders bei der Somatisierungsstörung, wo die Schmerzen wechseln und das Beschwerdebild wenig prägen; die Furcht vor schwerer Krankheit scheint auch bei der somatoformen Schmerzstörung nicht die Bedeutung zu haben wie bei der Hypochondrie. Selbstverständlich sind alle diese Diagnosen Ausschlussdiagnosen; zuvor müssen die fehlende körperliche Grundlage und die Harmlosigkeit der Beschwerden eindeutig nachgewiesen sein. Tatsächliche körperliche Erkrankungen, bei denen psychische Faktoren für Genese und Aufrechterhaltung eine wesentliche Rolle spielen (sogenannte psychosomatische Krankheiten), wären nicht unter somatoforme Störungen einzuordnen, sondern in Kategorie F54 (»psychologische Faktoren und Verhaltenseinflüsse bei andernorts klassifizierten Krankheiten«; ▶ Kap. 7.1). Schwierig und in ICD-10 so gut wie gar nicht thematisiert ist die Unterscheidung von den dissoziativen Störungen.

Angesichts der teilweise nicht einfach zu stellenden Diagnosen und der terminologischen Uneinheitlichkeit sind *epidemiologische Angaben* mit Zurückhaltung zur Kenntnis zu nehmen. Unzweifelhaft ist, dass solche somatoformen Störungen bei Frauen häufiger vorkommen, in der ärztlichen Praxis eine erhebliche Rolle spielen und durch das Aufsuchen immer neuer Ärzte mit der Folge teurer Doppeldiagnosen volkswirtschaftlich erheblich zu Buche schlagen.

6.7.2   Erklärungsansätze

Eine von Freud ausgearbeitete *psychoanalytische Theorie* der somatoformen Störungen findet sich nicht; gewisse somatoforme Schmerzzustände rechnete er zur Konversionshysterie und sah ihre Genese in der Verdrängung von traumatischen Eindrücken sowie in der Umwandlung der zugehörigen affektiven Energie in körperliche Symptome (Konversion; ▶ Kap. 6.6). Die Hypochondrie, die ängstliche Sorge um die eigene Gesundheit, betrachtete er weitgehend als angstneurotisches Symptom und rechnete sie zu den Aktualneurosen, verursacht durch einen Aufstau von Sexualerregung (▶ Kap. 6.3). Neuere psychoanalytische Überlegungen zur Genese körperlicher Symptome, sowohl in Gestalt somatoformer Störungen als auch psychisch mitbedingter körperlicher Erkrankungen, wurden im Rahmen des *Alexithymie-Konzepts*

angestellt. Alexithymie, die Unfähigkeit, eigene Gefühle wahrzu-
nehmen und zu äußern, soll häufig bei Patienten mit den
genannten Störungen vorkommen (s. dazu beispielsweise Gündel,
Ceballos-Baumann & Rad, 2000)

Ältere *lerntheoretische Erklärungen* der somatoformen Störungen betrachten diese als verstärktes Verhalten, etwa über
Beachtung und Schonung durch die Umgebung im Rahmen der
Krankenrolle. Wie bei Phobien und Zwängen ist schwer zu
verstehen, dass das Leiden an den Symptomen die vergleichsweise
banalen anderweitigen Verstärkungen nicht weit übertreffen
sollte. Auf die Hypochondrie, die der Umgebung oft gar nicht
bekannt wird, wäre dieses Modell kaum anzuwenden.

Neuere *kognitiv-verhaltenstherapeutische Ansätze*, die beispiels-
weise bei Rief & Hiller (2011) dargestellt sind, gehen von einer
Fehlbewertung körperlicher Symptome mit Entwicklung eines
Circulus vitiosus aus (ähnlich wie bei der Panikstörung; ▶ Kap. 6.3):
So könnte erhöhte physiologische Erregung zu körperlichen
Symptomen führen, die als bedrohlich wahrgenommen werden
und eine verstärkte Aktivierung bedingen. Durch häufige Selbst-
untersuchung würden schmerzhafte Veränderungen entstehen,
Schonung riefe zunehmend deutlichere Symptome von Leistungs-
einschränkung hervor, aggressive Forderungen nach immer intensiverer Diagnostik würden das Krankheitsverhalten fixieren. Diese
Modelle setzen nicht ein verstärkendes Verhalten anderer Personen
voraus und sind deshalb auch auf still ertragene Hypochondrie
anwendbar. Das Erklärungsproblem verschiebt sich auf die Herleitung der erhöhten psychophysiologischen Aktivierung, der
übertriebenen Sorge um die eigene Gesundheit und der mangelnden Bereitschaft, einem ärztlichen Befund Glauben zu schenken.

6.7.3 Therapie

Bei somatoformen Störungen ist eine *medikamentöse Behandlung*
häufig, umso mehr, als sie von den Patienten, die ja von der
organischen Bedingtheit ihrer Leiden überzeugt sind, gefordert
wird. So findet sich insbesondere bei der Somatisierungsstörung
häufig ein Abusus von Beruhigungsmitteln und Analgetika. Hypochondrie, wie im Rahmen depressiver Störungen nicht selten,
muss vornehmlich mit der Grundkrankheit behandelt werden,

beispielsweise durch Antidepressiva; ähnliches gilt für andere somatoforme Störungen sekundärer Natur. Die *Therapie* würde nach Freud davon abhängen, ob die Symptomatik im Rahmen einer Konversionsneurose entsteht oder als aktualneurotisch aufzufassen ist. Im ersteren Falle müsste eine Psychoanalyse zur Aufhebung der Verdrängung vorgenommen werden; im zweiten Fall wäre diese Therapie nicht indiziert, stattdessen würde eine Umstellung des Verhaltens, insbesondere im sexuellen Bereich, angestrebt.

Verhaltenstherapeutische Techniken im engeren und älteren Verständnis versuchen, an den Konsequenzen des Verhaltens anzusetzen, zielen also u. a. auf eine Nichtverstärkung der körperlichen Symptomatik. Neuere *kognitiv-verhaltenstherapeutische Ansätze*, wie bei Rief & Hiller (2011) dargestellt, setzen sich vornehmlich die Veränderung von Einstellungen sowie die Neubewertung der Symptome zum Ziel. Dabei werden falsche Überzeugungen modifiziert, das Fokussieren auf körperliche Symptome zu beseitigen versucht und Verhaltensweisen abgebaut, die der Selbstverstärkung der Symptomatik dienen, beispielsweise Hyperventilation. Auch Entspannungstechniken zur Reduktion von Angst, wie sie als Folge von körperlichen Symptomen auftritt und umgekehrt somatische Reaktionen verstärkt, kommen zum Einsatz.

7 Ess- und Schlafstörungen; sexuelle Funktionsstörungen

7.1 Vorbemerkungen

Unter der ungelenken und wenig prägnanten Überschrift »Verhaltensauffälligkeiten mit körperlichen Störungen und Faktoren« sind in ICD-10 (S. 241 ff.) eine Reihe körperlicher Syndrome aufgelistet, bei deren Genese und Aufrechterhaltung psychischen Faktoren eine gewisse Rolle zugeschrieben wird. Neben den Essstörungen in Form von Anorexie und Bulimie sind dies Schlaf- und sexuelle Funktionsstörungen nichtorganischer Natur. Weiter finden sich in der Kategorie F5 psychische Störungen im Wochenbett, »psychologische Faktoren und Verhaltensfaktoren bei anderenorts klassifizierten Krankheiten« und schließlich »schädlicher Gebrauch von nichtabhängigkeitserzeugenden Substanzen«, worunter u. a. Antidepressiva, Abführ- und Schmerzmittel sowie Hormone aufgeführt werden (▶ Tab. 7.1).

Psychische Störungen im Wochenbett wurden an anderer Stelle kurz beschrieben (▶ Kap. 5.3), der theoretisch wenig interessante Missbrauch nicht abhängigkeitserzeugender Substanzen rechtfertigt im knapp gesetzten Rahmen keine Besprechung. In die Kategorie »psychologische Faktoren und Verhaltensfaktoren bei anderenorts klassifizierten Krankheiten« wären typischerweise die »psychosomatischen Krankheiten« einzureihen und zwar zusätzlich mit der Codenummer für die Krankheit (beispielsweise J45 für Asthma); F54 und J45 bezeichnet dann Asthma, wenn bei dessen Genese psychische Faktoren nach Ansicht des diagnostizierenden Arztes eine Rolle spielen. Diese »psychosomatischen Krankheiten« können hier nicht dargestellt werden. Lediglich kommen Essstörungen sowie die nichtorganischen Schlaf- und sexuellen Funktionsstörungen zur Darstellung.

Tab. 7.1: Gliederung von Abschnitt F5 in ICD-10 (nach Köhler, 2005, S. 195)

Code-Nr.	Störung
F50	Essstörungen, u. a.
	• Anorexia nervosa • Bulimia nervosa
F51	nichtorganische Schlafstörungen, u. a.
	• Insomnie (Schlaflosigkeit) • Hypersomnie (vermehrtes Schlafbedürfnis) • Schlafwandeln (Somnambulismus) • Pavor nocturnus • Albträume
F52	nichtorganische sexuelle Funktionsstörungen, u. a.
	• Mangel oder Verlust von sexuellem Verlangen • sexuelle Aversion und mangelnde sexuelle Befriedigung • Versagen genitaler Reaktionen (Impotenz) • Orgasmusstörung • Ejaculatio praecox (vorzeitiger Samenerguss) • Vaginismus • Dyspareunie (Schmerzen beim Geschlechtsverkehr) • gesteigertes sexuelles Verlangen
F53	psychische und Verhaltensstörungen im Wochenbett, anderenorts nicht klassifiziert
F54	psychologische Faktoren und Verhaltensfaktoren bei anderenorts klassifizierten Krankheiten
F55	Schädlicher Gebrauch von nichtabhängigkeitserzeugenden Substanzen
F59	nicht näher bezeichnete Verhaltensauffälligkeiten bei körperlichen Störungen und Faktoren

7.2 Essstörungen: Anorexia und Bulimia nervosa

7.2.1 Symptomatik, Klassifikation, Epidemiologie

Die *Anorexia nervosa* (*nervöse Magersucht*) ist nach ICD-10 (S. 243 ff.) charakterisiert durch einen »absichtlich selbst herbeigeführten oder aufrechterhaltenen Gewichtsverlust«, indem nicht nur hochkalorische Speisen vermieden werden, sondern zum

Verlieren des Gewichts oft auch selbst induziertes Erbrechen
(beispielsweise durch Einführen des Fingers in den Rachen),
Abführmittel (Laxanzien) sowie Appetitzügler oder Diuretika
(Entwässerungsmittel) zum Einsatz kommen und eine übertriebene körperliche Aktivität an den Tag gelegt wird.

> Der gewichtsreduzierende Effekt von Laxanzien ist bestenfalls gering,
> da sie im Allg. auf die Dickdarmaktivität wirken und die wesentlichen
> kalorischen Stoffe schon im Dünndarm resorbiert werden. Diuretika
> schwemmen lediglich Wasser aus und führen daher nur zu kurzfris-
> tigem Gewichtsverlust, nicht selten mit dem Nebeneffekt vermehrter
> Ausscheidung von wichtigen Elektrolyten wie Kalium; weitere Elekt-
> rolytverluste resultieren aus dem Laxanzienabusus.

Es besteht eine Störung des »Körperschemas« in Form der über-
wertigen Idee, zu dick zu sein oder zu werden. Bei Frauen findet
sich typischerweise Ausbleiben der Regel (Amenorrhoe), bei
Männern ein Verlust von Libido und Potenz. Tritt Anorexia
nervosa vor der Pubertät ein, sind die Reifevorgänge gehemmt
(Verzögerung oder Ausbleiben der ersten Monatsblutung und
fehlende Brustentwicklung bei Mädchen, schwache Ausbildung
der Genitalien bei Knaben; Wachstumsstopp). Dabei ist das
Körpergewicht mindestens 15 % unter der Norm beziehungsweise
liegt der Body-Mass-Index (definiert als Körpergewicht in Kilo-
gramm dividiert durch die quadrierte Körpergröße in Metern)
unter 17,5. Laessle und Pirke (1997) beschreiben genauer Essverhalten, Einstellungen und Interessen der Betroffenen: Kleinste
Mengen werden »zumeist alleine im Rahmen spezifischer Essri-
tuale« eingenommen, beispielsweise in winzige Stücke zerlegt und
mit einem kleinen Löffel gegessen. Trotz abgemagerten Zustandes
halten sich die Patientinnen für normalgewichtig oder gar für zu
dick; die Schwere der Erkrankung wird geleugnet, eine Therapie
oft abgelehnt. Das Thema »Essen« beschäftigt die Betroffenen in
hohem Maße: So werden stundenlang Kochbücher gelesen, Re-
zepte auswendig gelernt und umfangreiche Mahlzeiten für andere
zubereitet; insofern ist die Bezeichnung »anorexia« (Appetitlosigkeit) ausgesprochen missverständlich. Bei etwa der Hälfte der
Patientinnen kommt es zu Heißhungeranfällen mit anschließendem selbstinduziertem Erbrechen (bulimics im Gegensatz zu
restrictors, die ihr niedriges Gewicht ausschließlich durch Diät
erreichen).

Die *Bulimia nervosa* (Bulimie) ist gekennzeichnet durch »wiederholte Anfälle von Heißhunger (Essattacken)«, bei denen große Nahrungsmengen in kurzer Zeit konsumiert werden; weiter besteht eine »übertriebene Beschäftigung mit der Kontrolle des Körpergewichts«, was zu extremen Maßnahmen führt, den Effekt der Nahrungszufuhr zu reduzieren.[35] Diese entsprechen weitgehend denen von Personen mit Anorexie (selbstinduziertes Erbrechen, Gebrauch von Abführ- und Entwässerungsmitteln, Hungerperioden, Einsatz von Appetitzüglern oder der gewichtsreduzierenden Schilddrüsenhormone). Das wiederholte Erbrechen kann zu Verschiebungen im Elektrolythaushalt und körperlichen Symptomen wie Herzrhythmusstörungen oder epileptischen Krämpfen führen. Anorexia und Bulimia nervosa können nacheinander bei ein und derselben Person auftreten (nach ICD-10, S. 246 ff.). Diese Essanfälle (despektierlich, aber treffend zuweilen »Fressattacken« genannt, im angloamerikanischen Sprachgebrauch »binges«) treten bei manchen Patientinnen mehrere Male pro Woche, bei anderen mehrmals täglich auf; die dabei aufgenommene Kalorienmenge kann beträchtlich sein: Untersuchungen an klinischen Stichproben berichten von einer durchschnittlichen Aufnahme von etwa 2000 kcal und einem Maximum von 8500 kcal (s. Laessle & Pirke, 1997 und die dort zitierte Literatur).

Anorexia nervosa (F50.0) wird diagnostiziert, wenn die erwähnten Merkmale wie Untergewicht, selbst herbeigeführter Gewichtsverlust (durch mindestens eine der beschriebenen Maßnahmen), Störung des Körperschemas und die hormonell bedingten Symptome wie Sistieren der Regel oder Ausbleiben der ersten Monatsblutung vorliegen. Ausgeschlossen werden müssen dabei somatische Ursachen des Gewichtsverlustes, beispielsweise Tumoren oder Darmerkrankungen. Werden keine aktiven Maßnahmen zur Gewichtsreduktion wie induziertes Erbrechen oder Einnahme von Abführmitteln eingesetzt, ist dies mit F50.00 zu verschlüsseln; wenn dies, beispielsweise in Zusammenhang mit Heißhungerattacken, geschieht, ist F50.01 zu verwenden. Bulimia nervosa

---

35 In DSM-5, nicht aber in ICD-10, gibt es die Kategorie »Binge-Eating-Störung«, die allein durch solche unkontrollierten Essanfälle gekennzeichnet ist.

(F50.2) wird dann diagnostiziert, wenn drei Kriterien erfüllt sind: 1) andauernde Beschäftigung mit Essen, Gier nach Nahrungsmitteln, Essattacken, 2) drastische Maßnahmen zur Gewichtsreduktion und 3) krankhafte Furcht, dick zu werden. Treffen nicht alle Punkte für Anorexia nervosa zu (fehlen etwa die Kernmerkmale Amenorrhoe oder »signifikanter Gewichtsverlust«), ist die Diagnose »atypische Anorexia nervosa« (F50.1) zu stellen; »atypische Bulimia nervosa« (F50.3) wäre zu diagnostizieren, wenn Normal- oder Übergewicht vorliegt. Demnach scheint es nicht eindeutig festgelegt, wie Anorexie und Bulimie zu unterscheiden sind: Untergewicht, unerlässliches Kriterium für das Vorliegen einer Anorexie, kann demnach ebenso bei Bulimie vorkommen, die für die letztere Störung charakteristischen Heißhungerattacken mit anschließendem Erbrechen sind auch bei der Anorexia nervosa zu beobachten; am meisten typisch wäre laut ICD-10 somit die Amenorrhoe, welche bei Anorexie obligatorisch vorliegt, bei der Bulimie anscheinend aber nicht erwartet wird.

Auch in DSM-5 sind die Kriterien nur bedingt zur Unterscheidung nützlich: Bei der Bulimie wird im Schnitt mindestens ein Essanfall pro Woche über einen Zeitraum von wenigstens drei Monaten gefordert, bei Anorexie ein signifikant niedriges Körpergewicht. In der Praxis scheint sich die Unterscheidung zu bewähren, Patientinnen mit entsprechender Symptomatik und extremem Untergewicht als Anorektikerinnen, normal- oder leicht untergewichtige Patientinnen als Bulimikerinnen zu betrachten. Bulimie ist, um es zu betonen, keineswegs das Gegenteil von Anorexie. Bulimie hat auch nichts mit Fresssucht in umgangssprachlicher Bedeutung eines ungehemmten Konsumierens zu tun; im Gegenteil sind die viele Bulimikerinnen sogar (mäßig) untergewichtig.

Anorexie beginnt meist im Jugend- und frühen Erwachsenenalter, etwa zwischen 14 und 18 Jahren, bei weiblichen Personen häufig kurz nach Auftreten der ersten Monatsblutungen. Bei etwa 25 % der Betroffenen dauert die Störung mehr als zwei Jahre, der Rest erreicht langsam wieder normales Gewicht. Es ist davon auszugehen, dass circa 5 %, nach anderen Angaben sogar bis 18 % an den Folgen der Erkrankung sterben; Todesursachen sind v. a. Schädigungen der Nieren, Elektrolytstörungen, kardiale Komplikationen, Folgen der Auszehrung sowie Erkrankungen im Gastrointestinalsystem, beispielsweise Rupturen von Speiseröhre und Magen oder Darmlähmungen (s. dazu ausführlich Westmoreland, Krantz & Mehler, 2016); Suizide sind extrem häufig. Etwa 90 % der betroffenen Personen sind laut DSM-5 (S. 467) weiblichen Geschlechts[36]; die Lebenszeitprävalenz unter Frauen wird auf etwa 0,5 –1 % geschätzt. Die Häufigkeit der Störung hat in den letzten Jahrzehnten zugenommen, was nicht allein ein diagnostisches Artefakt darstellt. Familiäre Häufung ist gesichert; auch werden deutliche genetische Zusammenhänge angenommen (Shih & Woodside, 2016).

Bulimie tritt ebenfalls überwiegend bei Frauen auf; Lebenszeitprävalenzraten werden mit 1–6 % angegeben, also recht hoch. Das Erstmanifestationsalter liegt etwas später als bei der Anorexie; die wenigsten entwickeln die Störung aber noch nach dem 30. Lebensjahr. Familiäre Häufung ist gut belegt; Verwandte ersten Grades von Personen mit Bulimia nervosa haben im Vergleich zur Normalbevölkerung ein vier- bis zehnfach erhöhtes Risiko, ebenfalls diese Störung zu erleiden. Der Einfluss genetischer Faktoren wird deutlich über 50 % geschätzt (Thornton, Mazzeo & Bulik, 2011), was aber nicht geringen Raum für Umwelteinflüsse bzw. Wechselwirkungen zwischen Erb- und Umweltfaktoren lässt. Der Verlauf ist im Allg. chronisch: Bis zum Beginn der Therapie hat ein Drittel bereits mehr als zehn Jahre Symptome aufgewiesen; auch nach Behandlung bleiben etwa die Hälfte weiter erkrankt. Todesfälle zumeist kardialer Ursache werden beschrieben, sind aber seltener als bei der Anorexie; Schädigungen der Zähne und des Mund-Rachen-Bereiches durch das häufige Erbrechen werden vielfach beobachtet. Dass nicht selten auf eine Anorexie eine Bulimie folgt und umgekehrt, wurde schon erwähnt.

7.2.2   Erklärungsansätze

Biologische Modelle der Essstörungen haben sich einerseits auf die Funktionen des Hypothalamus, andererseits auf den Transmitter Serotonin konzentriert. Strukturen des Hypothalamus sind, vereinfacht ausgedrückt, für die Regulation der Nahrungsaufnah-

---

36 Andere Zahlen finden sich allerdings bei Sjogren (2015) präsentiert: Danach beträgt die Prävalenz bei Frauen 0,9 %, bei Männern 0,3 %, ist also weniger ungleich verteilt.

me verantwortlich. Dabei hat der ventromediale Teil die Funktion, diese zu dämpfen, während der laterale sie stimuliert (Köhler, 2010, S. 209). Physiologische Theorien nehmen daher eine (wohl genetisch bedingte) hypothalamische Dysregulation an, wozu die Zyklusstörungen passen würden. Die Bedeutung von Serotonin ist u. a. daraus zu erschließen, dass dieser Transmitter zweifellos eine wichtige Rolle bei der Regulation der Nahrungsaufnahme spielt, beide Essstörungen häufig mit Depression und anderen Störungen vergesellschaftet sind, die mit Dysregulationen des serotonergen Systems in Verbindung gebracht werden, weiter dass sich Veränderungen von Serotoninrezeptoren und Transportern nachweisen lassen (Bailer & Kaye, 2011); letztere lassen sich auch nach Remission nachweisen, sodass der nahe liegende Einwand, kohlehydratarme und dabei proteinreiche Ernährung, wie sie bei Essgestörten typisch ist, führe erst zu den Veränderungen im serotonergen System, in gewisser Weise entkräftet wird (vgl. jedoch Haleem, 2012). Andererseits ist in Rechnung zu setzen, dass Serotoninagonisten zwar bei der Bulimie, nicht aber der Anorexia nervosa Wirkung zeigen. Sjogren (2015) sieht wenig Hinweise auf eine Gültigkeit der Serotoninhypothese von Essstörungen und weist – dies aber mit aller Zurückhaltung – auf eine Bedeutung der die Nahrungsaufnahme regelnden Hormone Leptin, Ghrelin und Neuropeptid Y hin. Letztlich nicht unplausibel ist das von Haleem (2012) vorgeschlagene kombiniert psychologisch-biologische Modell, dass Anorexie-Patientinnen dem allgemeinen Schönheitsideal folgend die Nahrungsaufnahme reduzieren, dann aber gewissermaßen den Haltepunkt übersehen, sodass es nun zu Verschiebungen in diversen neuroendokrinen Systemen kommt, die ihrerseits Verhaltensänderungen bewirken.

Tiefergreifende, wesentlich über genauere Symptombeschreibung hinausgehende und empirisch gut belegte *psychologische Genesemodelle* der Anorexia und Bulimie existieren nicht. Freud beschäftigte sich nicht explizit mit Essstörungen; spätere Analytiker betonen die Bedeutung einer oralen Fixierung und Regression, ohne damit größeres Licht auf die Entstehungsbedingungen zu werfen. Durchaus plausibel ist die Annahme, dass die Folgen und Begleiterscheinungen der Anorexia nervosa, nämlich mangelnde Ausbildung weiblicher Körperformen sowie Ausbleiben der Regelblutungen, eine Ablehnung der weiblichen Rolle darstellen.

Die zeitweise recht populäre *Theorie der Ich-Schwäche* von Hilde
Bruch geht, verkürzt formuliert, davon aus, dass Patientinnen mit
Anorexie in der Kindheit keine eigenen Bedürfnisse entwickeln
konnten und auch nicht gelernt haben, ihre Körpersignale richtig
zu interpretieren; dies wird als Folge einer Erziehung gesehen, bei
der dem Kind die elterlichen Interessen gewissermaßen »überge-
stülpt« würden. Der Versuch, zu Beginn der Adoleszenz Autonomie zu gewinnen, drücke sich in dem Bestreben aus, das
Körpergewicht zu kontrollieren (s. Comer, 2008, S. 307 f.). Auch
hier sind die empirischen Belege letztlich schwach, was insofern
als besonderes Manko anzusehen ist, als bei dieser Theorie in
eindeutiger Weise eine Schuldzuschreibung erfolgt. Ähnliches gilt
für *familientheoretische Genesemodelle*, die von gegenseitigen
Verstrickungen innerhalb der Familie Essgestörter ausgehen,
wobei jeder in unangemessener Weise um das Wohlergehen der
anderen besorgt sei. Damit es nicht in der Adoleszenzphase zur
Lösung dieser Beziehungsmuster komme, werde die Essstörung
entwickelt.

Kognitive Theorien der Genese von Essstörungen (s. etwa
Jacobi, 2011) gehen von den unangemessenen Einstellungen der
Patientinnen zu Gewicht und Körpergestalt aus. Diese verzerrten
Ansichten bedürfen jedoch wiederum selbst der Erklärung, wobei
hier zweifellos soziokulturelle Faktoren, besonders das westliche
Schönheitsideal extremer Schlankheit, sicher eine nicht geringe
pathogenetische Bedeutung besitzen. Weitere in diesen Modellen
berücksichtigte Faktoren sind kognitive Defizite etwa in Form
einer Verleugnung des reduzierten körperlichen Zustandes oder
von Körperwahrnehmungsstörungen; auch auf mangelnde Problemlösungsstrategien, die dazu veranlassen, Hungern beim
Austragen familiärer Konflikte einzusetzen, wird hingewiesen.
Mittlerweile favorisiert man *multidimensionale Erklärungsansätze*, die neben der Bedeutung kognitiver Faktoren die soziokultu-
reller Vorgaben, biologischer Gegebenheiten und pathogener
Familienmuster betonen.

7.2.3 Therapie

Vordringlichstes Behandlungsziel bei Anorexiepatientinnen ist
vielfach die unmittelbare *Gewichtszunahme*, was häufig nur durch

stationäre Betreuung mit Sondenernährung und Infusionsthera-
pie erreicht werden kann. Längerfristige *medikamentöse Behandlung* der Anorexia nervosa ist mit selektiv auf Serotonin wirkenden Antidepressiva wenig erfolgversprechend; kein einziges SSRI
ist dafür zugelassen. Möglicherweise ist das atypische Antipsy-
chotikum Olanzapin hier wirkungsvoll (Benkert & Hippius, 2015,
S. 744). *Psychotherapeutische Verfahren* zur Behandlung der
Anorexie sind unterschiedlich strukturiert, je nach dem favorisierten pathogenetischen Grundmodell. *Klassische psychoanalytische Vorgehensweisen* zur Aufdeckung regelrecht unbewusster
Sachverhalte werden eher selten angewendet; die meisten psy-
chodynamisch orientierten Behandlungen setzen sich zum Ziel,
Zusammenhänge zwischen seelischen Problemen und Essstörungen adäquat zu realisieren und Autonomie aufzubauen, verstehen
sich also weitgehend als stützend. *Familientherapeutische Verfahren* versuchen, die Verstrickungen innerhalb der Familien Essgestörter abzubauen und die Betroffenen aus diesen angenommenen
krankmachenden Bedingungen zu befreien. *Kognitiv-verhaltenstherapeutische Verfahren*, wie bei Jacobi (2011) beschrieben,
halten die Patientinnen u. a. zur genauen Beobachtung und
Protokollierung des Essverhaltens inklusive vorausgehender Bedingungen und nachfolgender Konsequenzen an, versuchen
Verständnis für Zusammenhänge zu vermitteln (etwa zwischen
individuellen Konfliktsituationen und Essverhalten oder hinsichtlich pathophysiologischer Konsequenzen reduzierten Es-
sens) und unternehmen es, mittels kognitiver Umstrukturierung
die Einstellung zu Gewicht und Körperformen zu verändern;
angesichts der unzureichend entwickelten Problemlösefähigkei-
ten werden auch solche eingeübt. Wie wirksam diese Verfahren
bei Anorexie sind, ist noch nicht eindeutig geklärt.

    Besser sprechen nach bisherigen Erfahrungen Patientinnen mit
Bulimia nervosa auf SSRI an; Fluoxetin ist explizit dafür zugelassen. *Psychotherapeutische Verfahren* unterscheiden sich wenig
von denen zur Behandlung der Anorexia; in besonderem Maße
werden hier *Stimuluskontrolltechniken* zur Verhinderung der
Fressanfälle eingesetzt; auch *Exposition in vivo*, wie Konfrontation
mit einem gefüllten Kühlschrank und Reaktionsverhinderung,
kommt hier zur Anwendung. Durch eine Anzahl von Studien ist
die Wirksamkeit *kognitiv-verhaltenstherapeutischer* Maßnahmen

belegt. Weniger gut dokumentiert ist dies für andere Verfahren, etwa Familientherapie oder die so genannte interpersonelle Therapie. Mehr und mehr setzt man multimodale Verfahren ein, kombiniert etwa Trainingsprogramme bei Teilhospitalisierung mit auf die betreffende Person zugeschnittenen Einzelübungen, welche im häuslichen Rahmen durchgeführt werden (Freudenberg et al., 2016).

7.3 Schlafstörungen

7.3.1 Symptomatik, Klassifikation, Epidemiologie

Die Gruppe der nichtorganischen Schlafstörungen in ICD-10 umfasst die *Dyssomnien*, »primär psychogene« Störungen hinsichtlich Dauer, Qualität oder Zeitpunkt des Schlafes sowie die *Parasomnien*, während des Schlafes auftretende »abnorme Episoden«, beispielsweise Schlafwandeln. Von den Dyssomnien ist die *nichtorganische Insomnie*, die *Schlaflosigkeit*, die wichtigste und soll hier als einzige etwas ausführlicher besprochen werden, während die anderen beiden Störungen dieser Gruppe, die *nichtorganische Hypersomnie* (entweder in Form eines verlängerten Aufwachvorgangs oder vermehrter Schläfrigkeit beziehungsweise von Schlafanfällen während des Tages) nur knapp, die *nichtorganische Störung des Schlaf-Wach-Rhythmus* gar nicht zur Darstellung kommen; auch die sehr interessanten, aber unzureichend erforschten Parasomnien *Schlafwandeln*, *Pavor nocturnus* und *Alpträume* können nur kurz behandelt werden (s. dazu ausführlich die Beiträge in Kothare & Ivanenko, 2013).

Bei den nichtorganischen Insomnien ist die Dauer oder die Qualität des Schlafes über einen gewissen Zeitraum gestört. Am häufigsten wird über *Einschlafstörungen* geklagt, gefolgt von *Durchschlafstörungen* und *frühem Erwachen in den Morgenstunden*; oft treten die Beschwerden kombiniert auf. Bekanntermaßen setzen Schlafstörungen häufig in Zusammenhang mit psychosozialen Belastungen ein. Die Angst vor der Schlaflosigkeit kann diese durch Erhöhung des Aktivierungsniveaus noch beträchtlich verstärken und so zu einer Chronifizierung des Leidens führen. Die Diagnose »nichtorganische Insomnie« (F51.0) wird gestellt, wenn die genannten Störungen wenigstens dreimal pro Woche über einen Zeitraum von einem Monat aufgetreten sind. Weiter muss die Schlafstörung und die Sorge über negative Konsequenzen die betroffene Person beschäftigen und zu Leidensdruck führen oder sich störend auf Alltagsaktivitäten auswirken. Organische Faktoren als Ursache der Schlaflosigkeit, etwa schmerzhafte Erkrankungen oder Nebenwirkungen von Medikamenten, müssen ausgeschlossen werden, ebenso psychische Störungen, bei denen Schlaflosigkeit vorkommt, etwa Depressionen (nach ICD-10, S. 250 ff.). Insomnie ist mit 10–20 % in der erwachsenen Bevölkerung ausgesprochen häufig, wobei in der Hälfte der Fälle diese Störung chronischen Charakter hat (Buysse, 2013). Speziell ältere weibliche Personen sind betroffen, wobei nur ein Teil deswegen ärztliche Behandlung sucht.

7.3.2   Erklärungsansätze und Therapie

Erklärungen für die *nichtorganische Schlaflosigkeit* gehen sehr allgemein von einem erhöhten psychophysiologischen Erregungsniveau aus; genetische Zusammenhänge sind deutlich, wobei die Darstellung der Kandidatengene den gesetzten Rahmen übersteigen würde; nicht zuletzt determinieren diese Besonderheiten im serotonergen System (Gehrman, Pfeiffenberger & Byrne, 2013). Die *medikamentöse Therapie* geschieht vorzugsweise mit Benzodiazepinen. Um einen morgendlichen »Hangover« zu vermeiden, bevorzugt man jene mit kurzer Halbwertszeit, etwa Triazolam (Halcion®), Temazepam (z. B. Planum®), Flunitrazepam (z. B. Rohypnol®) oder Flurazepam (etwa Dalmadorm®), zunehmend auch die Nicht-Benzodiazepinhypnotika Zaleplon, Zolpidem und Zopiclon, welchen man ein geringeres Abhängigkeitspotential nachsagt. Weitere Schlafmittel sind Phytotherapeutika wie Baldrian, Hopfen, Lavendelöl, Kawa-Kawa, Antihistaminika und Melatonin (s, dazu Köhler, 2016b, S. 70 ff.). *Psychologische Maßnahmen* sind Entspannungsverfahren verschiedener Art (Autogenes Training, Progressive Muskelentspannung, Meditation), systematische Desensibilisierung (wenn Stimuli, die mit der Bettruhe assoziiert sind, Angst oder Nervosität hervorrufen) oder Stimuluskontrolle (etwa Bettgehen nur bei Müdigkeit, Verlassen des Bettes, wenn Schlaf nicht eintritt). Die kognitiv-behaviorale

Therapie der Insomnie (CBTi), wie sie ausführlich bei Pigeon (2010) dargestellt ist, setzt diverse der genannten Verfahren ein, zudem eine Beschränkung des Schlafes auf die Nachtzeit und Erziehung zur Schlafhygiene, womit u. a. die Vermeidung von Nikotin, Alkohol und größeren Mahlzeiten in den letzten Stunden vor der Nachtruhe gemeint ist. Die Wirksamkeit dieser Techniken ist gut evaluiert (Trauer et al., 2015).

Die *nichtorganische Hypersomnie* (F51.1) findet sich im Rahmen psychischer Störungen, insbesondere affektiver; organische Ursachen, etwa Infektionskrankheiten des Zentralnervensystems, sind auszuschließen, ebenso die Hypersomnie bei der Schlafapnoe. Letztere, als neurologische Erkrankung nach ICD-10 mit G47.3 zu verschlüsseln, ist gekennzeichnet durch wiederholte, längere Atempausen während des Nachtschlafes. Die Prävalenz ist mit 1–2 % ausgesprochen hoch; Männer sind deutlich häufiger betroffen. Die Schlafanfälle dauern meist längere Zeit (im Gegensatz zu den sehr kurzen bei der organisch bedingten Narkolepsie.[37] und sind nicht durch fehlenden Nachtschlaf zu erklären, da dieser bei den Betroffenen zumeist verlängert ist; zudem haben die Patienten Schwierigkeiten, nach dem Aufwachen den Wachzustand zu erreichen (Schlaftrunkenheit). Pathogenese und Ätiologie sind unklar.

Schlafwandeln (Somnambulismus) ist die bekannteste Parasomnie; dabei verlässt der Patient, zumeist während des ersten Drittels des Nachtschlafes, das Bett und wandert umher, geht dabei zuweilen aus dem Zimmer oder sogar dem Haus; motorische Fähigkeiten sowie Reaktivität sind eingeschränkt, sodass erhebliche Verletzungsgefahr besteht. Meist kehren die Betroffenen jedoch unversehrt ins Bett zurück, häufig geführt von einer anderen Person; nach dem Erwachen besteht zumeist keine Erinnerung an das Vorkommnis (nach ICD-10, S. 257 f.). Um die Diagnose zu stellen (zu verschlüsseln mit F51.3) müssen die geschilderten charakteristischen Verhaltensweisen nachgewiesen

---

37 Die Narkolepsie, die in mehreren Subformen mit unterschiedlichen Begleitsymptomen auftritt, dürfte teils genetisch bedingt sein, kann aber auch eine verzögerte Autoimmunreaktion im Anschluss an bestimmte Impfungen darstellen. Mittlerweile haben sich die Behandlungsmöglichkeiten deutlich verbessert (s. etwa Barateau et al., 2016).

sein; psychomotorische epileptische Anfälle ebenso wie dissoziative Störungen (▶ Kap. 6.6) sind auszuschließen. Kinder sind
häufiger betroffen; manchmal tritt Schlafwandeln im Rahmen
fiebriger Erkrankungen auf. Da sich kindlicher Somnambulismus
zumeist später verliert, nimmt man mit der Entwicklung zusammenhängende Faktoren an.

Pavor nocturnus (F51.4) kommt ebenfalls gehäuft bei Kindern
vor und ist meist mit Schlafwandeln assoziiert; er ist gekennzeichnet durch »nächtliche Episoden äußerster Furcht und Panik mit
heftigem Schreien, Bewegung und starker autonomer Erregung«;
dabei setzt sich die betroffene Person auf oder stürzt zur Tür, »wie
um zu entfliehen«, wobei der Raum nur selten verlassen wird. Auf
die Bemühungen anderer, den Zustand zu beeinflussen, wird oft
nur noch mit größerer Angst reagiert; nach dem Erwachen liegt
meist keine Erinnerung an die Episode vor. Pathogenetisch besteht
deutliche Ähnlichkeit mit Schlafwandeln, sodass beide als Spielar-
ten ein und derselben Störung betrachtet werden. *Albträume*
werden mit F51.5 verschlüsselt und sind gekennzeichnet durch
»Traumerleben voller Angst und Furcht mit sehr detaillierter
Erinnerung an den Trauminhalt«. Im Gegensatz zu Pavor nocturnus und Somnambulismus bemerkt man kein Schreien oder
Bewegungen; auch ist der Betroffene nach dem Aufwachen rasch
orientiert. Vorkommen im Kindesalter ist häufig, wobei Zusammenhänge mit emotionalen Entwicklungsphasen festzustellen sind
und oft sonst keine psychopathologischen Auffälligkeiten bestehen.
Bei erwachsenen Personen treten Albträume nicht selten als Folge
von Einnahme von Psychopharmaka auf, oft auch nach Absetzen
von Schlafmitteln; Erwachsene mit Albträumen sollen häufig
psychische Auffälligkeiten zeigen, meist in Form einer Persönlichkeitsstörung (nach ICD-10, S. 259 ff.).

7.4　Nichtorganische sexuelle Funktionsstörungen

7.4.1　Symptomatik, Klassifikation, Epidemiologie

Sexuelle Funktionsstörungen, also Störungen im normalen Ablauf
des Sexualzyklus wie Erektionsschwäche oder Orgasmusstörung,

werden in der Subkategorie F52 von ICD-10 klassifiziert; hingegen sind andere Abweichungen auf dem Gebiet des Sexualerlebens, nämlich Störungen der Geschlechtsidentität (beispielsweise Transsexualismus) und der Sexualpräferenz (etwa Fetischismus, Sadomasochismus, Pädophilie) unter F6 (Persönlichkeits- und Verhaltensstörungen) aufgelistet.

Entsprechend der Unterteilung des Sexualzyklus in Appetenz-, Erregungs-, Orgasmus- und Entspannungsphase erfolgt meist die Gliederung der sexuellen Funktionsstörungen (in ICD-10 leider nicht sehr übersichtlich); problematisch ist zudem die Abtrennung der einzelnen Störungsbilder voneinander, indem etwa Störungen der Appetenz oft mit denen der Erregung und diese wiederum mit Orgasmusstörungen einhergehen; auch die Unterscheidung zwischen nichtorganischen (psychischen oder psychogenen) und ausschließlich organisch zu erklärenden Sexualstörungen ist in der Praxis oft mit erheblichen Schwierigkeiten verbunden.

Appetenzstörungen: Bei der in ICD-10 (S. 263 ff.) »Mangel oder Verlust von sexuellem Verlangen« genannten Störung (verschlüsselt mit F52.0) ist der »Verlust des sexuellen Verlangens« das »Grundproblem« und beruht nicht »auf anderen sexuellen Schwierigkeiten wie Erektionsstörungen oder Dyspareunie«. Sexuelle Befriedigung oder Erregung ist dabei nicht ausgeschlossen, lediglich werden sexuelle Aktivitäten »seltener initiiert«. Weiter aufgeführt wird »sexuelle Aversion und mangelnde sexuelle Befriedigung« (F52.1), was sich noch einmal unterteilen lässt in »sexuelle Aversion« (F52.10) und »mangelnde sexuelle Befriedigung« (F52.11). Beim ersten Störungsbild ist die »Vorstellung von einer sexuellen Partnerbeziehung« stark mit »negativen Gefühlen verbunden« und erzeugt »so viel Furcht oder Angst«, dass »sexuelle Handlungen vermieden werden«. Bei der zweiten Störung verlaufen sexuelle Reaktionen »normal«, aber der Orgasmus wird »ohne entsprechendes Lustgefühl erlebt«, eine Störung, über die Frauen häufiger als Männer klagen.

Ebenfalls zu den Appetenzstörungen ließe sich das »gesteigerte sexuelle Verlangen« (F52.7) rechnen (früher häufig Satyriasis bei Männern, Nymphomanie bei Frauen genannt), welches nur dann als eigenständiges Störungsbild klassifiziert wird, wenn es nicht im Rahmen anderer psychischer, zum Beispiel affektiver Störungen oder einer Demenz auftritt.

Dass die exakte Prävalenz von »Mangel oder Verlust von sexuellem Verlangen« und von sexueller Aversion kaum zu ermitteln ist, liegt auf der Hand, umso mehr, als klare diagnostische Kriterien fehlen; insofern erstaunen die sehr unterschiedlich angegebenen Häufigkeiten keineswegs. Realistisch dürfte die Annahme sein, das 10–20 % der Männer unter 60 Jahren davon betroffen sind, etwa doppelt so viel bei den älteren; nur ein geringer Teil begibt sich in Behandlung. Bei Frauen geben West et al. (2008) die Häufigkeit dieser Störung vor der Menopause mit etwa 27 % an; danach liegt der Prozentsatz etwa doppelt so hoch. 40 % der Frauen, denen vor der natürlichen Menopause beide Eierstöcke entfernt wurden, weisen anschließend mangelndes sexuelles Verlangen auf. Sehr viel niedrigere Zahlen, insbesondere für ältere Frauen, berichten Parish & Hahn (2016); DSM-5 macht hierzu gar keine Angaben.

Störungen der sexuellen Erregung: »Versagen genitaler Reaktionen« (F52.2) bezieht sich bei Männern so gut wie ausschließlich auf das Erlangen oder Aufrechterhalten einer für einen befriedigenden Geschlechtsverkehr notwendigen Erektion (»Impotenz«). Die entsprechende Störung bei der Frau ist die fehlende oder unzureichende Lubrikation (Feuchtwerden der Scheide). Erektionsstörungen sind zweifellos häufig, wobei die Angaben in der Literatur sich zuweilen um den Faktor 2 oder gar 3 unterscheiden. Nach der Zusammenstellung in Beutel, Weidner, Daig & Brähler (2007) dürfte die erektile Dysfunktion (in einer Ausprägung, dass sie nicht mehr für eine befriedigende sexuelle Aktivität ausreicht) für Männer unter 40 Jahren bei etwa 2 % liegen, bei denen zwischen 40 und 50 circa 15–20 % betragen, bei den zwischen 60 und 70 etwa 30–40 % und schließlich in noch höherem Alter über 50 %. Oft ist die Potenz nicht völlig eingeschränkt; es verzögert sich jedoch das Einsetzen der Erektion und verkürzt sich die Zeit ihres Aufrechterhaltens, zudem wird das Glied nicht mehr ganz steif. Bei Frauen dürfte die Häufigkeit von Erregungsstörungen zwischen 10 % und 50 % liegen, wobei die Prävalenzrate nach der Menopause deutlich steigt.

Orgasmusstörungen: Eine Orgasmusstörung (F52.3) liegt vor, wenn der Orgasmus nicht oder »nur stark verzögert« eintritt (ICD-10, S. 264) – eine wenig präzise Definition. Bei Frauen ist dieses Bild ausgesprochen häufig: Nach bei Burri et al. (2009) zitierten Daten kommen etwa 10–15 % der Frauen nie zum Orgasmus (auch nicht durch Masturbation[38]), während ein ähnlich hoher Prozentsatz angibt, diesbezüglich nie Probleme zu haben. Weniger bekannt ist, dass auch bei Männern, speziell in höherem Lebensalter, bei erhaltener Erektionsfähigkeit während des Verkehrs Ejakulation und Orgasmus entweder sehr verzögert sind oder ganz ausbleiben bzw. schwächer mit geringerem Samenerguss und weniger starkem Lustgefühl ausfallen. In einer Längsschnittstudie an Männern zwischen 40 und Jahren 70 berichteten 46 %, zwar zur Erektion fähig zu sein, aber die genannten Orgasmusprobleme zu haben; bei 60jährigen und älteren gaben dies etwa Dreiviertel der Befragten an (Beutel et al., 2007).

Speziell in jungen Jahren sehr häufig ist der vorzeitige Samenerguss (Ejaculatio praecox), welcher in DSM-5 wie in ICD-10 (S. 265) als eigene Störung aufgeführt wird (F52.4). Die dabei gegebene Definition, nämlich »die Unfähigkeit, die Ejakulation so zu kontrollieren, so dass der Geschlechtsverkehr für beide Partner befriedigend ist«, ist nicht unproblematisch, da sie vage Begriffe verwendet und in die Definition die Orgasmusfähigkeit der Partnerin eingeht. Entsprechend sind epidemiologische Angaben mit aller Zurückhaltung zu betrachten; nach der Zusammenstellung von Beutel et al. (2007) klagen sich 14 % über regelmäßigen bzw. mindestens sehr häufig auftretenden vorzeitigen Samenerguss.

Weitere funktionelle Sexualstörungen: Einige Störungen lassen sich nicht eindeutig den Phasen des Sexualzyklus zuordnen. Es ist

---

38 Generell scheint beim Hervorrufen eines Orgasmus die Masturbation erfolgreicher als der Geschlechtsverkehr zu sein; nicht geht aus diesen Daten hervor, ob unter Masturbation die reine manuelle Klitorisreizung verstanden wird oder auch die Einführung geeigneter mechanischer Instrumente dazu gerechnet wird. Im Rahmen des Geschlechtsverkehrs bleibt der Orgasmus bei einem unbestimmten Prozentsatz der Frauen zwar aufgrund der Penetration und der Penisbewegungen aus, kann jedoch durch manuelle Klitorisstimulation nachgeholt werden. Es geht hier um die in ihrer Sinnhaftigkeit kontrovers diskutierte Unterscheidung zwischen klitoralem und vaginalem Orgasmus. Keineswegs richtig übrigens ist die häufig zu findende Behauptung), Freud habe von einer »Überlegenheit« des vaginalen gegenüber dem klitoralen Orgasmus gesprochen.

dies zum einen der »nichtorganische Vaginismus« (F52.5), ein (nicht sekundär als Folge von Schmerzen auftretender) Spasmus der die Vagina umgebenden Beckenmuskulatur, wodurch Eindringen des Penis unmöglich gemacht wird oder nur noch unter großen Schmerzen geschehen kann. Er dürfte bei weniger als einem Prozent der weiblichen Bevölkerung zu beobachten sein. Die »nichtorganische Dyspareunie« (F52.6) bezeichnet Schmerzen beim Geschlechtsverkehr, die nicht organisch (etwa durch Infektion oder anatomische Besonderheiten) zu erklären sind und auch nicht im Rahmen von Vaginismus oder fehlender Lubrikation auftreten. Bei Frauen werden Prävalenzraten zwischen 8 % und 23 % (inklusive organischer Formen) angegeben; schmerzhafte Ejakulationen sind bei jüngeren Männern selten, während etwa 8 % der sexuell aktiven Personen über 60 diese Probleme nennen.

7.4.2   Erklärungsansätze

Biologische Ursachen: Obwohl bei den hier vorgestellten »psychischen«, d. h. in ICD-10 gelisteten Störungsbildern definitionsgemäß nicht vorhanden, müssen elementare Kenntnisse biologischer Ursachen natürlich vorliegen, um sie ausschließen zu können; dabei sei noch einmal auf die *schwierige Trennung somatischer* und *psychischer Faktoren* hingewiesen.

Hormonelle Veränderungen haben zweifellos Einfluss auf sexuelles Empfinden und Verhalten, wobei die Zusammenhänge beim Menschen kompliziert sind und nur bedingt aus Tierstudien abgeleitet werden können. Testosteronmangel beim Mann (etwa nach Hodenentfernung zur Therapie des Prostatakarzinoms, bei der Rückbildung der Hodenfunktionen im Alter) reduziert im Allg. sowohl Appetenz wie Erregung. Bei der Frau sind die Beziehungen zwischen Hormonhaushalt und sexuellen Funktionen weniger eindeutig. Erniedrigung des Östrogenspiegels (in der natürlichen Menopause, nach Entfernung der Eierstöcke in jüngeren Jahren) nimmt sicher Einfluss auf die Appetenz. Schwer auszuschließen ist aber, dass das verminderte sexuelle Verlangen auf die Schmerzen beim Geschlechtsverkehr zurückzuführen ist, nachdem verminderte Östrogenproduktion Veränderungen im Scheidengewebe und Erschwerung der Lubrikation bedingt. Es gibt Hinweise, dass – möglicherweise mehr als die Östrogene – »männliche« Sexualhormone, wie sie in den Ovarien und v. a. in der Nebennierenrinde gebildet werden, die weibliche sexuelle Aktivität beeinflussen (Köhler, 2010, S. 235 ff.).

Weitere Ursachen für *Verlust der Appetenz* sind u. a. konsumierende Krankheiten, chronischer Alkoholmissbrauch sowie Einnahme diverser Medikamente (speziell von Neuroleptika und SSRI). *Vermehrte Appetenz* kann im Rahmen psychischer Störungen (etwa in einer manischen Episode) auftreten, zudem bei Konsum psychotroper Substanzen, speziell der dopaminagonistisch wirkenden Amphetamine und von Kokain.

Störungen der Erregung können ebenfalls *medikamentös* bedingt sein (beispielsweise Beeinträchtigungen der Erektionsfähigkeit als Nebenwirkung von Blutdruckmitteln, Neuroleptika und SSRI), teils durch Erkrankungen hervorgerufen werden; neben Stoffwechselstörungen und neurologischen Erkrankungen ist speziell die alkoholbedingte Erektionsschwäche zu erwähnen, Folge teils sicher mangelnden Östrogenabbaus bei Leberzellinsuffizienz (▶ Kap. 3.2.5), noch mehr wohl der Zerstörung der das Genitale versorgenden Nerven im Rahmen der alkoholischen Polyneuropathie. Bei der v. a. ältere Männer betreffenden Impotenz liegt die Störung jedoch typischerweise in der Füllung der Schwellkörper, ist also gefäßbedingt (daher auch die oft gute Wirksamkeit von Phosphodiesterasehemmern).

Zu organischen Ursachen der *Ejaculatio praecox* liegt wenig Gesichertes vor; besondere Reizbarkeit der Penisschleimhaut und gesteigerte ejakulatorische Reflexe spielen eine wichtige Rolle. Die Pathophysiologie der im Alter oft verzögerten Ejakulation ist unklar. Somatische Bedingungen für die *weibliche Orgasmusstörung* lassen sich zuweilen nachweisen (etwa neurologische Erkrankungen, Stoffwechselstörungen, Einnahme von Medikamenten, wobei wiederum insbesondere SSRI zu nennen sind); zahlenmäßig besitzen sie untergeordnete Bedeutung. Physiologische Ursachen des *Vaginismus* sind nicht sicher bekannt; zeitweise können Infektionen im Scheidenbereich aber zu dieser reflektorischen Verkrampfung beitragen. *Dyspareunie* ist in den seltensten Fällen psychogen; sie ist u. a. auf entbindungsbedingte Schäden (Verwachsungen), Infektionen oder Endometriose (Einwachsen von Uterusgewebe in die Vagina) zurückzuführen, besonders häufig auf die Atrophie und verminderte Befeuchtung der Vaginalschleimhaut als Folge von Östrogenmangel (in der Postmenopause, nach Entfernung der Eierstöcke).

Psychologische Theorien funktioneller Sexualstörungen sind vage formuliert und beziehen sich meist nicht klar auf eine Störungsgruppe (etwa Störungen der Appetenz oder der Erregung). Meist werden lediglich Faktoren aufgelistet, welche die Entstehung begünstigen können. Als solche werden häufig genannt: Erfahrungen in der Ursprungsfamilie (Funktionieren der elterlichen Ehe, gute Kontakte zu Mutter und Vater, welche Determinanten für die spätere sexuelle Zufriedenheit von Frauen darstellen sollen); aversive Lernerfahrungen, wobei hier v. a. kindlicher Missbrauch und Vergewaltigung in späteren Jahren als schädigende Momente, insbesondere als Ursachen der sexuellen Aversion, gelten; weiter werden Eindrücke des ehelichen Sexuallebens genannt, darunter Schwangerschaft und Geburt, zuweilen belastende Lebensereignisse. In ihrem bekannten Modell heben Masters und Johnson (1970, nach Davison et al., 2007, S. 531 ff.) weitere bedingende Momente hervor, so sexualfeindliche religiöse Einstellungen, Internalisierung gesellschaftlicher Normen, homosexuelle Neigungen. Aufrechterhaltende Bedingungen von Sexualstörungen sind trivialerweise Paarkonflikte, wobei die sexuellen Schwierigkeiten im Sinne eines Circulus vitiosus die emotionalen Diskrepanzen noch verstärken können; insofern gehen typischerweise Sexualtherapie und Behandlung nichtsexueller partnerschaftlicher Schwierigkeiten Hand in Hand. Erwartungs- und Versagensangst auch in guter partnerschaftlicher Beziehung (gerade oft da) wird allgemein als wichtiges aufrechterhaltendes Moment von Störungen, speziell der Erregungs- und der Orgasmusphase, angesehen.

Sexuelle Funktionsstörungen haben – im Gegensatz zu Abweichungen der sexuellen Präferenz wie etwa Fetischismus oder Sadomasochismus – Freud wenig beschäftigt. Eher beiläufig versucht er, die psychische Impotenz auf eine Diskrepanz zwischen Objekten der zärtlichen und der sinnlichen »Libidoströmung« zurückzuführen. Spätere Analytiker betonen ebenfalls die Konfliktkomponente sexueller Störungen und ihre Funktionalität, ohne deshalb die negativen Wirkungen der Selbstverstärkung durch Versagensängste zu ignorieren.

7.4.3 Therapie

Medikamentöse Behandlung sexueller Funktionsstörungen gestaltet sich zunehmend erfolgreicher. Störungen der sexuellen Appetenz, die im Rahmen psychischer Erkrankungen auftreten, etwa bei Depression, können durch Behandlung letzterer meist beseitigt werden. Bei Männern steigert Testosteronzufuhr häufig das sexuelle Verlangen, wobei mögliche Entwicklungen von Prostatakarzinomen zu beachten sind. Die (ebenfalls nicht nebenwirkungsfreie) Östrogensubstitution bei Frauen nach der Menopause bessert häufig die durch Scheidentrockenheit bedingte Dyspareunie, erhöht möglicherweise auch direkt die Appetenz. Zudem wurden mit dem Dopaminagonisten Bupropion gute Erfahrungen gemacht; mit dem in komplizierter Weise in das serotonerge System eingreifenden (und damit indirekt das dopaminerge System stärkenden) Flibanserin steht mittlerweile in den USA ein weiteres pharmakologisches »Aphrodisiakum« zur Verfügung, dessen Wert allerdings – auch wegen zahlreicher Neben- und Wechselwirkungen – kontrovers beurteilt wird (vgl. Dhanuka & Simon, 2015 einerseits, Jaspers et al., 2016 sowie Gelman & Atrio, 2017 andererseits). Zur Hebung der Erektionsfähigkeit setzt man zunehmend Phosphodiesterasehemmer wie Sildenafil (z. B. Viagra®), Tadalafil (Cialis®) und Vardenafil (Levitra®) ein; diese Substanzen verstärken indirekt die Wirkung von Rezeptorbesetzung im Genitalbereich (setzen damit weitgehend intakte Nervenversorgung dieser Region voraus) und verlängern die Zeit, in der sich die Schwellkörper mit Blut füllen. Bei Nervenschädigungen, etwa nach Prostataoperation, können in die Schwellkörper eingespritzte oder in die Harnröhre eingebrachte Prostaglandine Erektionen ermöglichen (Rösing et al., 2009; s. auch Pastuszak, 2014). *Chirurgische Verfahren* wie Gefäßoperationen im Schwellkörperbereich oder Implantate dürften zunehmend seltener zum Einsatz kommen. *Lubrikationsstörungen* und daraus resultierende Schmerzen beim Geschlechtsverkehr können häufig durch Östrogenersatz gebessert werden; auch Verwendung von Gleitmitteln (wie Vaseline) ist üblich. Wenig medikamentöse Möglichkeiten existieren zur Behandlung der verzögerten Ejakulation und weiblicher Orgasmusstörungen. Hingegen hat die Beobachtung, dass SSRI häufig den Samenerguss verzögern, zu ihrem wirkungsvollen Einsatz bei Ejaculatio praecox geführt; mit Dapoxetin (Priligy®) ist eine Substanz explizit für diese Indikation im Handel.

Psychologische Maßnahmen bei funktionellen Sexualstörungen sollten beide Partner einbeziehen und werden häufig mit Therapien der Partnerschaftsproblematik verknüpft. Besondere Probleme stellt die Behandlung der mangelnden sexuellen Appetenz, die v. a. mit klärenden Gesprächen und kognitiver Umstrukturierung geändert werden soll. Grundlage vieler Sexualtherapien sind nach wie vor die von Masters und Johnson (1970) entwickelten Techniken, die besonders auf Störungen der Erregung und Orgasmusstörungen abzielen; spätere Therapeuten haben das Spektrum dieser im Wesentlichen *kognitiv-verhaltenstherapeutischen* Techniken noch erweitert. Dazu gehören Aufklärung über anatomisch-physiologische Sachverhalte, weiter die Ausbildung einer freieren Kommunikation über sexuelle Themen sowie Änderung von behindernden Einstellungen zur Sexualität (etwa Beseitigung des Leistungsgedankens). Hinzu kommen Verfahren zur Angstreduktion, beispielsweise In-vivo-Desensibilisierung gegenüber bedrohlich empfundenen sexuellen Situationen und sensorische Fokussierung, die Entdeckung neuer sexueller Aktivitäten unter dem Verbot des Geschlechtsverkehrs. Auch konkrete Sexualtechniken werden vermittelt, etwa die der angeleiteten Masturbation, speziell für Frauen, die Schwierigkeiten haben, zum Orgasmus zu gelangen; Frauen mit Vaginismus sollen ihre verkrampfte Vagina mittels eines Sortiments von Dilatatoren sukzessiv weiten; bei Ejaculatio praecox wird beispielsweise durch Unterbrechen und Wiederaufnehmen der Stimulation (stop and go) oder mittels manueller Kompression (Squeeze-Technik) systematisch die Verzögerung des Samenergusses trainiert (im Wesentlichen nach Davison et al., 2007, S. 535 ff.). Mittlerweile gibt es auch internetbasierte Interventionsprogramme, die durch ihre Anonymität einen größeren Kreis therapiebedürftiger Personen erreichen sollen (van Lankveld, 2016).

8 Persönlichkeitsstörungen, Störungen der Geschlechtsidentität und der Sexualpräferenz

8.1 Allgemeines

Abschnitt 6 von ICD-10 (S. 271 ff.) ist überschrieben »Persönlichkeits- und Verhaltensstörungen« und enthält eine Reihe von »meist lang anhaltenden Zustandsbildern und Verhaltensmustern«, welche Ausdruck »des charakteristischen, individuellen Lebensstils, des Verhältnisses zur eigenen Person und zu anderen Menschen« sind.

Hierzu zählen die Persönlichkeitsstörungen (F60 und F61) als relativ früh beginnende, lang andauernde, persönliches Empfinden und soziale Funktionsfähigkeit beeinträchtigende Verhaltensmuster, weiter die erst später erworbenen »andauernden Persönlichkeitsveränderungen« (F62) und »abnorme Gewohnheiten und Störungen der Impulskontrolle« (F63), wozu pathologisches Glücksspiel, Pyromanie und Kleptomanie zählen. Weiter werden, nicht sofort nachvollziehbar, in diesem Abschnitt die Störungen der Geschlechtsidentität im Sinne von Transsexualismus und Störungen der Sexualpräferenz, etwa Fetischismus, Exhibitionismus, Pädophilie oder Sadomasochismus aufgelistet. Hier werden lediglich die Persönlichkeitsstörungen und Störungen von Geschlechtsidentität und Sexualpräferenz etwas genauer behandelt, einerseits aufgrund ihrer klinischen Bedeutung, andererseits aus theoretischem Interesse, da sich an ihnen einflussreiche Denkmodelle zur Entstehung psychischer Abweichungen darstellen lassen.

8.2 Persönlichkeitsstörungen

8.2.1 Symptomatik und Klassifikation

Persönlichkeitsstörungen umfassen laut ICD-10 (S. 274 ff.) »tief verwurzelte, anhaltende«, weitgehend situationsübergreifende Verhaltensmuster, die sich in »starren Reaktionen« auf diverse Lebenslagen zeigen; häufig gehen sie »mit persönlichem Leiden und gestörter sozialer Funktions- und Leistungsfähigkeit« einher. Die Betroffenen zeigen »deutliche Abweichungen im Wahrnehmen, Denken, Fühlen und in den Beziehungen zu anderen«. Die Störungen beginnen in der Kindheit und Adoleszenz und reichen in das Erwachsenenalter hinein; dies unterscheidet sie von den erst später erworbenen *Persönlichkeitsveränderungen*. Persönlichkeitsstörungen dürfen sich nicht auf Hirnerkrankungen oder andere psychische Störungen zurückführen lassen, können ihnen aber voraus- oder mit ihnen einhergehen; häufig ergibt sich daher die Notwendigkeit einer Doppeldiagnose. Zuweilen findet man noch heute die ältere Bezeichnung »Psychopathie«; auch »Charakterneurose« wird mitunter synonym verwendet, besonders in der psychoanalytischen Literatur.

Um eine (spezifische[39]) Persönlichkeitsstörung zu diagnostizieren und einem der acht bis zehn Subtypen zuzuordnen, müssen gewisse generelle Voraussetzungen erfüllt sein; die speziellen Denk- und Empfindungseigenheiten der Betroffenen sowie die Art der gezeigten Verhaltensmuster bestimmen den diagnostischen Subtyp, eine häufig nur unter Schwierigkeiten und Vorbehalten zu leistende Einordnung. Leitlinien für die Diagnose einer Persönlichkeitsstörung (gleich welcher Art) sind zum einen »deutliche Unausgeglichenheit in den Einstellungen und im Verhalten in mehreren Funktionsbereichen«; hier werden beispielhaft »Affektivität, Antrieb, Impulskontrolle, Wahrnehmen und Denken« sowie »Beziehungen zu anderen« genannt. Das auffällige Verhaltensmuster muss mit gewisser Gleichförmigkeit und Dauer auftreten und darf nicht »auf Episoden psychischer Krankheiten« begrenzt sein; zudem muss es »tiefgreifend« sein und in vielen Situationen »eindeutig unpassend«. Verlangt wird, dass die Störung – wenigstens im späteren Verlauf –

---

39 Neben der Gruppe der spezifischen Persönlichkeitsstörungen (F60) findet sich in ICD-10 die der »kombinierten und anderen Persönlichkeitsstörungen« (F61), wo Symptombilder einzuordnen sind, die in den Kategorien von F60 keinen rechten Platz finden. Der Übersichtlichkeit halber wird hier eine kleine Ungenauigkeit begangen und »spezifische Persönlichkeitsstörungen« mit »Persönlichkeitsstörungen« gleichgesetzt.

zu »deutlichem subjektivem Leiden« führt; auch ist sie »meistens mit deutlichen Einschränkungen der beruflichen und sozialen Leistungsfähigkeit« verbunden. Schließlich wird noch eine Angabe zum Verlauf gemacht: »Die Störungen beginnen immer in der Kindheit oder Jugend und manifestieren sich auf Dauer im Erwachsenenalter«; insofern sei die Diagnose einer Persönlichkeitsstörung vor dem Alter von 16 oder 17 Jahren »in der Regel unangemessen«. Zur Diagnosestellung ist das Vorliegen von wenigstens drei dieser Eigenschaften erforderlich (verkürzt nach ICD-10, S. 276 f.). Diagnostik von Persönlichkeitsstörungen erfolgt in der Praxis typischerweise anhand der Eigen- und Fremdanamnese und der klinischen Befunderhebung durch Gespräch; für Forschungszwecke werden zunehmend standardisierte Interviews eingesetzt, beispielsweise das »Diagnostische Interview für Borderline-Patienten«.

Wie sich aus der Darstellung der einzelnen Störungsbilder ergeben wird, sind die diagnostischen Kriterien für Persönlichkeitsstörungen allgemein und die Subtypen im Speziellen mitunter recht ungenau und beinhalten so unscharfe Begriffe wie »übertrieben« oder »unverhältnismäßig«, sodass eine gewisse diagnostische Willkür vorliegt. Tatsächlich wird die Interrater-Reliabilität (Übereinstimmung verschiedener Experten hinsichtlich der Diagnosen) bei der Klassifikation von Persönlichkeitsstörungen kontrovers diskutiert. Hinzu kommt, dass zur Diagnose der Subtypen die Anzahl der notwendigen Kriterien in ICD-10 nicht vorgegeben ist und somit die Festlegung erschwert wird; problematisch ist auch, dass sich die Beschreibungen der einzelnen Subtypen nicht unbeträchtlich überschneiden (etwa hinsichtlich Borderline- und dissozialer Persönlichkeitsstörung). Entsprechend sind Doppel- oder gar Dreifachdiagnosen nicht selten: Nach einer bei Davison et al. (2007, S. 464) dargestellten Untersuchung erfüllten von Personen mit einer Borderline-Persönlichkeitsstörung 55 % auch die Kriterien der schizotypischen, 47 % die der antisozialen (dissozialen nach ICD-10) und schließlich 57 % die der histrionischen Persönlichkeitsstörung. Ein Hinweis darauf, dass Diagnostik und Klassifikation hier keineswegs als befriedigend gelöst betrachtet werden können, ist die Tatsache, dass die beiden großen Systeme sich gerade hinsichtlich der Einteilung von Persönlichkeitsstörungen und der angelegten Kriterien beträchtlich unterscheiden: So taucht die narzisstische Persönlichkeitsstörung als eigene Subkategorie zwar in DSM-5, nicht aber in ICD-10 auf; auch sind die diagnostischen Kriterien in DSM-5 sehr viel genauer definiert, während in ICD-10 offenbar eine vorzeitige Festlegung gescheut wird. Bemerkenswert ist zudem, dass zwischen den verschiedenen Ausgaben der diagnostisch-klassifikatorischen Systeme die Zuordnung und Einteilung der Persönlichkeitsstörungen raschen und gründlichen Veränderungen unterworfen war, etwa die »zyklothyme Persönlichkeitsstörung« von ICD-9 nach Revision als »Zyklothymia« zu den anhaltenden affektiven Störungen (F34) gerechnet wird und die »passiv-aggressive Persönlichkeitsstörung«, die noch in früheren Ausgaben des DSM vorhanden war, mittlerweile dort nicht mehr erscheint.

8.2.2   Erklärungsansätze

Die erste ausgearbeitete *Theorie der Charakterbildung* (und damit implizit der Persönlichkeitsstörungen) wurde von Freud entwickelt, zunächst unsystematisch und ausschließlich auf den »analen Charakter« bezogen. In der kleinen Schrift »Charakter und Analerotik« führt er jenen Charakter, der durch besondere Ordentlichkeit, Sparsamkeit und Eigensinn gekennzeichnet ist, auf eine »Aufzehrung der Analerotik« zurück: Bei den betreffenden Personen habe in früher Kindheit ein ausgesprochenes analerotisches Interesse bestanden (kenntlich an besonderen Stuhlpraktiken und ausgiebiger Beschäftigung mit dem produzierten Kot), welches in der Latenzzeit sublimiert und zum Aufbau der Gegenkräfte wie Scham, Ekel und Moral verwendet worden sei: »Da nun die Analerotik zu jenen Komponenten des Triebes gehört, die im Laufe der Entwicklung und im Sinne unserer heutigen Kulturerziehung für sexuelle Zwecke unverwendbar werden, läge es nahe, in den bei ehemaligen Analerotikern so häufig hervortretenden Charaktereigenschaften – Ordentlichkeit, Sparsamkeit und Eigensinn – die nächsten und konstantesten Ergebnisse der Sublimierung der Analerotik zu erkennen« (Freud, 1908b, S. 205). In der Schrift »Die Disposition zur Zwangsneurose« (1913i), wo die anale Fixierung als begünstigendes Moment für die Ausbildung zwangsneurotischer Symptomatik eingeführt wird (▶ Kap. 6.4), klärt Freud die Beziehung zwischen Charakterbildung und Entwicklung neurotischer Symptomatik: Beiden sei die Erledigung von Wünschen gemeinsam, welche aus der libidinösen Fixierung resultierten; bei der Charakterbildung gelinge dies problemlos durch Reaktionsbildungen und Sublimierung, während bei der Neurose die Wiederkehr des Verdrängten nur unter Symptombildung abgewehrt werden könne.

Während Freud die Charakterbildung eher beiläufig abhandelte, haben spätere Analytiker, darunter solche wie Wilhelm Reich, die nur bedingt auf dem Boden der Freud'schen Lehre stehen, die Typologie und die Theorie der Charakterneurosen weiterentwickelt; die Idee der *libidinösen Fixierung*, des »Mitschleppens« sexueller Empfindungen und Eindrücke der Kindheit als Basis der Charakterentwicklung, bleibt dabei häufig erhalten. Auch heute dürften die meisten theoretischen Beiträge zu Persönlichkeitsstörungen von analytischer Seite kommen, und die diesbezügliche Begrifflichkeit in den Klassifikationssystemen, etwa die Bezeichnung »narzisstische Persönlichkeitsstörung«, spiegelt deutlich diesen Einfluss wider. Allerdings ist das Konzept der Libidofixierung zur Erklärung der Persönlichkeitsstörungen zunehmend von anderen Genesemodellen, insbesondere dem *gestörter Objektbeziehungen* (s. u.), abgelöst worden.

Nachdem mittlerweile nichtpsychoanalytisch orientierte Psychologen ihren anfänglichen Widerstand gegen die Einführung jenes nicht unproblematischen Konstruktes der Persönlichkeitsstörungen aufgegeben haben, werden auch von dieser Seite Erklärungskonzepte entwickelt, etwa *kognitive*, die u. a. die Bedeutung gestörter Aufmerksamkeitsprozesse oder verzerrter Einstellungen betonen; bei diesen Theorien wird im Allg. *biologischen* Befunden Rechnung getragen, wie übrigens sich H.-J. Eysenck schon vor Jahrzehnten um eine biologisch-psychologische Erklärung der Psychopathie (im Sinne dissozialer Persönlichkeitsstörung) bemüht hat. *Rein biologische* Erklärungen von Persönlichkeitsstörungen ähneln denen anderer psychischer Störungen und konzentrieren sich vornehmlich auf genetische Faktoren sowie die Rolle der Neurotransmitter.

8.2.3 Therapie

Freud hielt, anders als zuweilen dargestellt, Charakterveränderungen keineswegs für psychoanalytisch unbehandelbar, bezeichnet sie explizit neben den Übertragungsneurosen als Arbeitsgebiet der Psychoanalyse (1923a, S. 226). Andererseits betrachtete er das Fehlen der Übertragung als höchst ungünstig für den Erfolg psychoanalytischer Therapie (▶ Kap. 4.2.8), womit narzisstische Persönlichkeitsstörungen bestenfalls sehr bedingt psychoanalytisch therapierbar wären. Spätere Analytiker, die ihren Schwerpunkt mehr auf *Ich-Psychologie* oder *Objektbeziehungstheorie* legen, teilen diese Auffassung nicht, sodass etwa Borderline- und narzisstische Persönlichkeitsstörungen therapeutisches Interesse gerade von dieser Seite erfahren haben. Einig ist man sich, dass es hier weniger um Bewusstmachung von Unbewusstem geht, sondern dass die *kognitive Bearbeitung* nicht notwendig unbewusster Abwehrmechanismen im Vordergrund steht; im Rahmen einer teilweisen Rückkehr zu der von Freud als generelles Erklärungsprinzip aufgegebenen Traumatheorie wird die *Auseinandersetzung mit objektiven frühkindlichen Gegebenheiten* (sexuellem Missbrauch, elterlicher Ablehnung) zu einem wesentlichen therapeutischen Element. Anders als Freud, der seine Aufgabe nicht in der Hilfe bei der Lebensgestaltung der Patienten sah, verhalten sich analytische Therapeuten bei der Behandlung von Persönlichkeitsstörungen wesentlich *direktiver*.

Aufgrund der selbst auferlegten Zurückhaltung auf dem Gebiet der Persönlichkeitsstörungen haben *Verhaltenstherapeuten* lange keine Strategien zur Behandlung entwickelt. Angesichts der Situationsinvarianz der gezeigten Verhaltensmuster wären auch viele klassische verhaltenstherapeutische Techniken wie Stimuluskontrolle oder Konfrontationstherapien nicht oder nur unter Modifikationen anwendbar. Augenblicklich sind es v. a. *Trainings sozialer Fertigkeiten*, die insbesondere bei Patienten mit ängstlichen und abhängigen Persönlichkeitsstörungen eingesetzt werden. Auch Einübung neuer Verhaltensmuster im Fall impulsiver oder dissozialer Persönlichkeitsstörungen sowie Vermittlung von Problemlösungsstrategien werden versucht (s. dazu Fiedler, 2003; Sachse, 2013).

Kognitive Behandlungen von Persönlichkeitsstörungen versuchen in Anlehnung an die Beck'sche Therapie der Depression (▶ Kap. 5.9) vorwiegend die *Veränderung unangemessener Einstellungen*. So soll beispielsweise bei Personen mit zwanghafter Persönlichkeitsstörung die Vorstellung korrigiert werden, perfekte Leistungen erbringen zu müssen. Während ihr Erfolg bei zwanghaften oder abhängigen Persönlichkeitsstörungen durchaus für möglich gehalten wird, erscheinen Versuche, bei dissozialen Persönlichkeitsstörungen mit Einsichtstherapien moralische Werte neu zu strukturieren, doch von eher großem Optimismus getragen. *Pharmakologische Therapie* von Persönlichkeitsstörungen wird eher selten angewandt. Wenn, so kommen üblicherweise die Medikamente zum Einsatz, welche auch beim entsprechenden Vollbild gegeben würden, also die zur Behandlung der Schizophrenie verwandten Neuroleptika eventuell bei schizoider und schizotyper Persönlichkeitsstörung. Zur Behandlung impulsiver Persönlichkeitsstörungen werden vorsichtig Stimmungsstabilisierer sowie mit Einschränkungen Antidepressiva und Neuroleptika (vorzugsweise atypische) empfohlen.

Wie bei der anschließenden Darstellung der einzelnen spezifischen Persönlichkeitsstörungen deutlich wird, sind die therapeutischen Erfolge begrenzt; nicht zuletzt hängt dies damit zusammen, dass vielfach Leidensdruck erst in späteren Stadien auftritt; die Behandlung aktueller, aus dem gestörten Verhalten resultierender Schwierigkeiten (Partnerprobleme, Konflikte mit dem Gesetz) tritt dann gegenüber der Veränderung chronischer Verhaltensmuster in den Vordergrund. Ansonsten ist die *Therapiemotivation* von Patienten mit Persönlichkeitsstörungen, solchen mit histrionischer, ängstlicher und abhängiger ausgenommen, letztlich gering und entsprechend hoch die Zahl der Therapieabbrecher. Hinzu kommt, dass die Verhaltensmuster schon lange bestehen und kaum in wenigen therapeutischen Sitzungen dauerhaft zu beseitigen sind.

Im Folgenden werden die einzelnen Subtypen von Persönlichkeitsstörungen in ihrer Symptomatik dargestellt und dazu entwickelte Entstehungsmodelle skizziert, weiter augenblicklich praktizierte Therapien knapp erläutert. Die Darstellung der Symptomatik geschieht weitgehend in Anlehnung an ICD-10, bei einigen Störungsbildern auch unter Benutzung des DSM-5, das meist schärfere diagnostische Kriterien angibt.

Erwähntermaßen finden sich diesbezügliche Unterschiede der Klassifikationssysteme: In DSM-5 gibt es eigene Kategorien »narzisstische« und »Borderline«-Persönlichkeitsstörung, die in ICD-10 Unterkategorien anderer Persönlichkeitsstörungen bilden oder einer Restklasse zugeordnet werden. Auch sind die DSM-Kriterien strenger; so ist das Zutreffen einer Mindestanzahl von Merkmalen gefordert, während in

ICD-10 lediglich charakteristische Einstellungen oder Verhaltensweisen aufgelistet werden. DSM-5 unternimmt auch den sinnvollen
Versuch, in diese Vielfalt Ordnung zu bringen. In Cluster A (son-
derbar, exzentrisch) werden die schizotype, schizoide und paranoide
Persönlichkeitsstörung eingeordnet, in Cluster B (dramatisch-emo-
tional) die Borderline-Persönlichkeitsstörung, weiter histrionische,
antisoziale und narzisstische; Cluster C (ängstlich-furchtsam) umfasst
schließlich die vermeidend-unsichere, abhängige und zwanghafte
Persönlichkeitsstörung (Begriffe meist hier nach ICD-10). Mittlerweile
gibt es auch eine Reihe – mit Rückhaltung zu interpretierender –
molekulargenetischer Befunde. Bei Personen von Cluster A sollen
Gene verändert sein, welche für die Ausbildung des dopaminergen
Systems verantwortlich sind, bei den Störungen von Cluster B ist eher
das serotonerge System betroffen (Reichborn-Kjennerud, 2010).

Zur Darstellung der Theorie und Therapiemöglichkeiten wird im
Folgenden v. a. auf Comer (2008, S. 415 ff.), Davison et al. (2007),
Sachse (2013) sowie Fiedler & Herpetz (2016) Bezug genommen.
Ausführlicher kommen lediglich die schizoide, die dissoziale, die
Borderline- sowie die narzisstische Persönlichkeitsstörung zur
Sprache.

8.2.4   Spezifische Persönlichkeitsstörungen

Paranoide Persönlichkeitsstörung

Diese Störung (F60.0, ICD-10) ist zum einen durch »übertriebene
Empfindlichkeit«, häufigen Groll gegenüber anderen und streit-
süchtiges, unangemessenes Bestehen auf eigenen Rechten gekennzeichnet; zum anderen fällt sie auf durch extremes Misstrauen, auch gegen Personen der nächsten Umgebung. Ihre
Häufigkeit wird mit 0,5 % bis 2,5 % der erwachsenen Bevölkerung
angegeben, wobei Männer überwiegen.

Erklärungen zur Genese sind vage und gehen verkürzt dargestellt davon aus, dass das Misstrauen sich früh aufgrund unbe-
friedigender Familienzustände entwickelt hat und dann das
spätere Verhalten bestimmt, auch wenn sich die Gegebenheiten
objektiv gebessert haben.

Die *Therapie* gilt als sehr schwierig; wenige Betroffene begeben
sich überhaupt in Behandlung und wenn, so gestaltet sich diese
aufgrund des Misstrauens häufig unbefriedigend. Psychodynamische Therapien versuchen grundlegende Konflikte aufzuarbeiten,

wobei diese Interventionsform hier noch schlechter als bei anderen Persönlichkeitsstörungen wirken soll. Kognitive Therapien setzen sich zum Ziel, den Patienten das Gefühl für die eigene Kompetenz zu vermitteln und in diesem Rahmen das grundlegende Misstrauen abzubauen. Medikamentöse Behandlung geschieht am ehesten mit atypischen Neuroleptika.

Schizoide Persönlichkeitsstörung

Erstere wird mit F60.1 codiert und lässt sich charakterisieren durch emotionale Kühle und affektive Unbeteiligtheit, geringes Interesse an sozialen Kontakten, auch solchen sexueller Art; die Personen sind gekennzeichnet durch einen bestenfalls kleinen Freundeskreis, was auch nicht weiter bedauert wird, verhalten sich gleichgültig gegenüber Lob und Kritik und fallen durch »deutlich mangelnde Sensibilität im Erkennen und Befolgen gesellschaftlicher Regeln« auf. Dazu passt die Vorliebe für »einzelgängerische Beschäftigungen« und die »übermäßige Inanspruchnahme durch Fantasie und Introspektion«; »wenige oder überhaupt keine Tätigkeiten« bereiten den Betreffenden Vergnügen (nach ICD-10, S. 278).

> Zum Vergleich sei an die schizotype Störung (Schizotypie) erinnert, die in DSM-5 als schizotype Persönlichkeitsstörung aufgelistet wird, laut ICD-10 aber in die Rubrik »Schizophrenie, schizotype und wahnhafte Störungen« (F2x) einzureihen ist (▶ Kap. 4.3). Auch sie ist durch affektive Kälte und sozialen Rückzug gekennzeichnet; hinzukommen neben exzentrischem Verhalten und gekünstelter Sprache Symptome, die an Schizophrenie erinnern, nämlich regelrechte vorübergehende »quasipsychotische Episoden« mit Halluzinationen und ungewöhnliche Wahrnehmungserlebnisse. In ICD-10 wurde daher dieses eigenständige Syndrom eingeführt und klassifikatorisch in die Nähe der Schizophrenie gerückt.

Die Prävalenz der schizoiden Persönlichkeitsstörung ist schwer anzugeben, Männer scheinen häufiger betroffen und stärker beeinträchtigt. Unter Verwandten von Schizophrenen kommen die genannten Persönlichkeitsstörungen deutlich gehäuft vor; deshalb und aufgrund der teilweise ähnlichen Symptomatik zählt man sie zu den *Schizophreniespektrumsstörungen* und sieht sie als abgeschwächte Formen schwerer psychotischer Zustandsbilder an (▶ Kap. 4.2.5). In DSM-5, welche die zahlreichen Persönlichkeitsstörungen zu drei großen Gruppen (Clustern) zusammenfasst, werden paranoide, schizoide und schizotype Persönlichkeitsstörung zu jenen gerechnet, die »von sonderbarem oder exzentrischem Verhalten« geprägt sind.

Erklärungsansätze der schizoiden Persönlichkeitsstörung (sowie der schizotypen nach DSM-5) gehen von der Nähe zur Schizophrenie aus und postulieren ähnliche Genesebedingungen; bezüglich der *kognitiven Störungen*, speziell der Aufmerksamkeitsdefizite, konnten sowohl bei Personen mit schizoider als auch insbesondere mit schizotyper Störung ähnliche Befunde wie bei schizophrenen Patienten erhoben werden (s. Köhler, 2005, S. 223 ff.). *Psychodynamische* Ansätze betrachten die Selbstisolation als Folge mangelnder Zuwendung in der Familie.

Therapeutisch ist man bei der schizoiden Persönlichkeitsstörung etwas erfolgreicher als bei der paranoiden, obwohl auch hier die Patienten selten aus eigenen Stücken in Behandlung kommen und wenn, dann vornehmlich wegen anderer Probleme, etwa Alkoholmissbrauch. *Kognitiv-verhaltenstherapeutische* Interventionen versuchen, positive Gefühle bewusster zu machen, daneben werden soziale Fertigkeiten trainiert. Über die begrenzten Möglichkeiten, mittels solcher Strategien tief verwurzelte Verhaltensmuster und Einstellungen zu ändern, dürfte man sich in Therapeutenkreisen durchaus im Klaren sein. Ähnlich wie bei der Schizotypie ist eventuell Behandlung mit atypischen Antipsychotika hilfreich.

Dissoziale Persönlichkeitsstörung

Die nach ICD-10 mit F60.2 zu verschlüsselnde dissoziale Persönlichkeitsstörung fällt durch eine »große Diskrepanz zwischen dem Verhalten und den geltenden sozialen Normen« auf und lässt sich u. a. charakterisieren durch »kaltes Unbeteiligtsein gegenüber den Gefühlen anderer«, »Verantwortungslosigkeit« und Missachtung sozialer Regeln, »Unvermögen zur Beibehaltung längerfristiger Beziehungen« (während keine Schwierigkeiten bestehen, Beziehungen einzugehen), »sehr geringe Frustrationstoleranz und niedrige Schwelle für aggressives, auch gewalttätiges Verhalten«. Hervorgehoben werden außerdem die »Unfähigkeit zum Erleben von Schuldbewusstsein« oder zum »Lernen aus Erfahrung« – wobei insbesondere Bestrafung keinen entsprechenden Effekt haben soll –, schließlich die Neigung, »andere zu beschuldigen«

oder das eigene Fehlverhalten zu rationalisieren (nach ICD-10, S. 279). Die Prävalenz wird mit 1,5 % bis 3 % der erwachsenen Bevölkerung angegeben, wäre somit ausgesprochen hoch; bei Männern kommt sie häufiger vor. Nicht überraschend ist die Störung unter Gefängnisinsassen besonders verbreitet, speziell unter jenen, welche wegen Gewalttaten verurteilt wurden; auch besteht enger Zusammenhang mit Alkoholabusus sowie Missbrauch anderer psychotroper Substanzen; Suizide und sonstiger gewaltsamer Tod sind häufig.

> In DSM-5 wird der Terminus »antisoziale Persönlichkeitsstörung« verwendet. Er deckte sich zeitweise mit dem älteren Psychopathiebegriff, welcher jedoch, um die Verwirrung noch zu steigern, von verschiedenen Autoren als Synonym für Persönlichkeitsstörung allgemein verwendet wird. Wie erwähnt, wurden lange »Psychopathie« und »antisoziale Persönlichkeitsstörung« weitgehend synonym gebraucht; mittlerweile sieht man Psychopathie (gekennzeichnet durch emotionale und kognitive Defizite) als ein charakteristisches Störungsmuster an, welches zur antisozialen Persönlichkeitsstörung führen kann – aber nicht muss (Blair, 2013).

Von den *Theorien der dissozialen (antisozialen)Persönlichkeitsstörung* sind die *biologischen* am besten empirisch begründet. Sie gehen von der familiären Häufung der Störung aus, welche nicht allein über Aufwachsen in einem pathogenen Milieu erklärt werden kann; genetische Faktoren tragen mehr als 50 % zur Entstehung bei (Ferguson, 2010). Ein wichtiger biologischer Befund ist eine unzureichende Ausbildung des präfrontalen Kortex (Koenigs, 2012).

Weniger biologisch ausgerichtete Theorien basieren auf der Tatsache, dass Eltern, insbesondere die Väter der Betroffenen, ebenfalls häufig antisoziales Verhalten aufweisen; von verschiedenen Seiten wurde daher *Modellernen* zur Erklärung herangezogen. *Psychodynamische* Ansätze gehen davon aus, dass Kinder, die in diesem Milieu aufwachsen, häufig von ihren Eltern Zurückweisung erfahren und sich folglich bald aller Bindungen entledigen.

Dass die *Therapie* der dissozialen Persönlichkeitsstörung besonders schwierig ist, überrascht nicht, v. a. weil selten entsprechende Motivation besteht und die wenigen, die überhaupt nur in Behandlung kommen, dies häufig unter Druck von Schule oder Arbeitgeber tun, oft durch Gerichtsbeschluss dazu verpflichtet werden; hohe Abbruchraten sind deshalb wenig erstaunlich. Die

Effizienz der in letzter Zeit verstärkt unternommenen *kognitiv-verhaltenstherapeutischen* Versuche, eine stärker moralische und weniger eigennützige Sichtweise zu vermitteln, ist nicht geklärt. Kontrovers diskutiert wird die Zweckmäßigkeit milieu-therapeutischen Vorgehens und diverser Programme, die soziales Engagement fördern sollen, etwa von Überlebenstrainings. Auch medikamentöse Behandlung führt nur bedingt weiter; Anxiolytika wirken in hoher Dosierung zuweilen aggressionsmindernd; auch Neuroleptika und Stimmungsstabilisierer bringen vereinzelt (bescheidene) Erfolge. Allerdings gehen bei vielen die pathologischen Züge – nicht zuletzt aufgrund stabilerer psychosozialer Bedingungen – mit dem Alter zurück (Black, 2015).

Borderline-Persönlichkeitsstörung (emotional instabile Persönlichkeitsstörung vom Borderline-Typus[40])

Bei der *emotional instabilen Persönlichkeitsstörung* (F60.3) findet sich neben der »wechselnden, instabilen Stimmung« die deutliche Tendenz, »impulsiv«, ohne Berücksichtigung der Konsequenzen zu handeln. Die Fähigkeit »vorauszuplanen« ist gering; »Ausbrüche intensiven Ärgers« führen häufig zu »gewalttätigem und explosiblem« Verhalten; dieses wird leicht ausgelöst, wenn andere die impulsiven Handlungen kritisieren oder zu verhindern versuchen. Zwei Unterformen werden in ICD-10 angeführt, der *impulsive Typu*s (F60.30), der im Wesentlichen durch die beschriebenen

---

40   Anzumerken ist, dass der Begriff »Borderline-Störung« früher anders verwendet wurde, sodass man sich zunächst Eindruck von der verwendeten Terminologie verschaffen muss. »Borderline-Störung« oder »Borderline-Psychose« wurde zumeist als Grenzfall zwischen schizophrener Psychose und neurotischer Symptomatik aufgefasst; sie hätte am ehesten der Schizotypie im heutigen Sprachgebrauch entsprochen. Bei der »Borderline-Persönlichkeitsstörung« nach DSM-5 bzw. der emotional instabilen Persönlichkeitsstörung vom Borderline-Typus nach ICD-10 ist hingegen die konzeptuelle Nähe zur Schizophrenie und den verwandten Störungen verloren gegangen; hier wird v. a. die unkontrollierte Impulsivität als Merkmal hervorgehoben sowie die Neigung zu intensiven, aber unbeständigen Beziehungen (also geradezu konträr zum mangelnden Interesse an sexuellen Erfahrungen bei der schizoiden Persönlichkeitsstörung).

Verhaltensweisen charakterisiert ist und der *Borderline Typus* (F60.31). Dieser ist nicht nur durch emotionale Instabilität gekennzeichnet; zusätzlich ist oft das »eigene Selbstbild« unklar und gestört; weiter als charakteristisch angesehen wird ein »chronisches Gefühl innerer Leere«. Im Rahmen der Suche nach »intensiven, aber unbeständigen Beziehungen« kommt es zu »wiederholten emotionalen Krisen« mit »übermäßigen Anstrengungen, nicht verlassen zu werden«; dabei werden Suiziddrohungen vorgebracht oder »selbstschädigende Handlungen« vorgenommen. Die Kriterien der »Borderline Persönlichkeitsstörung« in DSM-5 sind ähnlich, dabei genauer ausgeführt; erwähnt werden zusätzlich vorübergehende paranoide Vorstellungen oder dissoziative Symptome, beispielsweise Depersonalisation.

Zu den selbstzerstörerischen Aktivitäten zählen neben Alkohol- und Drogenmissbrauch gefährliche Sexualpraktiken, riskantes Fahren und delinquentes Verhalten; Suizid ist auffallend häufig. Es wird vermutet, dass diese autoaggressiven Akte nicht zuletzt dazu dienen, die Langeweile und das Leeregefühl zu bekämpfen. Prävalenzraten werden durchschnittlich mit 1–2 % angegeben, wobei Frauen laut DSM-5 deutlich öfter betroffen sind. Auffällig ist die familiäre Häufung des Störungsbildes; unter Angehörigen kommt es fünfmal häufiger als in der Allgemeinbevölkerung vor. Erbliche Einflüsse gelten als beträchtlich; »Kandidatengene« determinieren (nicht unumstritten) den Dopamin- und den Serotoninhaushalt, speziell die Ausbildung der Serotonintransporter (Amad et al., 2014).

Nur zur *Borderline-Persönlichkeitsstörung* existieren ausgearbeitete *Genesemodelle*, die vornehmlich psychoanalytischer Provenienz sind und im knapp gesetzten Rahmen nicht adäquat dargestellt werden können; diesbezüglich sei etwa auf Rohde-Dachser (2000) sowie die Beiträge in Dulz, Herpertz, Kernberg & Sachsse (2011) verwiesen. Nur so viel sei angedeutet, dass man eine frühe Beeinträchtigung der Objektbeziehung annimmt, also speziell der zu den Eltern. Als besondere konstitutionelle Anfälligkeit für solche Beziehungsstörungen wird eine Unfähigkeit zur Affektregulation in zwischenmenschlichen Beziehungen vermutet, als exogene Faktoren v. a. frühe traumatisierende Erlebnisse, wobei die Rolle sexuellen Missbrauchs betont wird. Die Symptome der Borderline-Störung werden so als Selbstschutz vor weiteren traumatischen Erfahrungen im zwischenmenschlichen Bereich aufgefasst. Nicht-psychoanalytische Konzepte sind bei Bohus (2002) dargestellt. Biologische Theorien gehen von weitgehend genetisch determinierten Störungen in Transmittersystemen aus, speziell im serotonergen.

Von allen Persönlichkeitsstörungen wurde die Borderline-Störung am häufigsten mit *psychoanalytischer Therapie* behandelt, wobei hier die klassische Freud'sche Analyse nach allgemeiner Überzeugung wenig sinnvoll ist. Stattdessen wird gezielt am Abbau der angenommenen Ich-Schwäche gearbeitet und dazu die Abwehrhaltungen der Patienten besprochen sowie Neubewertung anderer und der eigenen Person angeregt, weiter die traumatisierenden Erlebnisse bearbeitet. Die Therapie beinhaltet auch Elemente *kognitiver* Verfahren und nimmt zuweilen einen *psychoedukativen* Charakter mit Anleitungen zur Lebensgestaltung an. Die Prognose ist – trotz nicht seltener Spontanremissionen – eher ungünstig, wobei die zahlreichen Therapieabbrüche eine wesentliche Rolle spielen; von der allgemeinen Instabilität der Beziehungen bei Borderline-Patienten ist die zum Therapeuten nicht ausgenommen. Speziell zur Behandlung von Borderline-Patienten wurde als Variante der kognitiven Verhaltenstherapie die sogenannte *dialektische Verhaltenstherapie* entwickelt und scheint – wenigstens hinsichtlich Verbesserung bestimmter Einzelsymptome – anderen psychotherapeutischen Verfahren in gewissem Maße überlegen zu sein (Leichsenring et al., 2011). Dabei werden in Einzeltherapie Problembereiche angesprochen und in Gruppensitzungen soziale Fertigkeiten trainiert sowie Möglichkeiten der Kommunikation eingeübt. Vereinzelte Effekte werden mit Psychopharmaka erzielt, speziell atypischen Neuroleptika, Antidepressiva aus der Gruppe der SSRI sowie Stimmungsstabilisierern, hauptsächlich hinsichtlich Depressivität und Aggressivität (Benkert & Hippius, 2015, S. 788 ff.).

Histrionische Persönlichkeitsstörung

Sie wird mit (F60.4) verschlüsselt und entspricht der hysterischen Persönlichkeit der älteren Literatur, welcher Begriff umgangssprachlich vorbelastet ist und zunehmend aufgegeben wird. Vom lateinischen »histrio« (Schauspieler) abgeleitet, gibt die Bezeichnung bereits wesentliche Hinweise auf das charakteristische theatralische Verhalten mit übertriebenem Gefühlsausdruck und die Sucht, im Mittelpunkt zu stehen; hinzukommen »leichte Beeinflussbarkeit durch andere Personen oder Umstände« sowie »oberflächliche und labile« Affektivität. Die Personen geben sich »unangemessen verführerisch in Erscheinung und Verhalten« und zeigen »übermäßiges Interesse an körperlicher Attraktivität« (nach ICD-10, S. 280 f.).

Die histrionische Persönlichkeitsstörung entspricht der hysterischen Persönlichkeitsstörung oder hysterischen Neurosenstruktur der älteren Literatur; daher wurde wie bei der Hysterie eine ödipale Regression angenommen, die hier jedoch weniger tiefgreifende Symptombildung zur Folge haben soll. Neuere *psychodynamische Ansätze* unterscheiden sich insofern nicht allzu sehr, als für weibliche Betroffene eine Abwendung von der Mutter und Hinwendung zum Vater angenommen wird; dies wird aber weniger auf eine regelrechte ödipale Problematik zurückgeführt, sondern v. a. die Ablehnung des Kindes durch die Mutter hervorgehoben und die theatralische Symptomatik als Versuch betrachtet, beim Vater die kompensatorische Aufmerksamkeit und Zuwendung zu erhalten. *Kognitive* Theorien gehen von einer geringen Einschätzung der eigenen Kompetenzen durch die Betroffenen aus, weshalb sie mehr in Äußerlichkeiten ihre Bestätigung suchen und dabei gleichzeitig im Sinne eines Circulus vitiosus noch weiter die Entwicklung kognitiver Fähigkeiten vernachlässigen.

Im Gegensatz zu Patienten mit anderen Persönlichkeitsstörungen kommen solche mit histrionischer Persönlichkeitsstörung häufig von selbst in Therapie, und die entsprechende Motivation ist somit höher; jedoch scheint ihre Behandlung ebenfalls nicht einfach zu sein und wird kompliziert durch unvernünftige Ansprüche, Temperamentsausbrüche und die nicht selten im Rahmen der Behandlung unternommenen Verführungsversuche. Versucht werden verschiedene Verfahren, neben *psychodynamischer* Therapie auch *kognitive* Methoden; wenigstens in Einzeldarstellungen wird von guten Erfolgen berichtet.

Narzisstische Persönlichkeitsstörung

Sie wird in ICD-10 nur knapp geschildert und müsste in der Restkategorie F60.8 (andere spezifische Persönlichkeitsstörungen, hier F60.80) kodiert werden. DSM-5 führt hingegen dieses in der klinisch-psychologischen Literatur mittlerweile ausgiebig behandelte Störungsbild genauer auf; es ist im Wesentlichen gekennzeichnet durch ein Gefühl der eigenen Wichtigkeit, Großartigkeit und Überlegenheit, gepaart mit mangelndem Einfühlungsvermögen und Überempfindlichkeit gegenüber den Einschätzungen anderer Personen. Diagnostische Kriterien stellen daher übertriebenes Selbstwertgefühl, ausschweifende Erfolgsphantasien, das Gefühl der Einzigartigkeit, überzogenes Anspruchsdenken, die Sucht nach Aufmerksamkeit und Empfindlichkeit gegenüber Kritik dar, daneben Mangel an Einfühlungsvermögen und Ausnutzen zwischenmenschlicher Beziehungen zur Erreichung eigener Ziele. Die Prävalenzrate wird bis zu 6 % angeben (oft aber deutlich niedriger), wobei Männer häufiger betroffen sind (DSM-5, S. 921). Dissoziale (antisoziale), Borderline-, histrionische und narzisstische Persönlichkeitsstörung werden zur Gruppe der von »dramatischem, emotionalem, oder launischem« Verhalten geprägten Persönlichkeitsstörungen zusammengefasst (Cluster B).

Das Konzept der narzisstischen Persönlichkeitsstörung wurde, wie aus der Namensgebung abzuleiten, im Wesentlichen von *Analytikern* entwickelt, und entsprechend wurden v. a. von dieser Seite Entstehungsmodelle erstellt. Freud (1914c) führte den primären Narzissmus (die Ichliebe, benannt nach dem in sein Spiegelbild verliebten Jüngling Narziss der griechischen Mythologie) als erstes Stadium der Objektfindung ein, wo das ganze libidinöse Interesse dem eigenen Ich gelte, bevor es sich zunehmend auf äußere Objekte wie die Eltern richte; letzterer Prozess könne aber wieder rückgängig gemacht werden (sekundärer Narzissmus), was die Grundlage narzisstischer Neurosen wie Paranoia, Schizophrenie oder Melancholie darstelle (▶ Kap. 4.2.8 und ▶ Kap. 5.8). Letztlich geht auch die moderne analytische Theorie der narzisstischen Persönlichkeitsstörungen von einem solchen Modell der Objektfindung aus, wobei allerdings der Bezug zur Freud'schen Terminologie nicht immer eindeutig ist.

Nach der Auffassung Kernbergs besteht insofern eine Nähe der narzisstischen zur Borderline-Persönlichkeitsstörung, als erstere bei prinzipiell ähnlichem Entstehungsmechanismus als weniger tiefgreifende Störung aufgefasst wird. Bei der narzisstischen Persönlichkeitsstörung werde mittels Größenphantasien eine gewisse

Immunisierung gegenüber den tatsächlichen oder angenommenen äußeren Bedrohungen erreicht, während es bei der Borderline-Störung zu weitgehendem Rückzug und Zerfall der Persönlichkeit komme. Ansonsten sollen sich die Entstehungsbedingungen (konstitutionelle Bereitschaft im Sinne von Defiziten im Interaktionsstil, traumatisierende Erfahrungen als exogene Momente) nicht wesentlich unterscheiden. *Lerntheoretisch* werden als Entstehungsfaktoren hier nicht traumatische Erfahrungen im Elternhaus angesehen, sondern geradezu im Gegenteil übermäßige Verwöhnung des Kindes und Verstärkung seiner Größenphantasien (s. Comer, 2008, S. 436).

Therapien werden im Wesentlichen von Psychoanalytikern durchgeführt und unterscheiden sich wenig von der Behandlung der Borderline-Persönlichkeit, verlaufen häufig vergleichsweise direktiv. *Kognitive* Verfahren versuchen, die Denkweisen der Patienten zu verändern, insbesondere eine realistische Einschätzung der eigenen Möglichkeiten zu erreichen, Überempfindlichkeit gegenüber Kritik abzubauen und das Einfühlungsvermögen in die Situation anderer zu verbessern. Mit keinem der Verfahren wurden offenbar bisher besondere Erfolge erzielt.

Zwanghafte, ängstliche (vermeidende) und abhängige Persönlichkeitsstörung

Eine letzte Gruppe wird überschrieben mit »angst- und furchtgeprägte Persönlichkeitsstörungen« und umfasst die selbstunsichere, die dependente und die zwanghafte Persönlichkeitsstörung nach DSM-5, denen in ICD-10 im Wesentlichen die ängstliche, abhängige und anankastische Persönlichkeitsstörung entsprechen. Sie sollen gemeinsam besprochen werden, da gewisse Ähnlichkeiten vorliegen und zu keiner davon Bemerkenswertes mitzuteilen ist.

Bei Personen mit *anankastischer* (F60.5 nach ICD-10) oder *zwanghafter Persönlichkeitsstörung* laut DSM-5 findet sich übermäßiger Zweifel und Vorsicht, übergroße Gewissenhaftigkeit, Pedanterie, Perfektionismus, weiter Eigensinn und das »unbegründete Bestehen auf der Unterordnung anderer unter eigene Gewohnheiten«, schließlich – hier zeigen sich deutliche Beziehungen zur Zwangsstörung – »Andrängen beharrlicher und unerwünschter

Gedanken oder Impulse«. Die *ängstliche (vermeidende) Persönlichkeitsstörung* (F60.6) ist gekennzeichnet durch andauernde Anspannung und Sorge, insbesondere die, in sozialen Situationen »kritisiert oder abgelehnt« zu werden. Die Betroffenen sind der Überzeugung, »selbst sozial unbeholfen, unattraktiv und minderwertig im Vergleich mit anderen zu sein« und vermeiden daher zwischenmenschliche Kontakte. Bei der *abhängigen (asthenischen) Persönlichkeitsstörung* (F60.7) fällt zum einen die Unfähigkeit auf, Entscheidungen zu treffen, ohne sich zuvor ausgiebigen Rat und Vergewisserung zu holen, weiter übertriebene Unterordnung und Nachgiebigkeit, schließlich die übergroße Angst, verlassen zu werden und auf sich selbst angewiesen zu sein (verkürzt nach ICD-10, S. 281 f.). Die Prävalenz der genannten Störungen dürfte jeweils 1 % bis 2 % betragen; bei der zwanghaften Persönlichkeitsstörung sind Männer etwa doppelt so häufig betroffen.

Die *Freud'sche Erklärung* der zwanghaften (anankastischen) Persönlichkeitsstörung wurde schon erwähnt: extreme Unterdrückung ursprünglich intensiver Analerotik durch Reaktionsbildungen der Latenzzeit. Spätere im weiteren Sinne psychodynamische Erklärungen sind weniger triebtheoretischer Natur, sondern betonen andere Faktoren wie überkontrollierende Eltern, die starres Festhalten an Normen anerziehen. *Kognitive* Theoretiker weisen auf verzerrte Einstellungen bei den Betroffenen hin, etwa die Überbewertung von unbedeutenden Fehlern mit resultierenden Bestrebungen nach Perfektion.

Erklärungsansätze der selbstunsicheren Persönlichkeitsstörung (ungefähr der ängstlich vermeidenden Persönlichkeitsstörung in ICD-10 entsprechend) gehen ziemlich übereinstimmend davon aus, dass die Grundlagen dafür in der Kindheit von den Eltern gelegt werden, etwa durch übermäßige Kritik; auch eine genetische Disposition im Sinne chronischer Ängstlichkeit mit biologischen Korrelaten wie bei den Angststörungen ist wahrscheinlich. In ähnlicher Weise betonen Modelle der dependenten (abhängigen) Persönlichkeitsstörung v. a. die Rolle früher Erfahrungen, hier im Sinne übermäßiger Behütung und Verhinderung der Selbständigkeit; kognitive Theoretiker weisen auf die Fehleinschätzungen der Betroffenen bezüglich eigener Leistungsfähigkeit hin, ohne die Entstehung dieser kognitiven Verzerrungen wiederum zu reflektieren.

Die *Therapien* der genannten Persönlichkeitsstörungen sind vergleichsweise ähnlich: bei psychodynamischem Vorgehen Aufarbeitung der angenommenen Konfliktsituationen, im Rahmen kognitiver Therapien Veränderung der verzerrten Einstellungen, etwa des Strebens nach perfektem Handeln bei Personen mit Zwangsstörung. Sowohl bei der ängstlichen wie bei der abhängigen Persönlichkeitsstörung werden zudem Selbstsicherheitstrainings durchgeführt. Medikamentös versucht man, zumeist zusätzlich zur psychotherapeutischen Behandlung, die Symptomatik mit Antidepressiva oder Anxiolytika zu bessern. Die Prognose ist insgesamt günstiger als bei den anderen Persönlichkeitsstörungen, nicht zuletzt, weil die Betroffenen aufgrund des Leidensdrucks hohe Therapiemotivation besitzen.

8.3 Störungen der Geschlechtsidentität

Unter *Störungen der Geschlechtsidentität* (F64) werden in ICD-10 (S. 294 ff.) im Wesentlichen der Transsexualismus sowie zwei weitere aufgeführt, nämlich der Transvestitismus unter Beibehaltung beider Geschlechtsrollen und die Störung der Geschlechtsidentität des Kindesalters.

Transsexualismus (F64.0) ist durch den Wunsch gekennzeichnet, als »Angehöriger des anderen anatomischen Geschlechtes zu leben und anerkannt« zu werden, meist verbunden mit dem »Gefühl des Unbehagens oder der Nichtzugehörigkeit zum eigenen Geschlecht«. Zudem besteht der Wunsch nach »hormoneller und chirurgischer Behandlung, um den eigenen Körper dem bevorzugten Geschlecht soweit wie möglich anzugleichen« (ICD-10, S. 294).[41] Um diese Diagnose zu stellen, muss die

---

41 Die Bezeichnung Transsexualismus ist unglücklich, allein schon deshalb, weil keineswegs alle Betroffenen tatsächlich eine Geschlechtsumwandlung vornehmen lassen. Sehr viel treffender und konnotativ weniger belastet ist der in DSM-5 gewählte Ausdruck Geschlechtsdysphorie (engl. gender dysphoria = GD). In der demnächst erscheinenden Revision in Form von ICD-11 ist offenbar dieser Abschnitt weitgehend umformuliert worden und soll zur Entpathologisierung solcher Verhaltensvarianten beitragen.

veränderte Geschlechtsidentität für mindestens zwei Jahre bestanden haben, darf auch nicht als Symptom einer anderen psychischen Störung (etwa Schizophrenie) auftreten[42]; ein »Zusammenhang mit intersexuellen, genetischen und geschlechtschromosomalen Anomalien muss ausgeschlossen sein[43]«. Was die sexuelle Orientierung angeht, so sind die Verhältnisse kompliziert, und es ist wahrscheinlich sinnvoll, anhand dieses Kriteriums Subtypen zu bilden: So fühlt sich – vor und auch nach der Geschlechtsumwandlung – ein nicht geringer Teil der (chromosomal definierten) Männer (speziell jene, bei denen sich die Störung der Geschlechtsidentität erst später manifestiert) zum weiblichen Geschlecht hingezogen, und bei Frauen mit Geschlechtsdysphorie dürften die Verhältnisse ähnlich sein.

Beim *Transvestitismus unter Beibehaltung beider Geschlechtsrollen* (F64.1) wird gegengeschlechtliche Bekleidung getragen, um »zeitweilig die Erfahrung der Zugehörigkeit zum anderen Geschlecht zu erleben«, wobei anders als beim Transsexualismus kein Wunsch »nach langfristiger Geschlechtsumwandlung oder chirurgischer Korrektur« besteht. Anzumerken ist, dass das Umkleiden nicht von sexueller Erregung begleitet ist, was wichtig

---

42   Unbestritten ist allerdings, dass bei Transsexuellen psychische Störungen, speziell Depressionen (mit erhöhter Suizidalität) und Angststörungen, weit häufiger sind als in der Durchschnittsbevölkerung (Dhejne, van Vlerken, Heylens & Arcelus, 2016; Zucker, Lawrence & Kreukels, 2016).

43   Bei den »echten Zwittern« sind männliche und weibliche Keimdrüsen vorhanden. Wesentlich häufiger ist jedoch der Pseudohermaphroditismus, wo neben Keimdrüsen ausschließlich eines Geschlechts körperliche Merkmale des anderen vorliegen, etwa Zwischenformen von weiblichen und männlichen äußeren Genitalien. Das wäre etwa der Fall beim adrenogenitalen Syndrom, wo aufgrund einer gestörten Cortisol-Synthese in der Nebennierenrinde die Hypophyse vermehrt ACTH ausschüttet, welches zu übermäßiger Androgenproduktion führt. Weibliche Betroffene weisen deutlich männliche Charakteristika auf, beispielsweise eine stark vergrößerte, penisähnliche Klitoris. Der Begriff Zwitter findet sich übrigens bestenfalls noch in der Umgangssprache; früher sprach man in der Wissenschaft von Intersexualität, heute von »Störungen der Geschlechtsentwicklung« (engl. Disorders of Sexual Development = DSD).

für die Unterscheidung vom später zu besprechenden fetischistischen Transvestitismus ist.

Die *Störung der Geschlechtsidentität des Kindesalters* (F64.2) zeigt sich lange vor der Pubertät, zumeist in der frühen Kindheit und ist durch ein »anhaltendes und starkes Unbehagen über das angeborene Geschlecht« charakterisiert, zusammen mit dem »starken Wunsch (oder der Beteuerung), zum anderen Geschlecht zu gehören«. Es besteht eine »beständige Beschäftigung mit der Kleidung oder den Aktivitäten des anderen Geschlechtes oder eine Ablehnung des eigenen Geschlechtes«. In den diagnostischen Leitlinien wird dieses Verhaltensmuster genauer beschrieben: Vom Vorschulalter an beschäftigen sich betroffene Jungen mit »mädchenspezifischen Spielen und Aktivitäten« und tragen »gerne Mädchen- oder Frauenkleider«; weibliche Puppen sind oft ihr Lieblingsspielzeug und »Mädchen gewöhnlich ihre liebsten Spielgefährten«. Bei einem Teil lässt dieses feminine Verhalten während in der frühen Adoleszenz nach, weitere weisen später eine homosexuelle Orientierung auf, nur sehr wenige entwickeln einen Transsexualismus. Mädchen mit dieser Störung haben »typischerweise männliche Spielkameraden« und zeigen »ein lebhaftes Interesse an Sport, rauhem Spiel und Raufereien«; an Spielen, in denen sie weibliche Rollen übernehmen sollen (z. B. Vater-Mutter-Spielen), haben sie ebenso wenig Interesse wie an Puppen. Meistens wird in der Adoleszenz das »übertriebene Verlangen nach männlichen Aktivitäten und Kleidung« aufgegeben, einige »behalten ihre männliche Identifikation« und können später eine »homosexuelle Orientierung« zeigen. Betont wird, dass diese Diagnose nicht leichtfertig gestellt werden darf: Es muss eine »tiefgreifende Störung des normalen Gefühls für Männlichkeit und Weiblichkeit« vorliegen; »bloße Knabenhaftigkeit bei Mädchen und mädchenhaftes Verhalten bei Knaben« ist nicht ausreichend.

Transsexualität findet man unter Männern deutlich öfter; unter den ersteren schätzt man die Häufigkeit auf 1:30 000, auf ungefähr 1:100 000 bei Frauen – dreifach so hohe Prävalenzraten geben allerdings Zucker et al. (2016) an; auch wird aus einigen Ländern von einer umgekehrten Geschlechterrelation berichtet. Genaue Daten zur Häufigkeit der Störung der Geschlechtsidentität des Kindesalters liegen nicht vor; sie tritt im Kindesalter eher bei Jungen auf und soll im Jugendalter etwa gleich verteilt sein (DSM-5, S. 624).

Erklärungsversuche des Transsexualismus sind bis jetzt wenig überzeugend ausgefallen. Insbesondere ist es nicht gelungen, konsistent hormonelle Auffälligkeiten bei den Betroffenen nachzuweisen; möglicherweise finden sich bei Männern mit Geschlechtsdysphorie gehäuft genetisch determinierte Veränderungen von Androgenrezeptoren (Hare et al., 2009), ein Befund, der allerdings von anderer Seite bezweifelt wird (Meyer-Bahlburg, 2013). Bei Frauen, die sich eher männlich fühlen und oft entsprechende Umwandlungen vornehmen lassen, soll der prä- und auch postnatale Androgenspiegel erhöht sein – allerdings ist hier zu fragen, ob sie noch unter die obige Definition von Transsexuellen fallen, wo ja ein Zusammenhang mit intersexuellen Anomalien ausgeschlossen sein muss. Weiter führen hier wahrscheinlich neuroradiologische Befunde, nach denen Transsexuelle (noch vor Hormonbehandlung) hinsichtlich Eigenheiten von Hirnstrukturen weniger ihrem eigenen chromosomalen Geschlecht als dem anderen ähneln (Guillamon et al., 2016); so ließ sich beispielsweise feststellen, das transsexuelle Männer insofern eher Frauen gleichen, als sie wie diese (zumindest in einigen Hirnregionen) eine dickere Hirnrinde aufweisen (Luders et al., 2012).

Freud selbst befasste sich nicht mit gestörter Geschlechtsidentität; sein Konzept der *natürlichen Bisexualität*, das gleichzeitig männliche wie weibliche Verhaltensweisen in ein und demselben Individuum annimmt und von libidinösen Interessen sowohl für Personen des eigenen als auch des anderen Geschlechts ausgeht (etwa 1905d), hätte eine theoretische Basis abgegeben. Spätere psychodynamische Theorien gehen – ohne überzeugende Belege – von bedingenden Besonderheiten in den Familien späterer Transsexueller aus (etwa Fehlen des Vaters). *Lerntheoretische* Auffassungen der kindlichen Störung der Geschlechtsidentität weisen darauf hin, dass das geschlechtsuntypische Verhalten, etwa Tragen von Mädchenkleidern durch Jungen, häufig von nahen Angehörigen gerne gesehen und verstärkt wurde.

Psychotherapeutische Versuche, die Betroffenen zur Identifikation mit dem eigenen Geschlecht zu bringen, werden selten unternommen und haben nur dann gewisse Erfolgschancen, wenn ein wirkliches diesbezügliches Bedürfnis besteht. Vielfach drängen die Betroffenen auf Geschlechtsumwandlung, deren Durchführung zunehmend geringere Hindernisse entgegengestellt werden. In Europa dürften sich jährlich mindestens 1 000 Transsexuelle, vorwiegend Männer, dieser Operation unterziehen. Der eigentlichen Geschlechtskorrektur geht eine längere Beobachtungszeit voraus, in der die Stabilität des Wunsches geprüft wird und erste Versuche eines Rollentausches unternommen werden. Danach beginnt eine Phase der Behandlung mit Sexualhormonen und Rezeptorenblockern (Östrogenen und Testosteronantagonisten bei Männern, Androgenen und Östrogenrezeptorhemmern bei Frauen), die bereits zu gewünschten – noch reversiblen – Veränderungen führt (wie Wachsen der Brüste beim Mann). Bei Männern werden dann operativ Brüste aufgebaut, die äußeren Genitalien weitgehend entfernt und eine Vagina geschaffen, sodass die Möglichkeit zur vaginalen Penetration gegeben ist. Zudem werden plastische Operationen im Gesichts- und Halsbereich durchgeführt, etwa die Verkleinerung des Adamsapfels und Korrekturen der Stimmbänder. Bei Frauen werden die inneren Genitalien entfernt und mittels Hoden- und Penisprothesen Äquivalente männlicher äußerer Geschlechtsteile geschaffen (s. Nieder et al., 2014). Bei Kindern und Jugendlichen mit Geschlechtsdysphorie ist man leitliniengemäß dazu übergegangen, hormonell den Eintritt der Pubertätsveränderungen zu verhindern, ein durchaus kontrovers diskutiertes Verfahren (s. dazu Vrouenrats et al., 2015; Costa et al., 2016).

8.4 Störungen der Sexualpräferenz (Paraphilien[44])

Unter der Rubrik *Störungen der Sexualpräferenz* (F65) werden in ICD-10 sechs wichtige Formen aufgeführt; hinzu kommt eine

---

44 Der Terminus Paraphilien, von griechisch: para = neben und philein = lieben, also Abweichungen hinsichtlich Art und Objekt sexueller Praxis, wird vielfach der umständlichen Bezeichnung »Störungen der Sexualpräferenz« vorgezogen. DSM-5 unterscheidet konsequent zwischen Paraphilien als Abweichung der Sexualpräferenz und paraphilen Störungen, wo diese Neigungen auch tatsächlich praktiziert werden.

Kategorie *multiple Störungen der Sexualpräferenz* (F65.6), worunter Kombinationen dieser Störungen ohne besonderes Heraustreten einer einzelnen zu subsumieren sind, weiter eine Restklasse *sonstige Störungen der Sexualpräferenz* (F65.8), in die seltenere Varianten wie Nekrophilie oder Sodomie (sexuelle Handlungen an Toten bzw. an Tieren) und Frotteurismus (Erregung durch Reibung der Genitalien an Personen in Menschenansammlungen) einzureihen wären. *Fetischismus* (F65.0) definiert sich als »Gebrauch von unbelebten Objekten als Stimuli für die sexuelle Erregung und zur sexuellen Befriedigung«. Viele Fetische sollen »einen Ersatz für den menschlichen Körper« darstellen, so »Kleidungsstücke oder Schuhwerk«; weitere Beispiele sind »Gegenstände aus Gummi, Plastik oder Leder«. Beim *fetischistischen Transvestitismus* (F65.1) wird Kleidung des anderen Geschlechts »hauptsächlich zur Erreichung sexueller Erregung« getragen; im Gegensatz zum transsexuellen Transvestitismus hat dies deutlich erregende Funktion, sie wird nach eingetretenem Orgasmus und Nachlassen der Erregung wieder abgelegt. Beim *Exhibitionismus* (F65.2) besteht »die wiederholte oder ständige Neigung, das Genitale vor meist gegengeschlechtlichen Fremden in der Öffentlichkeit zu entblößen, ohne zu einem näheren Kontakt aufzufordern oder diesen zu wünschen«; meist wird das Zeigen von »sexueller Erregung« begleitet, und kommt es zur Masturbation. Die meisten Exhibitionisten empfinden »ihren inneren Drang als schwer kontrollierbar und persönlichkeitsfremd«; ist »das Opfer erschrocken, ängstlich oder beeindruckt«, erhöht dies oft die Erregung. Beim *Voyeurismus* (F65.3) findet sich der »Drang, anderen Menschen bei sexuellen Aktivitäten« oder bei intimen Tätigkeiten« (wie Entkleiden) zuzusehen. Dies »passiert in der Regel heimlich und führt zu sexueller Erregung und Masturbation«. Unter *Pädophilie* (F65.4) versteht man »sexuelle Präferenz für Kinder, die sich zumeist in der Vorpubertät oder im frühen Stadium der Pubertät befinden, aber auch jünger sein können«. Manche Pädophile, wird ergänzt, haben nur an Mädchen, andere nur an Knaben Interesse, wieder andere sind sowohl an Mädchen als auch an Knaben interessiert. Beim *Sadomasochismus* (F65.5) werden »sexuelle Aktivitäten mit Zufügung von Schmerzen, Erniedrigung oder Fesseln« bevorzugt. Wenn die betreffende Person »diese Art der Stimulation gerne« erleidet, handelt es sich um *Masochismus*, fügt sie sie jemand anderem zu, um *Sadismus*; oft empfindet die betreffende Person »sowohl bei masochistischen als auch sadistischen Aktivitäten sexuelle Erregung« (nach ICD-10, S. 298 ff.).

Für Stellung dieser Diagnosen muss ein wiederholtes Auftreten der abweichenden sexuellen Handlungen oder eine gewisse Intensität gegeben sein: Einmaliger entsprechender Kontakt würde beispielsweise nicht zur Diagnose Pädophilie führen, insbesondere dann nicht, wenn der »Handelnde selbst noch ein Jugendlicher« ist; Fetischismus bzw. Sadomasochismus sollen nur diagnostiziert werden, wenn der Fetisch oder die sadomasochistischen Betätigungen die »wichtigste Quelle sexueller Erregung« darstellen oder »für die sexuelle Befriedigung unerlässlich« sind. Eine ähnliche Auffassung hatte vor mehr als einem Jahrhundert Freud (1905d; S. 60 f.) vertreten: »In der Mehrzahl der Fälle können wir den Charakter des Krankhaften bei der Perversion nicht im Inhalt des neuen Sexualzieles, sondern in dessen Verhältnis zum normalen finden«, schreibt er in den »Drei Abhandlungen zur Sexualtheorie« und erläutert: »Wenn die Perversion nicht *neben* dem Normalen (Sexualziel und Sexualobjekt) auftritt [...], sondern wenn sie das Normale unter allen Umständen verdrängt und ersetzt hat; in der *Ausschließlichkeit* und in der *Fixierung* also der Perversion sehen wir zu allermeist die Berechtigung, sie als ein krankhaftes Symptom zu beurteilen.«

Homosexualität wird in ICD-10 nicht als psychische Störung aufgeführt; Gleiches gilt für die neueren Ausgaben des DSM.

Über die Häufigkeit von Störungen der sexuellen Präferenz lassen sich keine sicheren Angaben machen. Übereinstimmung besteht darin, dass Paraphilien wie Exhibitionismus, Voyeurismus, Fetischismus fast ausschließlich bei Männern vorkommen, zumeist heterosexuellen, Pädophilie sowohl bei hetero- wie homosexuellen Männern, selten bei Frauen. Lediglich unter Masochisten gibt es einen gewissen Anteil von weiblichen Betroffenen, der jedoch ebenfalls weit unter dem der Männer bleibt.

Überzeugende *biologische Erklärungsansätze* zu den Paraphilien existieren nicht; insbesondere ist es nicht gelungen, an betroffenen Personen zentralnervöse Besonderheiten nachzuweisen (s. dazu die einzelnen Kapitel in Balon, 2016). Die wesentlichen diskutierten Entstehungsmodelle sind daher *psychologischer* Art. Das erste und am genauesten ausgearbeitete, zudem nach wie vor

auch das eigenständigste, wurde von Freud in den »Drei Abhandlungen zur Sexualtheorie« (1905d) sowie in der Fallgeschichte
Dora (»Bruchstück einer Hysterie-Analyse«; 1905e) entwickelt
und später, etwa in den *Vorlesungen zur Einführung in die
Psychoanalyse* (1916–17a), präzisiert. Danach sind »Perversionen«
– ein Begriff, den Freud ohne moralische Wertung verwendet –
dadurch gekennzeichnet, dass Partialtriebe sich verselbständigt
haben, deren Befriedigung bei Erwachsenen im Normalfall nur der
weiteren Vorbereitung des Geschlechtsaktes dient. Da diese
Partialtriebe in der üblichen kindlichen Entwicklung deutlich
zutage treten, später aber sich dem »Primat der Genitalien«
unterordnen, ergeben sich Perversionen als *Entwicklungshem-
mungen.* So heißt es prägnant: Der psychoanalytischen Auffassung
erklärten sich auch die »absonderlichsten und abstoßendsten
Perversionen als Äußerungen von sexuellen Partialtrieben, die sich
dem Genitalprimat entzogen haben und wie in den Urzeiten der
Libidoentwicklung selbständig dem Lusterwerb« nachgingen
(Freud, 1925d, S. 63). Bedingungen für solche *Fixierungen* sind
einerseits konstitutionelle Gegebenheiten, beispielsweise besondere Ausprägung erogener Zonen, andererseits Erlebnisse der Kin-
derjahre (wobei Freud nach wie vor dem Missbrauch durch
Erwachsene ätiologische Bedeutung zuweist); hinzu kommt in
oder nach der Pubertät eine Frustration in der normalen Sexual-
entwicklung, welche die Regression, die manifeste Rückkehr zu
den nie vollständig aufgegebenen (fixierten) Sexualtrieben begünstigt. Anders als bei Neurosen, wo die regressiven Wünsche
verdrängt werden, kommen diese bei der Perversion in bewussten
Phantasien oder Handlungen zum Ausdruck.

Lerntheoretische Erklärungen insbesondere von Fetischismus
und Sadomasochismus, gehen von einem mehr oder weniger
zufälligen Zusammentreffen entsprechender Stimuli (Objekte,
Schmerzreize) mit sexueller Erregung aus, nehmen also für die
Entstehung eine klassische Konditionierung an. Ob sich solches
verlässlich in der Lerngeschichte nachweisen lässt, ist fraglich;
auch wäre zu klären, warum die gelernte sexuelle Reaktion die
unkonditionierte so sehr an Intensität übertrifft, dass der neutrale
Stimulus schließlich dem unkonditionierten vorgezogen wird.
Auch Modelllernen, bezüglich Sadismus etwa durch die einschlä-
gige pornographische Literatur, wird diskutiert.

Somatische Therapien bei gestörter Sexualpräferenz zielen in der Regel nicht darauf ab, spezifisch die sexuelle Praktik zu ändern oder eine Abkehr von den bevorzugten Sexualobjekten zu weniger problematischen zu bewirken, sondern versuchen generell eine Dämpfung des Sexualtriebes, insbesondere im Fall von Delinquenz oder starkem subjektiven Leiden. Hier werden bevorzugt Antiandrogene eingesetzt, etwa Cyproteron (Androcur®), welches die Testosteronwirkung herabsetzt (»chemische Kastration«), mittlerweile zunehmend GnRH-Analoga (weitgehend synonym: LHRH-Analoge, z. B. Triptorelin). Dass Stoffe zum Einsatz kommen, die in der Wirkung jenem Hypothalamushormon gleichen, welches die Hypophyse zur Ausschüttung der die Keimdrüsen stimulierenden Gonadotropine veranlasst, ist zunächst schwer einzusehen. Allerdings werden durch Dauergabe die GnRH-Rezeptoren in der Hypophyse so stark herabreguliert, dass letztlich eine verminderte Testosteronausschüttung resultiert. Bei Heranwachsenden ist man mit der Gabe dieser Substanzen besonders zurückhaltend (Thibaut et al., 2016); mit den libidodämpfenden (und möglicherweise die Impulskontrolle verbessernden) SSRI stehen weniger stark in den Hormonhaushalt eingreifende Medikamente zur Verfügung. Zunehmend seltener werden psychochirurgische Eingriffe vorgenommen, speziell Zerstörung von Hypothalamusregionen, denen man stimulierende Wirkung auf das männliche Sexualverhalten zuschreibt.

Die *psychoanalytische Therapie* von Störungen der Sexualpräferenz dürfte wenig praktiziert werden und wenn, so sind die Ergebnisse nicht ausreichend dokumentiert; zudem liegen Paraphilien nach dem Freud'schen Genesemodell bewusste Wünsche zugrunde, sodass Verfahren zur Aufhebung der Verdrängung wenig Sinn machen würden. Die psychologische Behandlung sexueller Abweichungen geschieht mittlerweile im Allg. mittels kognitiv-*verhaltenstherapeutischer Methoden*, häufig kombiniert mit einsichtsorientierten Verfahren oder Familientherapie. Sie gelten beispielsweise bei pädophiler Störung als Methode der Wahl, die lediglich in besonders schweren Fällen durch medikamentöse Behandlung unterstützt werden soll (Fromberger et al., 2013). Die früher nicht selten praktizierte *Aversionstherapie* ist mittlerweile wohl völlig obsolet geworden.

9 Intelligenzminderung, Entwicklungsstörungen und psychische Störungen mit Beginn in Kindheit und Jugend

9.1 Vorbemerkungen

In den letzten drei Abschnitten von Kapitel V in ICD-10 sind Störungen aufgelistet, die entweder bereits in der Kindheit einsetzen oder sich vornehmlich auf das Kindes-und Jugendalter beschränken. Es handelt sich dabei zum einen um die verschiedenen Schweregrade von Intelligenzminderung (F7), zum anderen um die im Abschnitt Entwicklungsstörungen (F8) angeführten psychischen Störungen, die sich im Gegensatz zur Intelligenzminderung auf einzelne »umschriebene« Leistungsbereiche beschränken; dazu gehören Störungen in der Entwicklung des Sprechens (Artikulationsstörungen) und der Sprache (Ausdrucks- und Verständnisschwierigkeiten), Lese-, Rechtschreib- und Rechenstörungen sowie Entwicklungsstörungen der motorischen Funktionen. In diesen Abschnitt wurde auch der frühkindliche Autismus aufgenommen, der u. a. zusammen mit dem Asperger-Syndrom unter »tiefgreifende Entwicklungsstörungen« (F84) subsumiert wird, eine wenig klar konzipierte Subgruppe, deren Zuordnung zu den genannten »umschriebenen« Entwicklungsstörungen nicht sofort einsichtig ist. Abschnitt F9 schließlich ist überschrieben »Verhaltens- und emotionale Störungen mit Beginn in der Kindheit und Jugend« und umfasst Störungen, die sich weniger auf Leistung und Intelligenz als auf Verhalten und Empfinden beziehen. Dazu gehören u. a. die hyperkinetischen Störungen, Störungen des Sozialverhaltens und emotionale Störungen im Kindesalter (Phobien, soziale Ängstlichkeit), Tics und einige weitere wie Enuresis (Einnässen), Enkopresis (Einkoten) oder Stottern. Die Gründe für die Zusammenfassung dieser recht heterogenen Symptombilder sind in ICD-10 nicht befriedigend dargelegt. Von den zahlreichen angeführten Störungen werden im Folgenden (für einen Überblick ▶ Tab. 9.1) nur jene herausgegriffen, die eine gewisse zahlenmäßige Bedeutsamkeit haben und zu denen verwertbare Forschungsergebnisse vorliegen.

Tab. 9.1: Überblick über die Abschnitte F7, F8 und F9 in ICD-10 (nach Köhler, 2005)

Code-Nr.	Bezeichnung u. Kurzcharakterisierung	Unterformen
F7	**Intelligenzminderung:** • Unvollständigkeit der generellen geistigen Entwicklung	• F70: leichte Intelligenzminderung • F71: mittelgradige Intelligenzminderung • F72: schwere Intelligenzminderung • F73: schwerste Intelligenzminderung
F8	**Entwicklungsstörungen:** • Beginn in Kindheit • Einschränkung oder Verzögerung der Entwicklung spezieller Funktionen • stetiger Verlauf (keine Remissionen und Rezidive)	• F80: umschriebene Entwicklungsstörungen d. Sprechens u. d. Sprache (z. B. Artikulationsstörung) • F81: umschriebene Entwicklungsstörungen schulischer Fertigkeiten (z. B. Lese- u. Schreibstörung) • F82: umschriebene Entwicklungsstörung der motorischen Funktionen (Störungen d. Grob- oder Feinmotorik) • F83: kombinierte umschriebene Entwicklungsstörungen • F84: tiefgreifende Entwicklungsstörungen (z. B. frühkindlicher Autismus = Kanner-Syndrom; Asperger-Syndrom)
F9	**Verhaltens- und emotionale Störungen mit Beginn in der Kindheit und Jugend:** • diverse Störungen des Verhaltens (ohne notwendige Einschränkung kognitiver Funktionen)	• F90: hyperkinetische Störungen (z. B. ADHS) • F91: Störungen des Sozialverhaltens • F92: kombinierte Störungen des Sozialverhaltens u. der Emotionen (z. B. Störung des Sozialverhaltens mit depressiver Störung) • F93: emotionale Störungen der Kindesalters (z. B. isolierte kindliche Phobien) • F94: Störungen sozialer Funktionen mit Beginn in Kindheit und Jugend (z. B. elektiver Mutismus = situationsgebundenes Nichtsprechen) • F95: Ticstörungen (z. B. motorische Tics, etwa Blinzeln) • F98: sonstige Verhaltens- oder emotionale Störungen mit Beginn in Kindheit u. Jugend (z. B. Enuresis = Einnässen)

246 9 Intelligenzminderung, Entwicklungsstörungen

9.2   Intelligenzminderung

Intelligenzminderung (F7) wird eingeführt als eine »sich in der Entwicklung manifestierende, stehen gebliebene oder unvollständige Entwicklung der geistigen Fähigkeiten, mit besonderer Beeinträchtigung von Fertigkeiten, die zum Intelligenzniveau beitragen, wie z. B. Kognition, Sprache, motorische und soziale Fähigkeiten«. Es findet sich eine Beeinträchtigung des Anpassungsverhaltens, welches aber bei leichter Intelligenzminderung »in geschützter Umgebung mit Unterstützungsmöglichkeiten« nicht notwendig auffällt.

Die Diagnose einer Intelligenzminderung soll aufgrund des klinischen Eindrucks, des Anpassungsverhaltens (gemessen am »kulturellen Hintergrund des Individuums«) und der psychometrischen Leistungsfähigkeit gestellt werden, wobei die Problematik einer einheitlichen Intelligenzdefinition und einer validen Messung, insbesondere bei zusätzlichen Behinderungen, genau reflektiert wird; insofern wird auch geraten, die zur Abgrenzung der Schweregrade angegebenen IQ-Werte nicht zu starr anzuwenden. Auf Anwendung standardisierter Verfahren basiert gleichwohl wesentlich die Diagnose; letztere müsse ohne diese »vorläufig« bleiben (nach ICD-10, S. 308 ff.).

Bei der *leichten Intelligenzminderung* (F70) wird Sprache zwar verzögert erworben, jedoch in solchem Umfang, dass sie für tägliche Anforderungen und normale Konversation ausreicht; auch sind die Betroffenen meist in der Lage, sich selbst zu versorgen (etwa ohne Hilfe zu essen, sich anzuziehen) und können häusliche und praktische Tätigkeiten durchführen. Im schulischen Bereich ergeben sich Schwierigkeiten, besonders hinsichtlich Lesen und Schreiben, die meisten können später jedoch für einfache, praktische Arbeiten angelernt werden. In standardisierten Intelligenztests werden Scores für den Intelligenzquotienten (IQ-Werte) im Bereich zwischen 50 bis 69 als Hinweis für leichte Intelligenzminderung angesehen. Früher und zuweilen noch heute benutzte Bezeichnungen sind Debilität oder leichte Oligophrenie[45]. *Mittelgradige Intelligenzminderung* (F71) ist durch IQ-Werte zwischen 35 und 49 gekennzeichnet; Sprachverständnis und Sprachgebrauch werden verzögert und nur in begrenztem Maße erworben; bei vielen ist Selbstversorgung nicht möglich, einige Betroffene »benötigen lebenslange Beaufsichtigung«. Einfache praktische Tätigkeiten unter Aufsicht können im Erwachsenenalter meist verrichtet werden; Fähigkeit zu Kontakten und einfachen sozialen Aktivitäten besteht. Bei einem gewissen Anteil finden sich Epilepsie sowie »neurologische und körperliche Behinderungen«, nicht selten werden frühkindlicher Autismus oder andere tiefgreifende Entwicklungsstörungen beobachtet. Bei der schweren Intelligenzminderung (F72) liegt der Intelligenzquotient im Bereich von 20 bis 34, das Leistungsniveau entsprechend niedriger als bei mittelgradiger Intelligenzminderung; motorische Schwächen und andere Ausfälle sind häufiger und schwerer. Bei Personen mit *schwerster Intelligenzminderung* (F73) wird ein Intelligenzquotient von weniger als 20 angenommen, was eher auf Schätzungen beruht, da die Betroffenen »so gut wie unfähig sind, Aufforderungen oder Anweisungen zu verstehen oder sich danach zu richten«. Die meisten sind »immobil oder sehr in ihrer Bewegungsfähigkeit eingeschränkt, inkontinent und zumeist nur zu sehr rudimentären Formen nonverbaler Kommunikation fähig«; sie benötigen »ständige Hilfe und Überwachung«. Schwere körperliche Defizite mit Beeinträchtigungen der Motorik und von Seh- und Sinnesfunktionen sind häufig.

Die Häufigkeit von Intelligenzminderung, also der Anteil von Personen mit einem IQ von weniger als 70 beträgt – mehr oder weniger definitionsgemäß, da man die Grenze in mehr als zwei Standardabweichungen unterhalb von 100 angesetzt – circa 2,5 %. Der Großteil davon (etwa 85 %) ist nur leicht behindert, weist also

---

45 Oligophrenie (von griechisch: oligos = wenig und phren = Verstand) ist die zuweilen in psychiatrischen Lehrbüchern zu findende Bezeichnung, daneben der Terminus Schwachsinn; für leichte Formen war zudem die Bezeichnung Debilität, für mittlere Imbezillität, für schwerste Formen Idiotie in Gebrauch. Zunehmend setzen sich die Bezeichnungen Intelligenzminderung, intellektuelle Beeinträchtigung oder geistige Behinderung durch.

Intelligenzquotienten von 50 oder mehr auf; Angehörige der unteren Einkommensschichten sind deutlich überrepräsentiert, familiäre Häufung sehr ausgeprägt. Adoptionsstudien zeigen, dass die Intelligenz der leiblichen Eltern zweifellos Einfluss auf das intellektuelle Niveau Heranwachsender hat, andererseits gibt es deutliche Belege für die Bedeutsamkeit einer anregenden Umwelt. Die selteneren mäßigen und schweren geistigen Behinderungen sind hingegen weitgehend gleich über die Schichten verteilt, Knaben etwa doppelt so häufig wie Mädchen betroffen.

Bei etwa 25 % der Fälle findet man bekannte *organische Ursachen*, wobei dieser Anteil bei den mittleren und schweren Formen deutlich höher liegt. Dazu gehören Erbkrankheiten, Chromosomenstörungen, weiterhin intrauterine oder im Vorlauf des Geburtsvorganges eingetretene Schädigungen, nach der Geburt v. a. Infektionskrankheiten und nicht zuletzt Unfälle.

Der Unterschied zwischen Erbkrankheiten und Chromosomenstörungen (Chromosomenaberrationen) liegt darin, dass im ersten Fall bereits das Erbgut eines oder beider Elternteile pathologisch verändert ist, im zweiten bei der Bildung der Keimzellen Chromosomen überzählig entstehen, verloren gehen oder partiell zerstört werden. Zu den Chromosomenstörungen, die Intelligenzminderung zugrunde liegen können, gehören neben dem Down-Syndrom u. a. – nicht unumstritten – Klinefelter-und Turner-Syndrom mit überzähligen oder fehlenden Geschlechtschromosomen oder das Cri-du-chat-Syndrom, wo ein Stück von Chromosom 5 fehlt. Eine weitere Aberration ist fragiles X, bei dem ein X-Chromosom leicht auseinanderbricht, eine häufige Ursache von Intelligenzminderung.

Die diesbezüglich bekannteste Erbkrankheit ist die (letztlich seltene) *Phenylketonurie*, eine rezessiv vererbte Stoffwechselstörung, bei der durch Fehlen eines Enzyms die Aminosäure Phenylalanin nicht in Tyrosin verwandelt werden kann. Die erhöhte Konzentration von Phenylalaninabbauprodukten beeinträchtigt die Myelinscheidenbildung und führt damit zu irreparablen Schäden im Zentralnervensystem; die Abbauprodukte verleihen dem Urin einen charakteristischen Geruch. Mittels eines routinemäßig durchgeführten Tests lässt sich die Krankheit sehr früh feststellen und durch konsequente phenylalaninarme Ernährung Schaden weitgehend verhindern. Häufigste chromosomale Ursache von Intelligenzminderung ist das dreifache Vorhandensein des 21. Chromosoms (Trisomie 21); bei diesem *Down-Syndrom* (»Mongolismus«), finden sich neben meist leichter bis mittlerer Intelligenzminderung typische körperliche Erscheinungen wie Kleinwuchs, Mongolenfalte (Epikanthus), eine kurze und breite Hand mit charakteristischen Furchen, große Zunge; die Lebenserwartung ist reduziert (auch aufgrund von Organmissbildungen), jedoch im Laufe der letzten Jahrzehnte gestiegen. Die Wahrscheinlichkeit für Trisomie 21 steigt deutlich mit dem Alter der Mutter.

Zu *intrauterinen Schädigungen* mit der Folge von geistiger Behinderung führen Infektionen (z. B. Rötelnembryopathie) und Alkoholmissbrauch der Schwangeren (fetales Alkoholsyndrom oder Alkoholembryopathie ▶ Kap. 3.2.5), zudem serologische Unverträglichkeiten im AB0- oder im Rhesussystem. Hinzu kommen *Schädigungen durch Geburtskomplikationen*. Spätere exogene Faktoren für Intelligenzminderung sind frühkindliche Infektionen, speziell Formen von Hirnhautentzündung (Meningitis), nicht selten Unfälle oder Misshandlung. Die solcherart nicht erklärbaren Formen von Intelligenzminderung werden *genuin* genannt und betreffen vorzugsweise leichtere Schweregrade; man nimmt einen multifaktoriellen Erbgang an, betont zudem die schädigende Wirkung wenig anregender Umwelt oder belastender Milieubedingungen.

Dass intellektuelle Einschränkungen im Rahmen der Phenylketonurie durch diätetische Maßnahmen weitgehend zu verhindern sind, wurde bereits erwähnt. Untersuchungen von Schwangeren testen nicht nur serologische Unverträglichkeiten, sondern richten das Augenmerk auch auf eventuelle Infektionen. In diesem Rahmen sei auf die Rötelnimpfung von Frauen mit Kinderwunsch und fehlenden Antikörpern hingewiesen. Weiter besteht sinnvolle Prävention in öffentlicher Aufklärung über die Folgen von Alkoholkonsum in der Schwangerschaft sowie anderer psychotroper Substanzen wie Cannabis und Kokain. Durch Fruchtwasseruntersuchung können neben erblichen Stoffwechselstörungen Chromosomenaberrationen bereits im frühen Fetalstadium erkannt werden.

Die medikamentöse Behandlung geistiger Behinderung ist wenig chancenreich, oft jedoch wirksam für die begleitenden Verhaltensstörungen (beispielsweise die häufige Aggressivität). Für

Möglichkeiten und Erfolgsaussichten von Förderungsmaßnahmen muss auf Lehrbücher der Pädagogik verwiesen werden.

9.3   Frühkindlicher Autismus

In Abschnitt 8 von ICD-10 findet sich die Rubrik »tiefgreifende Entwicklungsstörungen«, welche einerseits durch Beeinträchtigung von sozialer Interaktion und Kommunikation charakterisiert sind, andererseits durch ein »eingeschränktes, stereotypes, sich wiederholendes Repertoire von Interessen und Aktivitäten« auffallen. Meist besteht eine »gewisse allgemeine kognitive Beeinträchtigung«, die Störungen sind »jedoch durch das Verhalten definiert, das nicht dem Intelligenzalter des Individuums« entspricht; in den meisten Fällen bestehe »von frühester Kindheit« an eine »auffällige Entwicklung«, die Störungen seien fast ausnahmslos »seit den ersten 5 Lebensjahren« manifest.

Zunächst wird der *frühkindliche Autismus* (F84.0) genannt, eine sich vor dem dritten Lebensjahr manifestierende »abnorme oder beeinträchtigte Entwicklung«. Sie ist durch eine »gestörte Funktionsfähigkeit« in drei Bereichen charakterisiert, nämlich der »sozialen Interaktion, der Kommunikation und in eingeschränktem repetitiven Verhalten«. Die Beeinträchtigungen der sozialen Interaktionen zeigen sich »in Form einer unangemessenen Einschätzung sozialer und emotionaler Signale wie z. B. im Fehlen von Reaktionen auf Emotionen anderer Menschen«; als Zeichen gestörter Kommunikation werden u. a. angeführt: »Fehlen eines sozialen Gebrauchs vorhandener sprachlicher Fähigkeiten«, »Fehlen von Gegenseitigkeit im Gesprächsaustausch«, »geringe Flexibilität im Sprachausdruck und ein relativer Mangel an Kreativität und Fantasie im Denkprozess«, zudem mangelnde »emotionale Resonanz auf verbale und nonverbale Annäherungen anderer Menschen«, beeinträchtigter Gebrauch von Sprachmelodie und begleitender Gestik als Hilfsmittel der Kommunikation. Weiter genannt werden »eingeschränkte, sich wiederholende und stereotype Verhaltensmuster, Interessen und Aktivitäten«, was sich in der Tendenz zeige, »große Teile alltäglicher Aufgaben starr und routiniert« auszuführen; die Kinder bestünden nicht selten darauf, »bestimmte Handlungsroutinen in bedeutungslosen Ritualen«

auszuführen, »stereotype Beschäftigungen mit Daten, Fahrtrouten oder Fahrplänen« könnten vorkommen, motorische Stereotypien seien häufig; betont wird zudem der »Widerstand gegenüber Veränderungen« von Handlungsabläufen und Merkmalen der Umgebung (etwa der Wohnungseinrichtung). Es werden weitere, weniger spezifische Charakteristika aufgeführt, so die Neigung zu Selbstverletzung; Autismus könne bei jedem Intelligenzniveau vorkommen, in etwa drei Viertel der Fälle bestehe jedoch »deutliche Intelligenzminderung« (nach ICD-10, S. 343 ff.).

Versucht man, die trockene Beschreibung zu illustrieren, so fällt bei Begegnung mit autistischen Kindern zunächst die mangelnde Emotionalität und Kontaktfreudigkeit auf, das Ignorieren der anderen (Hindurchsehen), die mangelnde Reaktion auf Ansprechen, das Vermeiden von körperlicher Berührung durch Verrenkungen des Körpers; häufig zeigen die Kinder stattdessen große Affinität zu leblosen Objekten, etwa Maschinen; sprachliche Äußerungen, sofern überhaupt vorgebracht, dienen nicht der Mitteilung. Im Verhalten fallen stereotype, endlos wiederholte Bewegungen auf; berichtet wird übereinstimmend von dem Beharren auf Bestehendem, etwa gleichen Grußformeln, gleichen Wegen, gleicher räumlicher Anordnung der Möbel; kleinste Veränderungen werden mit Zeichen von Wut oder Verzweiflung beantwortet. Insofern sind die Kinder durchaus nicht apathisch reaktionslos, wie bei Intelligenzminderung häufig; auch wird betont, dass sie vielfach keineswegs den Eindruck geistig Behinderter machten, oft sogar auffällig hübsch seien; insbesondere ist die motorische Entwicklung häufig unauffällig. Gleichwohl zeigen viele diverse Beeinträchtigungen: Etwa ein Viertel leidet an Epilepsie; Erkrankungen des Immunsystems sowie Störungen im Magen-Darm-Trakt sind häufig.

Im Gegensatz zu früheren Ansichten besteht bei autistischen Kindern sehr häufig eine Intelligenzminderung, die sich vorwiegend in Aufgaben bemerkbar macht, welche sprachliche Fähigkeiten erfordern, weniger in solchen, bei denen visuell-räumliches Denken gefordert ist. Die oft zitierten Fälle spezieller Hochbegabung, etwa in puncto Rechenfähigkeiten (»idiots savants«), sind – zumindest beim Kanner-Syndrom – letztlich Seltenheiten; üblich ist unterdurchschnittliches Abschneiden in allen Teilen von Intelligenztests.

Typischerweise beginnt die Störung sehr früh, äußert sich schon in den ersten Lebensmonaten durch fehlenden emotionalen Kontakt. Die Prognose ist im Allg. schlecht: Etwa die Hälfte lernt überhaupt nicht zu sprechen; nur 5–20 % können später ein leidlich angepasstes Leben führen, der Großteil ist auf Hilfe angewiesen oder dauerhaft in Institutionen untergebracht.

Die Prävalenz der Autismus-Spektrum-Störung (s. u.) ist deutlich höher als frühere, was wahrscheinlich an der Aufweichung der diagnostischen Kriterien liegt; sie wird in DSM-5 mit etwa 1 % angegeben, wobei rund 80 % davon Knaben sind. Entgegen zuweilen vorgebrachten Behauptungen sind Kinder aus den oberen Einkommensklassen nicht häufiger betroffen, vielmehr dürften keine Schichtunterschiede bestehen. Familiäre Häufung ist definitiv gegeben; der Einfluss genetischer Faktoren wird auf zwischen 40 % und 80 % geschätzt.

Die nosologische Einordnung des 1943 von Leo Kanner zuerst beschriebenen Syndroms[46] (daher auch die Bezeichnungen *Kanner'sches Autismus-Syndrom* oder *Kanner-Syndrom)* ist unklar. Zunächst wurde es als eine kindliche Form der Schizophrenie aufgefasst, wovon man abgekommen ist. In DSM-5 wird es unter Autismus-Spektrum-Störung (in der größeren Rubrik »Störungen der neuronalen und mentalen Entwicklung«) eingeordnet; in ICD-10 ist es als »Entwicklungsstörung« unter F8 zu codieren. Die Ätiologie ist weitgehend ungeklärt; man geht davon aus, dass es sich um eine Viezahl von Störungsbildern mit sehr unterschiedlichen biologischen Korrelaten und Ursachen handelt (Park et al., 2016; Masi et al., 2017). Die häufige Vergesellschaftung mit neurologischen Symptomen wie Epilepsie und bestimmte neuroradiologische Befunde legen zumindest für einen Teil der Fälle die Annahme einer hirnorganischen Störung nahe, deren Ursache wiederum zu klären

---

46 In DSM-5 spricht man von der Autismus-Spektrum-Störung; die Begriffe Kanner'sches Autismus-Syndrom und Asperger-Syndrom tauchen dort nicht mehr auf. Das Asperger-Syndrom mit der Codenummer F84.5 wird in ICD-10 (S. 351) ähnlich wie der (frühkindliche) Autismus beschrieben, unterscheide sich aber von ihm »durch das Fehlen einer allgemeinen Entwicklungsverzögerung bzw. keines Entwicklungsrückstandes der Sprache oder der kognitiven Entwicklung.«

bleibt; die Rolle genetischer Faktoren ist unbestritten (etwa eines rezessiv vererbten »fragilen X-Chromosoms«); zudem werden intrauterine Schädigungen diskutiert (etwa Rötelnembryopathie). Bei etwa einem Viertel der Betroffenen liegt ein erhöhter Serotoninspiegel im Blut vor, dessen pathogenetische Bedeutung jedoch weitgehend unklar ist (Muller et al., 2016). Auch Störungen der Hormone Melatonin und Oxytocin werden diskutiert (Rossignol & Frye, 2014; Peñagarikano, 2017).

Biologische Erklärungsansätze haben in den letzten Jahren die lange favorisierten und in Laienkreisen verbreiteten *psychologischen* Entstehungsmodelle zurückgedrängt; ausgehend von den ersten Beschreibungen, die Kanner von den Eltern autistischer Kinder gegeben hatte, nämlich als kalt, überintellektuell und abweisend, wurde diesen (beziehungsweise etwas verbrämter: deren Interaktion mit den Kindern) die Schuld an der Entstehung der Störung angelastet: Die Kinder zögen sich aufgrund dieser Abweisung in ihre eigene Welt zurück, eine Ansicht, die etwa Bruno Bettelheim publikumswirksam zu vertreten wusste. Systematischere Untersuchungen der Eltern autistischer Kinder im Vergleich zu Eltern von Kindern mit anderen Behinderungen konnten Kanners Eindruck nicht bestätigen; auch spricht das sehr frühe Auftreten der Störung sowie die immer deutlicher erkannten somatischen Symptome gegen eine gewichtige Rolle psychologischer Umweltfaktoren. Eine interessante Hypothese sieht frühkindlichen Autismus als primäre Störung der Aufmerksamkeit an, würde ihn damit wieder mehr in Richtung Schizophrenie rücken.

Zur Therapie werden häufig atypische Neuroleptika eingesetzt; in den USA sind dafür explizit Risperidon und Aripiprazol zugelassen. Diese Medikamente kommen in Deutschland ebenfalls zum Einsatz – Zulassung für diese Indikation liegt laut Benkert & Hippius (2015, S. 766) lediglich für Risperidon vor – und wirken in begrenztem Maße auf das aggressive und selbstverletzende Verhalten; durch intranasale Gabe von Oxytocin lässt sich möglicherweise das Sozialverhalten verbessern (Young & Barrett, 2015). Gängig sind *operante Verfahren*, welche Ausformung erwünschten Verhaltens mit systematischer Belohnung versuchen; Schwierigkeit ist, einerseits überhaupt Interesse bei den Kindern zu finden, andererseits auch, geeignete Verstärker zu entwickeln, da solche sozialer Natur wie emotionale Zuwendung hier zumindest anfangs wenig Wirkung zeigen. Immerhin weisen kontrollierte Studien mit diesen Verfahren Verbesserung intellektueller Fähigkeiten und Zunahme sozialer Kontakte nach (s. Davison et al., 2007, S. 589).

 Merke

▶ Autismus ist einerseits ein Symptom (Rückzug aus sozialen Aktivitäten), wie es beispielsweise bei Schizophrenie auftritt, andererseits ein Störungsbild (Syndrom), nämlich der frühkindliche Autismus, der durch weitere Auffälligkeiten neben sozialer Selbstisolierung gekennzeichnet ist. Die Autismus-Spektrum-Störung ist auf verschiedene Ursachen zurückzuführen; selbst das spezifische Kanner'sche Autismus-Syndrom ist wahrscheinlich ätiologisch mehrdeutig. ◄◄

9.4 Hyperkinetische Störungen und Störungen des Sozialverhaltens

In ICD-10 werden als erste Untergruppe von Abschnitt 9 die *hyperkinetischen Störungen* genannt (F90), als zweite die *Störungen des Sozialverhaltens* (F91); da beide häufig gemeinsam auftreten, seien beide zusammen besprochen, wobei der Schwerpunkt auf den hyperkinetischen Störungen liegt. Letzteres entspricht weitgehend dem als ADHS (Aufmerksamkeitsdefizit-Hyperaktivitäts-Störung) bezeichneten Symptombild.

> Von der ADHS wird – nicht immer konsequent – die ADS getrennt, bei der allein Defizite in der Aufmerksamkeit die Symptomatik bestimmen. Ob beide Störungen dieselbe Grundlage haben, ist nicht geklärt.

Hyperkinetische Störungen sind charakterisiert durch »frühen Beginn, die Kombination von überaktivem, wenig modulierten Verhalten mit deutlicher Unaufmerksamkeit und Mangel an Ausdauer bei Aufgabenstellungen«; als »Kardinalsymptome« werden »beeinträchtigte Aufmerksamkeit« und »Überaktivität« genannt. Erstere zeige sich darin, dass »Aufgaben vorzeitig abgebrochen und Tätigkeiten nicht beendet« würden; die Kinder wechselten »häufig von einer Aktivität zur anderen«. Überaktivität bedeute »exzessive

Ruhelosigkeit, besonders in Situationen, die relative Ruhe« ver-
langten. Sie könne sich »im Herumlaufen oder Herumspringen
äußern, im Aufstehen, wenn dazu aufgefordert wurde, sitzen zu
bleiben, in ausgeprägter Redseligkeit und Lärmen oder im Wackeln
und Zappeln«. Um die Diagnose zu stellen, sollte Beeinträchtigung
der Aufmerksamkeit, gemessen am Alter und Intelligenzniveau,
extrem ausgeprägt sein. Einige Begleitmerkmale stützen die Diagnose, werden aber nicht als notwendig erachtet:»Distanzlosigkeit in
sozialen Beziehungen, Unbekümmertheit in gefährlichen Situationen und impulsive Missachtung sozialer Regeln (sie äußert sich in
Einmischung in oder Unterbrechung von Aktivitäten anderer oder
vorschnellem Beantworten noch nicht vollständig gestellter Fragen
oder in der Schwierigkeit zu warten, bis man an der Reihe ist)«.
Lernstörungen und motorische Ungeschicklichkeit sollten nicht
Bestandteil der Diagnose sein, auch wenn sie häufig mit den genannten Auffälligkeiten zu finden sind; sie sind getrennt zu verschlüsseln (nach ICD-10, S. 358 ff.). Je nachdem, ob zusätzlich
Störungen des Sozialverhaltens vorhanden sind, wird die *einfache
Aktivitäts- und Aufmerksamkeitsstörung* (F90.0) von der *hyperkinetischen Störung des Sozialverhaltens* (F90.1) unterschieden; für
letztere Diagnose müssen sowohl die Kriterien für eine hyperkinetische Störung wie die einer Störung des Sozialverhaltens erfüllt
sein. Anders als es die vornehmlich auf kindliches Verhalten
bezogenen Beschreibungen vermuten lassen, kann die Diagnose
»hyperkinetische Störung« auch bei Erwachsenen gestellt werden
und wäre mit denselben Nummern zu kodieren.

Störungen des Sozialverhaltens (F91) sind »durch ein sich
wiederholendes und andauerndes Muster dissozialen, aggressiven
und aufsässigen Verhaltens« charakterisiert. Das gezeigte abwei-
chende Verhalten solle »schwerwiegender sein als gewöhnlicher
kindischer Unfug oder jugendliche Aufmüpfigkeit«; einzelne »dissoziale oder kriminelle Handlungen« seien allein kein Grund für die
Diagnose; für die werde ein »andauerndes Verhaltensmuster«
gefordert. Als Beispiele für Verhaltensweisen, welche die Diagnose
begründen, werden angegeben:»extremes Maß an Streiten oder
Tyrannisieren, Grausamkeit gegenüber anderen Menschen oder
gegenüber Tieren, erhebliche Destruktivität gegen Eigentum, Feu-
erlegen, Stehlen, häufiges Lügen, Schulschwänzen und Weglaufen
von zu Hause, ungewöhnlich häufige oder schwere Wutausbrüche

und Ungehorsam«. Jedes dieser Beispiele sei »bei erheblicher Ausprägung« ausreichend für die Diagnose; »isolierte dissoziale Handlungen« genügten hingegen nicht. Nur gestellt werden soll die Diagnose, wenn dieses Verhaltens schon mindestens sechs Monate angedauert hat (nach ICD-10, S. 363 f.).

Angaben zur Häufigkeit der hyperkinetischen Störung (ADHS) schwanken aufgrund der divergierenden Definitionen und unscharfen Beschreibungen erheblich. Laut DSM-5 leiden etwa 5 % der Kinder und 2,5 % der Erwachsenen daran.

Mit *minimaler cerebraler Dysfunktion (MCD)* wird zuweilen in der Literatur eine leichte hirnorganische Schädigung bezeichnet, die sich typischerweise in hyperkinetischen Symptomen und Störungen des Sozialverhaltens, zuweilen auch Teilleistungsstörungen, äußert. Der Begriff taucht weder in ICD-10 noch in DSM-5 auf und kommt zunehmend außer Gebrauch.

Männliche Personen sind übereinstimmend von diesen Störungen häufiger betroffen (etwa im Verhältnis 4 : 1). Prävalenzdaten bei Erwachsenen sind mit großen Unsicherheiten behaftet; mehr als 70 % der Kinder mit Hyperaktivitätsstörung dürften Symptome noch im Erwachsenenalter aufweisen. Die in ICD-10 hervorgehobene Vergesellschaftung mit Lernstörungen zeigt etwa ein Viertel der ADHS-Kinder. Familiäre Häufung ist gut belegt; die Erblichkeit der kindlichen Form der Störung wird mit etwa 70–80 % angegeben; für ADHS bei Erwachsenen geht man – was jedoch ein diagnostisches Artefakt darstellen könnte – nur von 30–40 % aus (Brikell et al., 2015).

Als Grundlage der hyperkinetischen Störungen nimmt man *Aktivitätsdefizite* im Hirn an, insbesondere in den frontalen Arealen, was aber bis jetzt keineswegs eindeutig durch neuroradiologische Studien (etwa PET-Untersuchungen) belegt wurde (s. Weyandt et al., 2013). Vermutet wird, dass das hyperaktive Verhalten der Eigenstimulation dient (daher auch Therapie mit Psychostimulanzien, s. u.). Die Ursachen sind wenig erforscht; neben einem genetischen Faktor (mit der eventuellen Folge vermehrter Dopamintransporter und somit synaptischen Dopaminmangels) werden intrauterine, perinatale und frühkindliche Schädigungen diskutiert. Die zeitweise populäre Annahme verursachender *Umweltgifte* (etwa durch Lebensmittelzusätze) ist mittlerweile wieder aus der Mode gekommen. Psychologische Genesetheorien hyperkinetischer Störungen gehen wenig über alltagspsychologische Erklärungsversuche hinaus; nicht versäumt wird, darauf hinzuweisen, dass die Beachtung durch die Umwelt die Störung aufrechterhalten kann. Die Ursache antisozialen Verhaltens bei Kindern ist noch weniger geklärt. Die Vergesellschaftung mit hyperkinetischen Störungen legt eine gewisse neurophysiologische Grundlage nahe; unstrittig ist andererseits, dass negative Umwelteinflüsse (broken homes, Alkoholismus in der Familie, mangelnde positive Modelle) eine nicht geringe ätiologische Bedeutung besitzen.

Die *medikamentöse Therapie* der Aufmerksamkeitsstörungen geschieht typischerweise mit Psychostimulanzien wie Methylphenidat (z. B. Ritalin®) oder Amphetaminpräparaten (Elvanse®, Attentin®); zugelassen ist auch der selektive Noradrenalinwiederaufnahmer Atomoxetin (Strattera®). Nachweislich vermindert sich durch diese Substanzen, die bei Erwachsenen ohne ADHS typischerweise das Aktivitätsniveau steigern (▶ Kap. 3.5), bei auffälligen Kindern das hyperkinetische Verhalten (paradoxe Reaktion); man vermutet, dass durch die induzierte zerebrale Aktivitätserhöhung die Notwendigkeit der Eigenstimulation entfällt, ein nicht unstrittiges, jedoch einleuchtendes Modell. Früher häufig empfohlene *Diätmaßnahmen* (beispielsweise die »Feingold-Diät«) haben mittlerweile an Popularität eingebüßt; außer eventueller Gabe ungesättigter Fettsäuren wird eher von Nahrungsergänzungsmitteln abgeraten (Bloch & Mulqueen, 2014). Die *psychologische Therapie* hyperkinetischer Störungen basiert vornehmlich auf operanten Prinzipien, nämlich Belohnung erwünschten und Negierung beziehungsweise Bestrafung fehlangepassten Verhaltens; Erfolge zeigen sich hauptsächlich dann, wenn gleichzeitig pharmakologisch behandelt wird. Kognitive Verhaltenstherapie ist v. a. bei ADHS im Erwachsenenalter angezeigt und dort – anders als bei Kindern – einer medikamentösen Behandlung sogar überlegen (Benkert & Hippius, 2015, S. 762 f.); allerdings kommen andere Autoren auch zu kritischeren Einschätzungen (etwa Jensen et al., 2016).

Literatur

Abrams, D.I. (2016). Integrating cannabis into clinical cancer care. *Current Oncology*, 23 (suppl. 2), S8–S14.

Ahmed, M., Cannon, D.M., Scanlon, C., Holleran, L., Schmidt, H., McFarland, J. et al. (2015). Progressive brain atrophy and cortical thinning in schizophrenia after commencing clozapine treatment. *Neuropsychopharmacology*, 40, 2409–2417.

Amad, A., Ramoz, N., Thomas, P., Jardri, R. & Gorwood, P. (2014). Genetics of borderline personality disorder: systematic review and proposal of an integrative model. *Neuroscience & Biobehavioral Reviews*, 40, 6–19.

Atwoli, L., Stein, D.J., Koenen, K.C. & McLaughlin, K.A. (2015). Epidemiology of posttraumatic stress disorder: prevalence, correlates and consequences. *Current Opinion in Psychiatry*, 28, 307–311.

Bailer, U.F. & Kaye, W.H. (2011). Serotonin: imaging findings in eating disorders. *Current Topics in Behavioral Neurosciences*, 6, 59–79.

Balon, R. (ed.) (2016). *Practical guide to paraphilia and paraphilic disorders*. New York: Springer.

Bandelow, B. & Michaelis, S. (2015). Epidemiology of anxiety disorders in the 21st century. *Dialogues in Clinical Neurosciences*, 17, 327–335.

Bandelow, B., Reitt, M., Röver, C., Michaelis, S., Görlich, Y. & Wedekind, D. (2015). Efficacy of treatments for anxiety disorders: a meta-analysis. *International Clinical Psychopharmacology*, 30, 183–192.

Barateau, L., Lopez, R. & Dauvilliers, Y. (2016). Treatment options for narcolepsy. *CNS Drugs*, 30, 369–379.

Batra, A. & Buchkremer, G. (2017). *Tabakentwöhnung. Ein Leitfaden für Therapeuten*. 2. Auflage. Stuttgart: Kohlhammer.

Battistella, G., Fornari, E., Annoni, J.M., Chtioui, H., Dao, K., Fabritius, M. et al. (2014). Long-term effects of cannabis on brain structure. *Neuropsychopharmacology*, 39, 2041–2048.

Beck, A.T. (1967). *Depression: Clinical, experimental and theoretical aspects*. New York: Harper & Row.

Beck, A.T., Rush, A.J., Shaw, B.F. & Emery, J. (2010). *Kognitive Therapie der Depression*. 4. Auflage. (M. Hautzinger, Hrsg.). Weinheim: Beltz.

Becker, E. & Margraf, J. (2016). *Generalisierte Angststörung. Ein Therapieprogramm*. 3. Auflage. Weinheim: Beltz.

Benkert, O. & Hippius, H. (2015). *Kompendium der Psychiatrischen Pharmakotherapie*. 10. Auflage. Berlin: Springer.

Benowitz, N.L. (2008). Clinical pharmacology of nicotine: implications for understanding, preventing, and treating tobacco addiction. *Clinical Pharmacology & Therapeutics*, 83, 531–541.

Beucke, J.C., Sepulcre, J., Talukdar, T., Linnman, C., Zschenderlein, K., Endrass, T. et al. (2013). Abnormally high degree connectivity of the orbitofrontal cortex in obsessive-compulsive disorder. *JAMA Psychiatry*, 70, 619–629.

Beutel, M. Weidner, W., Daig, I. & Brähler, E. (2007). Epidemiologie sexueller Dysfunktionen in der männlichen Bevölkerung. *Journal für Reproduktionsmedizin und Endokrinologie*, 4, 244–249.

Black, D.W. (2015). The natural history of antisocial personality disorder. *Canadian Journal of Psychiatry*, 69, 309–314.

Blair, R.J. (2013). Psychopathy: cognitive and neural dysfunction. *Dialogues in Clinical Neuroscience*, 15, 181–190.

Bloch, M.H. & Mulqueen, J. (2014). Nutritional supplements for the treatment of ADHD. *Child & Adolescent Psychiatric Clinics of North America*, 23, 883–897.

Bohus, M. (2002). *Borderline-Syndrom*. Göttingen: Hogrefe.

Brikell, I., Kuja-Halkola, R. & Larsson, H. (2015). Heritability of attention-deficit hyperactivity in adults. *American Journal of Medical Genetics Part B: Neuropsychiatric Genetics*, 168, 406–413.

Browne, H.A., Gair, S.L., Scharf, J.M. & Grice, D.E. (2014). Genetics of obsessive-compulsive disorder and related disorders. *Psychiatric Clinics of North America*, 37, 319–335.

Burri, A.V., Cherkas, L.M. & Spector, T.D. (2009). The genetics and epidemiology of female sexual dysfunction: a review. *Journal of Sexual Medicine*, 6, 646–657.

Buscemi, L. & Turchi, C. (2011). An overview of the genetic susceptibility to alcoholism. *Medicine, Science and the Law*, 51 (suppl.1), S2–S6.

Buysse, D.J. (2013). Insomnia. *Journal of the American Medical Association*, 309, 706–716.

Bystritsky, A., Khalsa, S.S., Cameron, M.E. & Schiffman, J. (2013). Current diagnosis and treatment of anxiety disorders. *Pharmacy and Therapeutics*, 38, 30–38.

Cascade, E., Kalali, A.H. & Buckley, P. (2009). Treatment of schizoaffective disorder. *Psychiatry (Edgmont)*, 6, 15–17.

Casella, G., Caponnetto, P. & Polosa, R. (2010). Therapeutic advances in the treatment of nicotine addiction: present and future. *Therapeutic Advances in Chronic Disease*, 1, 95–106.

Cheng, H.G., Deng, F., Xiong, W. & Philipps, M.R. (2015). Prevalence of alcohol use disorders in mainland China: a systematic review. *Addiction*, 110, 761–774.

Comer, R.J. (2008). *Klinische Psychologie*. 6. Auflage. Heidelberg: Spektrum.

Costa, R., Carmichael, P. & Colizzi, M. (2016). To treat or not to treat: puberty suppression in childhood-onset gender dysphoria. *Nature Reviews Urology*, 13, 456–462.

Cousaert, C., Heylens, G. & Audenaert, K. (2013). Laughing gas abuse is no joke. An overview of the implications for psychiatric practice. *Clinical Neurology and Neurosurgery*, 115, 859–862.

Craddock, N. & Sklar, P. (2013). Genetics of bipolar disorder. *Lancet*, 381, 1654–1662.

Cuijpers, P., Berking, M., Andersson, G., Quigley, L., Kleiboer, A. & Dobson, K.S. (2013). A meta-analysis of cognitive-behavioural therapy for adult depression, alone and in comparison with other treatments. *Canadian Journal of Psychiatry*, 58, 376–385.

Dallaspezia, S. & Benedetti, F. (2015). Sleep deprivation therapy for depression. *Current Topics in Behavioral Neuroscience*, 25, 483–502.

Dayan, C.M. & Panicker, V. (2013). Hypothyroidism and depression. *European Thyroid Journal*, 2, 168–179.

Davison, G.C., Neale, J.M. & Hautzinger, M. (2007). *Klinische Psychologie*. 7. Auflage. Weinheim: Beltz.

Dellava, J.E., Kendler, K.S. & Neale, M.C. (2011). Generalized anxiety disorder and anorexia nervosa: evidence of shared genetic variation. *Depression and Anxiety*, 28, 728-733.

Dhanuka, I. & Simon, J.A. (2015). Flibanserin for the treatment of hypoactive sexual desire disorder in premenopausal women. *Expert Opinion on Pharmacotherapy*, 16, 2523–2529.

Dhejne, C., van Vlerken, R., Heylens, G. & Arcelus, J. (2016). Mental health and gender dysphoria: a review of the literature. *International Review of Psychiatry*, 28, 44–57.

Dilling, H., Mombour, W. & Schmidt, M. H. (Hrsg.). (2015). *Internationale Klassifikation psychischer Störungen. ICD-10 Kapitel V (F)*. 10. Auflage. Bern: Huber.

Driessen, E., Hegelmaier, L.M., Abbass, A.A., Barber, J.P., Dekker, J.J., Van, H.L. et al. (2015). The efficacy of short-term psychodynamic psychotherapy for depression: a meta-analysis update. *Clinical Psychology Review*, 42, 1-15.

DSM-5. *Diagnostisches und Statistisches Manual Psychischer Störungen DSM-5*® (2015). American Psychiatric Association (Deutsche Ausgabe herausgegeben von P. Falkai & H.U. Wittchen). Göttingen: Hogrefe.

Dubois, B., Feldman, H.H., Jacova, C., Hampel, H., Molinuevo, J.L., Blennow, K. et al. (2014). Advancing research diagnostic criteria for Alzheimer's disease: the IWG-2 criteria. *Lancet Neurology*, 13, 614–629.

Dulz, B., Herpertz, S. C., Kernberg, O. F. & Sachsse, U. (Hrsg.). (2011). *Handbuch der Borderline-Störungen*. 2. Auflage. Stuttgart: Schattauer.

Enoch, M.A. & Goldman, D. (2002). Molecular and cellular genetics of alcohol addiction. In K.L. Davis, D. Charney, J.T. Coyle & C. Memeroff (eds.), *Neuropsychopharmacology: the fifth generation of progress*. Philadelphia: Lippincott Williams & Wilkins, pp. 1413–1423.

Eysenck, H. J. (1980). *Kriminalität und Persönlichkeit*. Frankfurt/M.: Ullstein.

Fang, J., Rong, P., Hong, Y., Fan, Y., Liu, J., Wang, H. et al. (2016). Transcutaneous vagus nerve stimulation modulates default mode network in major depressive disorder. *Biological Psychiatry*, 79, 266–277.

Farrell, M.S., Werge, T., Sklar, P., Owen, M.J., Ophoff, R.A., O'Donovan, M.C. et al. (2015). Evaluating historical candidate genes for schizophrenia. *Molecular Psychiatry*, 20, 555–562.

Felger, J.C. & Lotrich, F.E. (2013). Inflammatory cytokines in depression: neurobiological mechanisms and therapeutic implications. *Neuroscience*, 246, 199–229.

Ferguson, C.J. (2010). Genetic contributions to antisocial personality and behavior: a meta-analytic review from an evolutionary perspective. *Journal of Social Psychology*, 150, 160–180.

Fiedler, P. (2003). *Integrative Psychotherapie bei Persönlichkeitsstörungen*. 2. Auflage. Göttingen: Hogrefe.

Fiedler, P. & Herpetz, S.C. (2016). *Persönlichkeitsstörungen*. 7. Auflage. Weinheim: Beltz.

Foland-Ross, L.C., Hardin, M.G. & Gotlib, I.H. (2013). Neurobiological markers of familial risk for depression. *Current Topics in Behavioral Sciences*, 14, 181-206.

Foll, B.L., Gallo, A., Strat, Y.L, Lu, L. & Gorword, P. (2009). Genetics of dopamine receptors and drug addiction: a comprehensive review. *Behavioural Pharmacology*, 20, 1–17.

Freud, S. (1940–1952). *Gesammelte Werke* (18 Bände). Frankfurt/M.: S. Fischer; hier abgekürzt als GW, Bezeichnung der Bandnummer mit römischen Ziffern.

(1884e). Ueber Coca. *Zentralblatt für gesamte Therapie*, 2, 289–314.

(1895b). Über die Berechtigung, von der Neurasthenie einen bestimmten Symptomenkomplex als »Angst-Neurose« abzutrennen. GW I, S. 315–342.

(1896c). Zur Ätiologie der Hysterie. GW I, S. 425–459.

(1905d). Drei Abhandlungen zur Sexualtheorie. GW V, S. 33–145.

(1905e). Bruchstück einer Hysterie-Analyse. GW V, S. 161–286.

(1907b). Zwangshandlungen und Religionsübungen. GW VII, S. 127–139.

(1908b). Charakter und Analerotik. GW VII, S. 203–209.

(1909b). Analyse der Phobie eines fünfjährigen Knaben. GW VII, S. 241–377.

(1909d). Bemerkungen über einen Fall von Zwangsneurose. GW VII, S. 379–463.

(1911c). Psychoanalytische Bemerkungen über einen autobiographisch beschriebenen Fall von Paranoia (Dementia paranoides). GW VIII, S. 239–316.

(1912–13a). *Totem und Tabu.* GW XI.

(1913i). Die Disposition zur Zwangsneurose. GW VIII, S. 442–452.

(1914c). Zur Einführung des Narzissmus. GW X, S. 137–170.

(1915e). Das Unbewusste. GW X, S. 264–303.

(1916–17a). *Vorlesungen zur Einführung in die Psychoanalyse.* GW XI.

(1916–17g). Trauer und Melancholie. GW X, S. 427–446.

(1923a). »Psychoanalyse« und »Libidotheorie«. GW XIII, S. 209–233.

(1925d). *Selbstdarstellung.* GW XIV, S. 31–96.

Freudenberg, C., Jones, R.A., Livingston, G., Goetsch, V., Schaffner, A. & Buchanan, L. (2016). Effectiveness of individualized, integrative outpatient treatment for females with anorexia and bulimia nervosa. *Eating Disorders,* 24, 240–254.

Fromberger, P., Jordan, K. & Müller, J.L. (2013). Pädophilie: Ätiologie, Diagnostik und Therapie. *Nervenarzt,* 84, 1123–1135.

Fromm-Reichmann, F. (1948). Notes on the development of treatment of schizophrenia by psychoanalytic therapy. *Psychiatry,* 11, 263–273.

Fusar-Poli, P., Smieskova, R., Kempton, M.J., Ho, B.C., Andreasen, N.C. & Borgwardt, S. (2013). Progressive brain changes in schizophrenia related to antipsychotic treatment? A meta-analysis of longitudinal MRI studies. *Neuroscience & Biobehavioral Reviews,* 8, 1680–1691.

Fusar-Poli, P., Papanastasiou, E., Stahl, D., Rocchetti, M., Carpenter, W., Shergill, D. et al. (2015). Treatments of negative symptoms in schizophrenia: meta-analysis of 168 randomized placebo-controlled trials. *Schizophrenia Bulletin,* 41, 892–899.

Gehrman, P.R., Pfeiffenberger, C. & Byrne, E. (2013). The role of genes in the insomnia phenotype. *Sleep Medicine Clinics,* 8, 323–331.

Gejman, P.V., Sanders, A.R. & Duan, J. (2010). The role of genetics in the etiology of schizophrenia. *Psychiatric Clinics of North America,* 31, 35–66.

Gelman, F. & Atrio, J. (2017). Flibanserin for hypoactive desire disorder: place in therapy. *Therapeutic Advances in Chronic Disease,* 8, 16–25.

Guillamon, A., Junque, C. & Gómez-Gil, E. (2016). A review of the status of brain structure research in transsexualism. *Archives of Sexual Behavior,* 45, 1615–1648.

Gündel. H., Ceballos-Baumann, A.O. & v. Rad, M. (2000). Aktuelle Perspektiven der Alexithymie. *Nervenarzt,* 71, 151–163.

Haleem, D.J. (2012). Serotonin neurotransmission in anorexia nervosa. *Behavioural Pharmacology,* 23, 478–495.

Hare, L., Bernand, P., Sánchez, F.J., Baird, P.N., Vilain, E., Kennedy, T. & Harley, V.R. (2009). Androgen receptor repeat length polymorphism associated with male-to-female transsexualism. *Biological Psychiatry,* 65, 93–96.

Hasselmann, H. (2014). Scopolamine and depression: a role for muscarinergic antagonism? *CNS & Neurological Disorders – Drug Targets,* 13, 673–683.

Hautzinger, M. (2013). *Kognitive Verhaltenstherapie bei Depressionen*. 7. Auflage. Weinheim: Beltz.

Hautzinger, M. & Meyer, T.D. (2011). *Bipolar affektive Störungen*. Göttingen: Hogrefe.

Hautzinger, M., Keller, F. & Kühner, C. (2006). *Beck Depressions-Inventar*. 2. Auflage. Frankfurt: Harcourt Test Services.

Ho, E.V., Thompson, S.L., Katzka, W.R., Sharifi, M.F., Knowles, J.A. & Dulawa, S.C. (2016). Clinically effective OCD treatment prevents 5-HT1B receptor-induced repetitive behavior and striatal activation. *Psychopharmacology (Berlin)*, 233, 57–70.

Howes, O., McCutcheon, R. & Stone, J. (2015). Glutamate and dopamine in schizophrenia: an update for the 21st century. *Journal of Psychopharmacology*, 29, 97–115.

Hübner-Liebermann, B., Hausner, H. & Wittmann, M. (2012). Peripartale Depressionen erkennen und behandeln. *Deutsches Ärzteblatt*, 109, 419–424.

Hurwitz, T.A., Honey, C.R., Allen, J., Gosselin, C., Hewko, R., Martzke, J. et al. (2012). Bilateral anterior capsulotomy for intractable depression. *Journal of Neurology, Neurosurgery, and Psychiatry*, 24, 176–182.

Iancu, I., Pick, N., Seener-Lorsh, O. & Dannon, P. (2015). Patients with schizophrenia or schizoaffective disorder who receive multiple electroconvulsive therapy sessions: characteristics, indications, and results. *Neuropsychiatric Disease and Treatment*, 11, 853–862.

ICD-10 Internationale Klassifikation psychischer Störungen. Kapitel V (F). 10. Auflage. (hrsg. von Dilling, H., Mombour, W. & Schmidt, M.H., 2015). Bern: Huber (s. auch Dilling et al., 2015).

Izzo, A. (2012). Interaction between herbs and conventional drugs: overview of the clinical data. *Medical Principles and Practice*, 21, 404-428.

Jacobi, C. (2011). Essstörungen. In M. Hautzinger (Hrsg.), *Kognitive Verhaltenstherapie. Behandlung psychischer Störungen im Erwachsenenalter*. Weinheim: BeltzPVU, S. 200–215.

Janicak, P.G. & Dokucu, M.E. (2015). Transcranial magnetic stimulation for the treatment of major depression. *Neuropsychiatric Disease and Treatment*, 11, 1549–1560.

Janoutová, J., Janácková, P., Sery, O., Zeman, T., Ambroz, P., Kovalová, M. et al. (2016). Epidemiology and risk factors of schizophrenia. *Neuro Endocrinology Letters*, 37, 1–8.

Jaspers, L., Feys, F., Bramer, W.M., Franco, O.H., Leusink, P. & Laan, E.T. (2016). Efficacy and safety of flibanserin for the treatment of hypoactive sexual desire disorder in women: a systematic review and meta-analysis. *JAMA Internal Medicine*, 176, 453–462.

Jensen, C.M., Amdisen, B.L., Jørgensen, K.J. & Amfred, S.M. (2016). Cognitive behavioural therapy for ADHD in adults: systematic review and meta-analyses. *Attention Deficit and Hyperactivity Disorders*, 8, 3–11.

Joffe, R.T. (2011). Hormone treatment of depression. *Dialogues in Clinical Neuroscience*, 13, 127–138.

Kendler, K.S., Kuhn, J.W., Vittum, J., Prescott, C.A. & Riley, B. (2005). The interaction of stressful life events and a serotonin transporter polymorphism in the prediction of episodes of major depression. *Archives of General Psychiatry*, 62, 529–535.

Koenigs, M. (2012). The role of prefrontal cortex in psychopathy. *Reviews in Neurosciences*, 23, 253–262.

Köhler, Th. (2005). *Biologische Grundlagen psychischer Störungen.* 2. Auflage. Göttingen: Hogrefe.

Köhler, Th. (2007). *Freuds Psychoanalyse. Eine Einführung.* 2. Auflage. Stuttgart: Kohlhammer.

Köhler, Th. (2010). *Biopsychologie – ein kurz gefasstes Lehrbuch.* München: CIP-Medien.

Köhler, Th. (2014a). *Medizin für Psychologen und Psychotherapeuten. Orientiert an der Approbationsordnung für Psychologische Psychotherapeuten.* 3. Auflage. Stuttgart: Schattauer.

Köhler, Th. (2014b). *Rauschdrogen und andere psychotrope Substanzen.* Tübingen: dgvt-Verlag.

Köhler, Th. (2014c). *Das Werk Sigmund Freuds.* Lengerich: Pabst.

Köhler, Th. (2016a). *Affektive Störungen: Biologische und psychologische Erklärungsansätze – Biologische und psychologische Therapien.* Tübingen: dgvt-Verlag.

Köhler, Th. (2016b). *Pharmakotherapie in der Psychotherapie. Ein Kompendium für Psychologen und psychologische Psychotherapeuten.* 6. Auflage. Lengerich: Pabst.

Köhler, Th. (2016c). *Freud Bashing: Vom Wert und Unwert der Anti-Freud-Literatur.* Gießen: Psychosozial-Verlag.

Köhler, Th. (2017). *Ruhm und Wahnsinn: Psychische Störungen bekannter Persönlichkeiten.* Stuttgart: Schattauer.

Kothare, S.V. & Ivanenko, A. (eds.) (2013). *Parasomnias. Clinical characteristics and treatment.* New York: Springer.

Laessle, R.G. & Pirke, K.M. (1997). Essstörungen. In K. Hahlweg & A. Ehlers (Hrsg.), *Psychische Störungen und ihre Behandlungen.* Göttingen: Hogrefe, S. 589–654.

Laing, R.D. (1974). *Das geteilte Selbst.* Köln: Kiepenheuer & Witsch.

Lautenbacher, S. & Kunz, M. (2010). Neuropsychologie der Schizophrenie. In S. Lautenbacher & S. Gauggel (Hrsg.), *Neuropsychologie psychischer Störungen.* 2. Auflage. Berlin: Springer, S. 331–346.

Leichsenring, F., Leibing, E., Kruse, J., New, A.S. & Leweke, F. (2011). Borderline personality disorder. *Lancet*, 377, 74–84.

Levy, D.L., Sereno, A.B., Gooding, D.C. & O'Driscoll, G. (2010). Eye tracking dysfunction in schizophrenia: characterization and pathophysiology. *Current Topics in Behavioral Neurosciences*, 3, 311–347.

Leweke, F.M., Mueller, J.K., Lange, B. & Rohleder, C. (2016). Therapeutic potential of cannabinoids in psychosis. *Biological Psychiatry*, 79, 604–612.

Lewinsohn, P.M., Antonuccio, D.O., Steinmetz, J.L. & Teri, L. (1984). *The coping with depression course*. Eugene OR: Castalia.

Lima, N.N., do Nascimento, V.B., de Carvalho, S.M., de Abreu, L.C., Neto, M.L., Brasil, A.Q. et al. (2013). Childhood depression: a systematic review. *Neuropsychiatric Disease and Treatment*, 9, 1417–1425.

Lincoln, T. (2014). *Kognitive Verhaltenstherapie der Schizophrenie. Ein individualzentrierter Ansatz*. 2. Auflage. Göttingen: Hogrefe.

Luders, E., Sánchez, F.J., Tosun, D., Shattuck, D.W., Gaser, Ch., Vilain, E. et al. (2012). Increased cortical thickness in male-to-female-transsexualism. *Journal of Behavioral and Brain Science*, 2, 357–362.

Maron, E., Hettema, J.M & Shlik, J. (2010). Advances in molecular genetics of panic disorder. *Molecular Psychiatry*, 15, 681–701.

Masi, A., DeMayo, M.M., Glozier, N. & Guastella, A.J. (2017). An overview of autism spectrum disorder, heterogeneity and treatment options. *Neuroscience Bulletin*, 33, 183–193.

Masters, W.H. & Johnson, V.E. (1970). *Human sexual inadequacy*. Boston: Little, Brown.

Mathew, S.J., Manji, H.K. & Charney, D.S. (2008). Novel drugs and therapeutics for severe mood disorders. *Neuropsychopharmacology*, 33, 2080–2092.

McKay, D., Sookman, D., Neziroglu, F., Stein, D.J., Kyrios, M., Matthews, K. et al. (2015). Efficacy of cognitive-behavioral therapy for obsessive-compulsive disorder. *Psychiatry Research*, 225, 236–246.

Meuret, A.E. & Ritz, Th. (2010). Hyperventilation in panic disorder and asthma: empirical evidence and clinical strategies. *International Journal of Psychophysiology*, 78, 68–79.

Meyer-Bahlburg, H.F. (2013). Sex steroids and variants of gender identity. *Endocrinology and Metabolism Clinics of North America*, 42, 435–452.

Morozova, T.V., Machay, T,F. & Anholt, R.R. (2014). Genetics and genomics of alcohol sensitivity. *Molecular Genetics and Genomics*, 293, 253–269.

Morrison, A.P., Turkington, D., Pyle, M., Spencer, H., Brabban, A., Dunn, G. et al. (2014). Cognitive therapy for people with schizophrenia spectrum disorders not taking antipsychotic drugs: a single-blind randomised controlled trial. *Lancet*, 9926, 1395–1403.

Mowrer, O. H. (1939). A stimulus-response analysis of anxiety and its role as a reinforcement agent. *Psychological Review*, 46, 553–556.

Muller, C.L., Anacker, A.M. & Veenstra-VanderWeele, J. (2016). The serotonin system in autism spectrum disorder: from biomarker to animal models. *Neuroscience*, 321, 24–41.

Narang, P., Retzlaff, A., Brar, K. & Lippmann, S. (2016). Deep brain stimulation for treatment-refractory depression. *Southern Medical Journal*, 109, 700–703.

Nieder, O., Briken, P. & Richter-Appelt, H. (2014). Transgender, Transsexualität und Geschlechtsdysphorie: Aktuelle Entwicklungen in Diagnostik und Therapie. *Psychotherapie – Psychosomatik – Medizinische Psychologie*, 64, 232–245.

Nuss, Ph. (2015). Anxiety disorders and GABA neurotransmission: a disturbance of modulation. *Neuropsychiatric Disease and Treatment*, 11, 165–175.

Parish, S.J. & Hahn, S.R. (2016). Hypoactive sexual desire disorder: a review of epidemiology, biopsychology, diagnosis, and treatment. *Sexual Medicine Reviews*, 4, 103-120.

Park, H.R., Lee, J.M., Moon, H.E., Lee, D.S., Kim, B.N., Kim. J. et al. (2016). A short review on the current understanding of autism spectrum disorders. *Experimental Neurobiology*, 25, 1–13.

Pastuszak, A.W. (2014). Current diagnosis and management of erectile dysfunction. *Current Sexual Health Reports*, 6, 164–176.

Pearlman, D.M., Vora, H.S., Marquis, B.G., Najjar, S. & Dudley, L.A. (2014). Anti-basal ganglia antibodies in primary obsessive-compulsive disorder: systematic review and meta-analysis. *British Journal of Psychiatry*, 205, 8–16.

Peñagarikano, O. (2017). Oxytocin in animal models of autism spectrum disorder. *Development Neurobiology*, 77, 202–213.

Peyrière, H., Léglise, Y., Rousseau, A., Cartier, C., Gibaja, V. & Galland, P. (2013). Necrosis of the intranasal structures and soft palate as a result of heroin snorting: a case series. *Substance Abuse*, 34, 409–414.

Pigeon, W. (2010). Treatment of adult insomnia with cognitive-behavioral therapy. *Journal of Clinical Psychology*, 66, 1148–1160.

Pompili, M., Gonda, X., Serafini, G., Innamorati, M., Sher, L., Amore, M. et al. (2013). Epidemiology of suicide in bipolar disorders: a systematic review of the literature. *Bipolar Disorders*, 15, 457–490.

Pujol, J., Blanco-Hinojo, L., Esteba-Castillo, S., Caixàs, A., Harrison, B.J., Bueno, M. et al. (2016). Anomalous basal ganglia connectivity and obsessive-compulsive behaviour in patients with Prader Willi syndrome. *Journal of Psychiatry & Neuroscience*, 41, 261–271.

Ramikie, T.S. & Ressler, K.J. (2016). Stress-related disorders, pituitary adenylate cyclase-activating peptide (PACAP)ergic system, and sex differences. *Dialogues in Clinical Neuroscience*, 18, 403–413.

Reichborn-Kjennerud, T. (2010). The genetic epidemiology of personality disorders. *Dialogues in Clinical Neuroscience*, 12, 103–114.

Rief, W. & Hiller, W. (2011). *Somatisierungsstörung*. 2. Auflage. Göttingen: Hogrefe.

Rihmer, Z. (2007). Suicide risk in mood disorders. *Current Opinion in Psychiatry*, 20, 17–22.

Ritter, P.S., Bauer, M. & Pilhatsch, M. (2014). Ketamin als Antidepressivum. *Nervenarzt*, 85, 143–145.

Rohde-Dachser, C. (2000). *Das Borderline-Syndrom*. 6. Auflage. Bern: Huber.

Rösing, D., Klebingat, K.J., Berberich, H.J., Bosinski, H.A., Loewit, K. & Beier, K.M. (2009). Sexualstörungen des Mannes. *Deutsches Ärzteblatt*, 106, 821–828.

Rossignol, D.A. & Frye, R.E. (2014). Melatonin in autism-spectrum disorders. *Current Clinical Pharmacology*, 9, 326–334.

Ruscio, A.M., Stein, D.J., Chiu, W.T. & Kessler, R.C. (2010). The epidemiology of obsessive-compulsive disorder. *Molecular Psychiatry*, 15, 53–63.

Sachs, J., McGlade, E.D. & Yurgelun-Todd, D. (2015). Safety and toxicology of cannabinoids. *Neurotherapeutics*, 12, 735-746.

Sachse, R. (2013). *Persönlichkeitsstörungen: Leitfaden für die Psychologische Psychotherapie*. 2. Auflage. Göttingen: Hogrefe.

Sareen, J. (2014). Posttraumatic stress disorder in adults: impact, comorbidity, risk factors, and treatment. *Canadian Journal of Psychiatry*, 59, 460–467.

Sathyanarayana, T.S. & Andrade, C. (2016). Alcohol intake, morbidity, and mortality. *Indian Journal of Psychiatry*, 58, 1–3.

Savitz, J.B. & Drevets, W.C. (2013). Neuroreceptor imaging in depression. *Neurobiology of Disease*, 52, 49–65.

Schaller, K & Mons, U. (2017). E-Shishas und E-Zigaretten. Debatte um Schaden und Nutzen. *Deutsches Ärzteblatt*, 114, 92–93.

Scherbaum, N. (2017). *Das Drogentaschenbuch*. 5. Auflage. Stuttgart: Thieme.

Schifano, F., Orsolini, L., Papanti, G.D. & Corkery, J.M. (2015). Novel psychoactive substances of interest for psychiatry. *World Psychiatry*, 14, 15–26.

Schulz, A., Dahm, A., Herrmann-Frank, A., Martinsohn-Schittkowski, W., Nocon, M. & Sühlfleisch-Thurau, U. (2015). Eye-Movement-Desensitization and Reprocessing (EMDR): Eine Methode wird anerkannt. *PP Deutsches Ärzteblatt*, 13, 34–36.

Seligman, M.E. (1971). Phobias and preparedness. *Behavior Therapy*, 2, 307–320.

Seligman, M.E. (1979). *Erlernte Hilflosigkeit*. München: Urban & Schwarzenberg.

Shih, P.A. & Woodside, D.B. (2016). Contemporary views on the genetics of anorexia nervosa. *European Neuropsychopharmacology*, 26, 663–673.

Shinozaki, G. & Potash, J.B. (2014). New developments in the genetics of bipolar disorder. *Current Psychiatry Reports*, 16, 493.

Shiozawa, P., Fregni, F., Benseñor, I.M., Lotufo, P.A., Berlim M.T., Daskalakis, J.Z. et al. (2014). Transcranial direct current stimulation for major depression: an updated systematic review and meta-analysis. *International Journal of Neuropsychopharmacology*, 17, 1443–1452.

Shrivastava, A., Johnston, M., Terpstra, K.Y. & Bureau, Y. (2014). Cannabis and psychosis: neurobiology. *Indian Journal of Psychiatry*, 56, 8–16.

Sjogren, M. (2015). A brief review of the biology of anorexia nervosa. *Journal of Psychology and Clinical Psychiatry*, 4 (4): 00222. DOI: 10.15406/jpcpy.2015.04.00222.

Slavich, G.M. & Irwin, M.R. (2014). From stress to inflammation and major depressive disorder: a social signal transduction theory of depression. *Psychological Bulletin*, 140, 774–815.

Steeds, H., Carhart-Harris, R.L. & Stone, J.M. (2015). Drug models of schizophrenia. *Therapeutic Advances in Psychopharmacology*, 5, 43–58.

Süllwold, L. & Huber, G. (2011; Reprint der 1. Auflage von 1986). *Schizophrene Basisstörungen*. Berlin: Springer.

Szasz, Th. (1974). *Die Fabrikation des Wahnsinns*. Olten: Walter.

Tawa, E.A., Hall, S.D. & Lohoff, F.W. (2016). Overview of the genetics of alcohol use disorder. *Alcohol and Alcoholism*, 51, 507–514.

Taylor, L., Faraone, S. V. & Tsuang, M.T. (2002). Family, twin and adoption studies in bipolar disease. *Current Psychiatry Reports*, 4, 130–133.

Teixeira, A.L., Rodrigues, D.H., Marques, A.H., Miguel, E.C. & Fontenelle, L.F. (2014). Searching for the immune basis of obsessive-compulsive disorder. *Neuroimmunomodulation*, 21, 152–158.

Thibaut, F., Bradford, J.M., Briken, P., De La Barra, F., Häßler, F., Cosyns, P. et al. (2016). The World Federation of Societies of Biological Psychiatry (WFSBP) guidelines for the treatment of adolescent sexual offenders with paraphilic disorders. *World Journal of Biological Psychiatry*, 17, 2–38.

Thornton, L.M., Mazzeo, S.E. & Bulik, C.M. (2011). The heritability of eating disorders: methods and current findings. *Current Topics in Behavioral Neurosciences*, 6, 141–156.

Trauer, J.M., Qian, M.Y., Doyle, J.S., Rajaratnam, S.M. & Cunnington, D. (2015). Cognitive behavioral therapy for chronic insomnia: a systematic review and meta-analysis. *Annals of Internal Medicine*, 163, 191–204.

Ullmann, L.P. & Krasner, L. (1975). *A psychological approach to abnormal behavior*. 2nd edition. Englewood Cliffs, NJ: Prentice Hall.

van Amsterdam, J., Brunt,T. & van den Brinck, W. (2015). The adverse health effects of synthetic cannabinoids with emphasis on psychosis-like effects. *Journal of Psychopharmacology*, 29, 254–263.

van Enkhuizen, J., Janowsky, D.S., Olivier, B., Minassian, A., Perry, W., Young, J.W. et al. (2015). The catecholaminergic-cholinergic balance hypothesis of bipolar disorder revisited. *European Journal of Pharmacology*, 753, 114–126.

van Lankveld, J. (2016). Internet-based interventions for women's sexual dysfunction. *Current Sex Health Reports*, 8, 136–143.

von Klitzing, K., Döhnert, M., Kroll, M. & Grube, M. (2015). Psychische Störungen in der Kindheit. *Deutsches Ärzteblatt*, 112, 375–386.

Vrouenraets, L.J., Fredriks, A.M., Hannema, S.E., Cohen-Kettenis, P.T. & de Vries, M.C. (2015). Early medical treatment of children and adolescents with gender dysphoria: an empirical ethical study. *Journal of Adolescent Health*, 57, 367–373.

Wade, A. (2010). Spezifische Phobien. *Verhaltenstherapie & Verhaltensmedizin*, 31, 179–193.

Walton, J. (2013). Aluminum involvement in the progression of Alzheimer's disease. *Journal of Alzheimer's Disease*, 35, 7–42.

Watson, J.B. & Rayner, R. (1920). Conditioned emotional reactions. *Journal of Experimental Psychology*, 3, 1–14.

Watts, B.V., Schnurr, P.P., Mayo, L., Young-Xu, Y., Weeks, W.B. & Friedman, M.J. (2013). Meta-analysis of the efficacy of treatments for posttraumatic stress disorder. *Journal of Clinical Psychiatry*, 75, e541–550.

West, S. L., D'Aloisio, A.A., Agans, R.P., Kalsbeck, W.D., Borisov, N.N. & Thorp, J.M. (2008). Prevalence of low sexual desire and hypoactive sexual desire disorder in a nationally representative sample of US women. *Archives of Internal Medicine*, 168, 1441–1449.

Westmoreland, P., Krantz, M.J. & Mehler, P.S. (2016). Medical complications of anorexia nervosa and bulimia nervosa. *American Journal of Medicine*, 129, 30–37.

Weyandt, L., Swentosky, A. & Gudmundsdottir, B.G. (2013). Neuroimaging and ADHD: fMRI, PET, DTI findings, and methodological limitations. *Development Neuropsychology*, 38, 211–225.

Williams, J.F., Smith, V.C. & Committee on Substance Abuse. (2015). Fetal alcohol spectrum disorders. *Pediatrics*, 136, e1395–1406.

Witt, K. (2013). Frontotemporale Demenzen. In Bartsch, T. & Falkai, P. (Hrsg.) *Gedächtnisstörungen*. Berlin: Springer, S. 204–213.

Wohleb, E.S., Wu, M., Gerhard, D.M., Taylor, S.R., Picciotto, M.R., Alreja, M. et al. (2016). GABA interneurons mediate the rapid antidepressant-like effects of scopolamine. *Journal of Clinical Investigation*, 126, 2482–2494.

Young, L.J. & Barrett, C.E. (2015). Can oxytocin treat autism? *Science*, 347, 825–826.

Zucker, K.J., Lawrence, A.A. & Kreukels, B.P. (2016). Gender dysphoria in adults. *Annual Review of Clinical Psychology*, 12, 217–247.

Stichwortverzeichnis

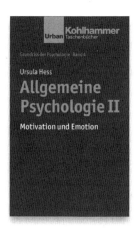